JORNALISMO EM LIBERDADE

JOÃO FIGUEIRA

JORNALISMO EM LIBERDADE

COM A PARTICIPAÇÃO DE: *Ricardo Alexandre*
COORDENAÇÃO CIENTÍFICA: CEIS20

JORNALISMO EM LIBERDADE

AUTOR: João Figueira
EDIÇÃO: Almedina
DESIGN: FBA.
FOTOGRAFIAS: Cedidas pelos entrevistados (Francisco Sena Santos e Emídio Rangel); pela RTP (Maria Elisa); pelo Jornal SOL (Vicente Jorge Silva); Henrique Cayatte fotografado por Alfredo Cunha e Joaquim Letria por Berta Correia Ribeiro
PAGINAÇÃO, IMPRESSÃO E ACABAMENTO: Gráfica de Coimbra
DEPÓSITO LEGAL: 302633/09
ISBN: 978-972-40-4045-5

Novembro de 2009

Biblioteca Nacional de Portugal – Catalogação na Publicação

FIGUEIRA, João, 1955-

Jornalismo em liberdade
ISBN 978-972-40-4045-5

CDU 316
      070

ÍNDICE

7   Agradecimentos

9   Notas e Siglas

11   Prefácio

15   Palavras Prévias

17   Declaração de Interesses do Autor

21   FRANCISCO SENA SANTOS
*A rádio em Portugal está a conversar
pouco com as pessoas*

53   JOAQUIM LETRIA
*É cada vez mais difícil pôr as coisas cá fora
com verdade e com distanciamento*

99   EMÍDIO RANGEL
*Vi muitas vezes 500 mil pessoas
mudarem de canal num segundo*

139   VICENTE JORGE SILVA
Um jornal é um trabalho que se faz em comunidade

179   HENRIQUE CAYATTE
*Hoje interessa desenhar, estar na moda,
andar rápido e despachar*

213   MARIA ELISA
*Cada televisão devia fabricar mais
o seu próprio pensamento*

AGRADECIMENTOS

A todos quantos de forma empenhada partilharam comigo as suas ideias, memórias e conhecimentos quero expressar a minha maior gratidão.

É sempre arriscado referir nomes, porque é grande a probabilidade de alguém ficar esquecido. Assumindo o risco, desejo agradecer em primeiro lugar a total abertura e pronta disponibilidade que todos os entrevistados manifestaram, sem qualquer imposição ou limitação de tempo ou de temas.

À Antena 1, em particular à direcção de informação, nas pessoas do João Barreiros e do Ricardo Alexandre, cujo interesse por este trabalho ficou expresso de várias formas. Em primeiro lugar, na decisão de participarem nas entrevistas para memória futura e posterior transmissão, o que veio a suceder na última semana de Abril deste ano; e em segundo lugar na empenhada colaboração do Ricardo Alexandre em todas as sessões.

Agradeço também à Martha Mendes, Marta Poiares, Ana França e Catarina Prelhaz o apoio e cooperação dados nos diferentes momentos de realização deste trabalho. Assim como ao Fernando Correia, Ribeiro Cardoso e António Granado.

Desejo, ainda, expressar um agradecimento muito especial à Doutora Isabel Nobre Vargues, coordenadora do grupo de investigação Estudos de Comunicação e Educação, do CEIS20, ao qual pertenço e em cujo âmbito este trabalho foi realizado. Os seus permanentes incentivos e constantes provas de confiança constituíram um precioso estímulo à concretização deste livro. Uma palavra também de reconhecimento à Doutora Maria Manuela Tavares Ribeiro, coordenadora científica do CEIS20, cujo apoio e incentivo são, igualmente, merecedores de um agradecimento público.

À Almedina e muito especialmente ao engenheiro Carlos Pinto, cuja decisão de publicar este livro foi imediata e tomada sem a menor reserva ou hesitação.

Um livro começa por ser a imagem que ele nos transmite, a forma como nos toca visualmente. Daí, que seja da mais elementar justiça enaltecer o excelente trabalho realizado pela designer Ana Boavida, membro do "dream team" da FBA.

É impossível terminar sem uma referência especial ao Carlos Daniel, a quem fui desassossegar as férias ao pedir-lhe que lesse as entrevistas para depois escrever o Prefácio. Generoso, como é sempre com os amigos, imediatamente aceitou a tarefa, o que me encheu de orgulho e prazer, visto que consegui reunir sob a mesma assinatura o excelente profissional que admiro e um velho amigo de múltiplas cumplicidades.

Por último, mas não menos importante, desejo expressar o meu eterno reconhecimento a um grande amigo e jornalista exemplar, que nos deixou este ano e com quem debati e troquei inúmeras ideias e informações durante a preparação de algumas das entrevistas. Por estes motivos, pela amizade que tínhamos e pela falta que nos faz, este livro teria de ser dedicado à memória do João Mesquita.

NOTAS E SIGLAS

1. O *Expresso* nunca foi trissemanário. Entre 5 de Novembro de 1975 e 7 de Janeiro de 1976 foi bi-semanário, através da edição, à quarta-feira, do *Expresso Extra*.
2. APODETI (Associação Popular Democrática Timorense), fundada em 25 de Maio de 1974 e inicialmente chamada Associação para a Integração de Timor na Indonésia.
3. UDT (União Democrática Timorense), partido fundado em Maio de 1974 e defensor da independência de Timor.
4. FRETILIN (Frente Revolucionária de Timor-Leste Independente), movimento de resistência que lutou pela independência de Timor-Leste, entre 1974 e 1998, primeiro contra Portugal e depois contra a Indonésia.
5. ANOP (Agência Noticiosa Portuguesa), criada em Julho de 1975.
6. UPA — União dos Povos de Angola. Posteriormente assumirá a designação de FNLA — Frente Nacional de Libertação de Angola, movimento que foi liderado por Holden Roberto até à sua morte, em 2007.
7. UDP – União Democrática Popular.
8. MRPP – Movimento Reorganizativo do Partido do Proletariado, Actual PCTP/MRPP.
9. MES – Movimento da Esquerda Socialista.
10. COPCON – Comando Operacional do Continente.
11. UEC – União dos Estudantes Comunistas.
12. AD – Aliança Democrática. Era constituída pelo PPD, CDS e PPM.
13. MFA – Movimento das Forças Armadas.
14. RGT's – Reuniões Gerais de Trabalhadores.
15. As perguntas e as respostas veiculadas neste livro reportam-se ao momento em que foram realizadas, não tendo sido alteradas em função de acontecimentos subsequentes. .

PREFÁCIO

Escrever um prefácio é, pelo menos para mim, paradoxalmente fácil e difícil. Fácil porque o talento que conta é o dos outros, dos que pensaram o livro e lhe deram alma, mas difícil porque se pretende sempre acrescentar algo, em meia dúzia de linhas, a um trabalho de fôlego ao qual se reconhece mérito - condição prévia para que se aceite prefaciar. Escrever este prefácio em concreto é, de forma ainda mais extrema para mim, simples e complexo.

A simplicidade começa no tema – o jornalismo e a sua evolução nas últimas décadas em Portugal – já que o mesmo domina parte significativa da minha vida profissional. Complexifica-se quando os protagonistas têm a dimensão dos entrevistados, alguns com influência singular na minha formação, como Sena Santos ou Vicente Jorge Silva, pelo tanto que me deram a ouvir e ler, e outros mesmo decisivos para os vinte anos que já conto neste ofício – também gosto de lhe chamar assim, como Emídio Rangel.

É fácil prefaciar uma obra de amigos, como é o caso do João Figueira (e do Ricardo Alexandre, que com ele partilhou as entrevistas), mais ainda quando o sentimento de admiração é tão duradouro quanto essa firme amizade. Também torna, no entanto, mais difícil o exercício de distanciamento, que um jornalista se habitua a executar mesmo inconscientemente, pois a nossa linha de pensamento é idêntica, como comuns são, tantas vezes, os nossos sobressaltos e inquietações.

Para mais, o jornalismo é algo que se debate com a mesma facilidade do estado do tempo ou dos jogos de futebol do fim de semana, por isso também escrutinado por muitos que dele têm apenas um conhecimento superficial e tendem a observar-lhe toda a espécie de tendências, intencionais ou não, que tantas vezes a simples rotina da profissão tantas vezes explica.

Também é difícil, nesta antevisão dos tratados, não ir muito além de um exercício de motivação para a leitura que se segue, sendo os protagonistas das conversas tão directos, crus, diria mesmo tão "jornalísticos" em algumas respostas – tomando aqui o jornalístico como o modo de dizer muito em poucas palavras, sem rodeios ou eufemismos. Emídio Rangel e Joaquim Letria explicam como foram censurados e até, um dia, saneados — Rangel usa a expressão para acusar Durão Barroso — do mesmo modo que Vicente Jorge Silva garante que saiu do público porque Belmiro de Azevedo fez uma "tentativa clara" de mandar no jornal. É fácil perceber que se toca já a questão da dependência do jornalismo face ao poder, ou aos poderes, em especial político e económico que, de modo desigual e porventura intermitente, lhe foram pontuando a história em Portugal nas últimas décadas.

Nos finais dos anos 70, Maria de Lourdes Pintasilgo ligou, ela própria, para a *RTP* para saber porque não havia uma equipa de reportagem à sua espera no Aeroporto. Joaquim Letria conta a estória, que é bem um ponto de partida para a percepção do que mudou nesta relação, outrora directa, entre os protagonistas e os autores das notícias. Hoje há mais profissionais (e aparentemente mais bem pagos) nas agências de comunicação e nos diversos gabinetes de entidades públicas ou privadas, do que jornalistas nas redacções das três estações de televisão do país. Diz Letria que a "manipulação da informação é cada vez mais sofisticada" e ele sabe do que fala, que já jogou o jogo dos dois lados do campo.

É particularmente interessante perceber que sendo esta obra um mergulho na história, encontra pontos de contacto que são efectivamente pontes entre o ontem e o hoje do jornalismo português. Lembrar que Francisco Pinto Balsemão e Marcelo Rebelo de Sousa compunham, no *Expresso* dos anos 70, uma direcção à direita num jornal com uma redacção de esquerda leva à ideia de que o *Público* viveu nos últimos tempos situação idêntica, com "um director que pensa e escreve em conflito com a sensibilidade média do jornal", na ideia que acabo de citar de Vicente Jorge Silva.

O *Público* marcou a mudança do ritmo da notícia em Portugal, como a *TSF* alterou o lugar do repórter. Na imprensa, a ordem noticiosa deixava de ter apenas a cadência semanal do *Expresso* e a informação diária tornava-se efectivamente nacional. O país que lia o *JN* a Norte e o *DN* ou o *Correio da Manhã* a Sul conhecia agora um jornal que assumia o risco de colocar novos temas em manchete e a despesa de ter redacções efectivas no Porto e em Lisboa. Na rádio, a *TSF* pescou o melhor da escassa herança dos anos de monopólio do Estado e da Igreja, em ideias e pessoas. E reintroduziu o valor da pergunta, essencial a um repórter.

O país circulava mais rápido, com auto-estradas em multiplicação, mas foi a velocidade da notícia que mais o mudou a partir dessa altura. O *Público*, a *TSF*, e depois a *SIC* na mesma linha, mexeram mais com Portugal em cinco anos do que estávamos preparados para que acontecesse, até nós jornalistas. Foi o tempo dos exageros, das emissões ininterruptas por causa do incêndio no Chiado, depois o buzinão na ponte e essa sugestão que devia ser proibida a um repórter: "Quem nos está a ouvir que buzine".

Pelo meio a primeira Guerra do Golfo, decisiva tanto para a televisão como para a imprensa. Mais tarde, na linha de um país já rendido ao ritmo das emissões de informação, surgiram os dias de sofrimento em Timor em que a rádio provou estar viva e as longas edições especiais após a queda da ponte de Entre-os-Rios, quando a televisão já chegava via cabo e se tornava, também ela, torneira de notícias. A mudança tinha começado nos anos 80, os primeiros a serem vistos a cor na televisão mas num país que ainda pensava a preto e branco. Chamávamos-lhe nós, no jornalismo, o tempo do "Portugal sentado".

Hoje questionamos a internet, que tira leitores aos jornais, absorve a televisão e concorre com a rádio por muito que a leve onde nenhum emissor chegaria por mais *kilo-watts* que tivesse. O mundo está no ecrã e o futuro não é necessariamente opaco ou transparente. Poderá ter mais ou menos necessidade do jornalista, no sentido tradicional, mas nunca irá dispensar o valor da estória que interessa à nossa vida e da melhor forma que conheço de a contar: a reportagem. Seja qual for o formato (o velho suporte de papel, a rádio, a tv, qualquer dos novos digitais, quiçá no mais antigo e indispensável que é o livro), precisaremos sempre de alguém que nos conte mais uma estória. Mais e melhor, como acentuam particularmente Francisco Sena Santos e Vicente Jorge Silva, quando pedem com toda a razão que se escreva melhor no jornalismo. Até porque a qualidade da narrativa deve ser a marca diferenciadora do verdadeiro repórter e a sua vantagem imbatível sobre qualquer amador dos *self media*.

Como sempre, entre jornalistas, este não é um livro para quantificar verdades, para postular quem fez ou faz, bem ou mal, em cada momento histórico, sabendo nós, como poucos, que a verdade é sempre provisória e só o tempo, o velho sábio, permite um olhar mais profundo e a busca de uma nova verdade, também ela mais profunda. Fernando Alves, outro nome para história da rádio, disse, poética e adequadamente nesta pátria de mestiços que é a língua portuguesa, que a verdade é "a filha mulata de uma pergunta mentirosa". Pergunta-se: Vicente Jorge Silva classificou mesmo como "rasca" a geração dos jovens de 90? E Emídio Rangel invadiu a *TSF* com um berbequim? Eles explicam, mais uma vez, que não, como já me garantiram a mim, diversas vezes, que nunca foi pronunciada a frase *"Play it again, Sam"* na cena que todos julgamos ter visto em Casablanca. Também aqui está o relato desses episódios que o jornalismo introduz na história pela porta vizinha da verdade.

Não é pois a verdade última que se busca, inatingível até para o filósofo. Procure-se pois o oposto da mentira, a antítese do logro e da manipulação. Os jornalistas sabem, e todos o dizem em voz alta nestas conversas, que mentir é o maior crime. Se a verdade, no jornalismo como na vida, se constrói como um castelo de notícias, num exercício diário, trabalhoso, meticuloso, de formiga, uma mentira pode destruir, como um sopro de efeito dominó, todo o edifício de uma carreira ou de uma vida, muitas vezes a vida de quem apenas é visado pela notícia. Por isso a verdade é a nossa responsabilidade. "Vale a pena lutar por esta profissão", dizia Camus, e todos o vão comentar nas próximas páginas. Lutar pela verdade não é uma questão de profissão, é de cidadania e de carácter. A verdade, fácil ou difícil, só pode valer a pena. Sempre.

Carlos Daniel
Porto, 30 de Outubro de 2009

PALAVRAS PRÉVIAS

Este é um livro diferente. Um resultado feliz da união entre a investigação e os universos académico e jornalístico no que respeita ao lugar e ao impacto da memória e da história do jornalismo contemporâneo.

As seis entrevistas, agora editadas sob a chancela das Edições Almedina, a consagrados jornalistas portugueses da imprensa escrita, da rádio e da televisão e a um *designer*, foram planificadas e conduzidas por João Figueira, com o apoio de Ricardo Alexandre e da Antena 1 que as divulgou recentemente. A riqueza narrativa e testemunhal aí vertida, pelos seus actores, mostra bem a importância do jornalismo para a compreensão e construção da história da contemporaneidade. Tal como escreveu o inglês Hugo de Burgh, "o jornalismo é o [preferimos dizer, um] primeiro rascunho da história".

Aceitando a definição de que a entrevista é a verdade do entrevistado, este livro procura dar a conhecer o percurso profissional e o trabalho de cada um e a importância que tiveram, nas suas diversificadas circunstâncias. Isto é, ao contrário de pretender fazer qualquer julgamento, transformando a entrevista num interrogatório ou num ajuste de contas, o autor, João Figueira, deu espaço e tempo de reflexão a cada protagonista, justamente porque o seu principal objectivo era e é o de captar a essência do pensamento e da memória vivida de cada um deles.

As entrevistas evidenciam bem o papel que cada um deles exerceu, em vários meios de comunicação, e, como, com as suas vivências e narrativas, marcaram e mudaram o jornalismo em Portugal, depois de 1974. Se o jornalismo português contemporâneo se encontra aqui reflectido, nas múltiplas experiências pessoais relatadas, ele reflecte também sobre a sociedade do século XX, envolvida em diversas e complexas mudanças, nacionais e internacionais. A abertura de cada entrevista é, aliás, um precioso indicador da relevância de cada um dos entrevistados. É óbvio que outros nomes poderiam ter feito parte deste elenco de entrevistados, e este livro ficaria ainda mais enriquecido, mas é óbvio também que estes testemunhos não se substituem.

Esperamos sim que ele seja um forte estímulo à investigação neste domínio que tanto carece de estudos. Além do mais cremos que a sua leitura é acessível e apetecível a todos e, em especial, servirá de excelente fonte de informação às gerações mais novas, a quem alguns dos nomes hoje possa dizer menos. Este livro é mais um fruto das investigações em curso, no âmbito do Grupo de Estudos da Comunicação e Educação do Centro de Estudos Interdisciplinares do Século XX (CEIS20) da Universidade de Coimbra, sobre a história e a memória da imprensa, da comunicação, do jornalismo e dos jornalistas, de que tenho o grato privilégio de ser coordenadora.

Isabel Nobre Vargues
Coimbra, 26 de Outubro de 2009

DECLARAÇÃO DE INTERESSES DO AUTOR

Há uns 20 anos, a caminho de uma entrevista com Eugénio de Andrade eu ia hesitante entre o leitor fascinado com a poesia das palavras do escritor e o jornalista que tinha de combater interiormente essa admiração para evitar potenciais fraquezas no jogo das perguntas e respostas. Fui recebido com uma entrada intempestiva e agreste por parte do escritor, que criticava e acusava sem critério o jornalismo e os jornalistas, o que motivou, da minha parte, uma reacção instintiva no mesmo tom. Numa fracção de segundo, o leitor apaixonado desaparecera para dar lugar ao jornalista ferido no desempenho da sua profissão.

Receei o pior durante os intermináveis dois ou três minutos em que nos agredimos verbalmente, até que por fim nos sentámos, a tensão desanuviou e a entrevista teve início. O encontro durou umas duas horas e terminou com Eugénio de Andrade a redigir uma afectuosa dedicatória num livro que me ofereceu. Finalmente, podia voltar a ser o admirador que reprimi no desempenho da função jornalística.

A lembrança deste episódio ocorreu-me mais de uma vez ao longo da preparação e realização das entrevistas que constam deste livro. Não por recear ou prever uma disputa verbal do mesmo género, mas por saber e sentir que tinha e tenho uma admiração especial por cada um dos entrevistados. Admirar é diferente de bajular, não implica ausência de sentido crítico e de possibilidade de discordar e pensar de forma diferente.

Nascido para o jornalismo no início da década de 80 do século passado, numa época em que era normal aos iniciados assumirem sem complexos nem vergonha as suas referências profissionais, habituei-me a respeitar e enaltecer o trabalho de todos quantos indo à minha frente melhoravam o caminho para eu poder passar.

De modos diversos, Francisco Sena Santos, Joaquim Letria, Vicente Jorge Silva, Emídio Rangel, Henrique Cayatte e Maria Elisa modificaram a minha vida e a visão do País e do mundo de milhares de portugueses. Cada qual à sua medida e dimensão e também em tempos diferentes alteraram a forma de fazer informação, em Portugal. Como eles outros haverá – e há –, mas os que aqui aparecem, para citar o final de um conhecido poema de Brecht que nos fala dos que lutam pela mudança, "são os imprescindíveis".

Talvez este livro seja, nessa perspectiva, uma forma modesta de agradecer e fixar o trabalho – controverso, contraditório, incompreendido, criticado, aplaudido – e as marcas profissionais que os percursos de cada um tiveram e assumiram. Mais do que um encontro final com a História ou um julgamento, aquilo que se procura é a verdade dos entrevistados na sua circunstância. Procurar recordar, mas também reflectir, pensar o presente e espreitar o futuro, numa altura em que para as jovens gerações e, pior ainda, para a maioria dos actuais alunos de Comunicação e de Jornalismo alguns destes nomes já nada significam ou, quando muito, não têm a relevância que deveriam ter.

Um a um, todos estes seis nomes de que aqui vos falo acederam a contar ao longo de horas, sem pressas nem olhares furtivos para o relógio, as suas experiências como jornalistas, cujo exercício e acção nos devolve e mostra os múltiplos contextos e diversificadas circunstâncias em que a profissão foi exercida e eles a transformaram. O resultado dessas longas conversas feitas entre Fevereiro e Maio deste ano está nas páginas que seguem.

Cícero dizia que "ignorar o que aconteceu antes de nascermos é permanecer sempre criança". Nos tempos velozes do imediatismo em que habitamos, a ausência de memória e de conhecimento do que nos precedeu, mesmo que ainda recentemente, torna-nos irremediavelmente mais pobres e incompletos. Os dias difíceis que o jornalismo atravessa no espaço mediático dominado pelo entretenimento justificam que se fale ainda mais dele e do papel insubstituível que desempenha para a qualidade da democracia que todos desejamos. Na certeza de que a profissão precisa, como nunca, de se pensar a si própria, para ser capaz de se afirmar nestes tempos de reconfiguração mediática e jornalística, em que os paradigmas da comunicação e da informação conhecem profundas alterações.

João Figueira
Outubro de 2009

*À memória do João Mesquita,
pelas horas que falámos sobre
este livro durante o período
de preparação das entrevistas,
pelo exemplo de profissionalismo
que deixa e por toda uma
enorme amizade*

Francisco Sena Santos

*A rádio em Portugal está
a conversar pouco com as pessoas*

A RÁDIO É O SEU HABITAT, desde que viu o mundo ampliado pelas ondas longas da telefonia que comprou aos 17 anos, em Paris. Moldado através de programas históricos, como "Em Órbita" e "Vigésima Terceira Hora", os seus ouvidos foram crescendo com Bob Dylan, na música, ao mesmo tempo que aprendia o gosto pela informação com os jogos de palavras inteligentes dos noticiários do *Rádio Clube* e da *Renascença*.

Quando a Maria Leonor, no final do exame que fez para entrar na *RDP*, lhe disse para falar com as mãos e entregar-se sem reservas ao microfone, Francisco Sena Santos transportou para a antena um estilo novo de comunicação: nervoso, hesitante, que o faz às vezes fechar os olhos a meio da frase, mas sempre afectuoso. É também assim, com esse ritmo e entrega que nos fala numa sala rodeada de livros, com piano e bateria por testemunhas de uma entrevista que se estendeu tarde fora na Fábrica de Braço de Prata, em Lisboa.

Com mais de 30 anos de jornalismo radiofónico, foi a voz das manhãs informativas na *TSF* e na *Antena 1*. Influenciou dezenas de jornalistas e a sua forma de tratar a actualidade mudou o modo de dar a notícia em rádio, não obstante afirmar com toda a naturalidade que a sua voz "não presta".

Para que serve o jornalismo, Francisco Sena Santos?
O jornalismo é um ofício de claridade, trata de lançar luz sobre o que está à nossa volta, perto de nós, longe, o que está pelo meio. Um mestre comum, alguém que todos certamente amamos, o Kapuchinsky, dizia que os cinco sentidos do jornalismo são Estar, Ver, Ouvir, Pensar e Partilhar (eu li em castelhano e a expressão utilizada é compartilhar). Gosto muito desta ideia de "compartilhar". O jornalismo é isso, é a entrega às pessoas, dar-se às pessoas, ouvi-las, tentar

entendê-las e tentar explicar aos outros aquilo que está a acontecer à nossa volta. Dar às pessoas chaves para que possam compreender aquilo que se passa.

O jornalista deve ser alguém que se apaga e que descodifica, que trata. É um artesão. O jornalista é claramente um artesão que trata de procurar explicar as noções complexas da forma mais simples possível. Dá chaves para entender o que se passa à nossa volta.

E a rádio, para que serve?
A rádio serve para aconchegar as pessoas, para estar ao lado delas. A rádio faz companhia. A rádio hoje já não está sozinha a fazer isso, já não é o único *medium* que acompanha as pessoas que estão sozinhas, mas é uma forma de ao mesmo tempo estar onde quer que seja e estar no mundo, porque a rádio nos traz o mundo a todo o instante.

A rádio é hoje menos culta e menos cosmopolita do que era, por exemplo, há dez anos?
Não. Acho que não. Acho que pode estar menos aberta a algumas áreas da vida. A rádio tem estado sempre melhor. É hoje tecnicamente mais evoluída. Há 15 anos provavelmente discutia-se como é que a rádio ia enfrentar o futuro e a rádio ganhou nesta última década um extraordinário alento. A internet leva a rádio onde quer que seja e a rádio na internet continua a ser rádio. A rádio de uma aldeia transmontana, a rádio lá de um recanto das Flores, nos Açores, chega aonde quer que seja.

A primeira vez que senti isso foi em Timor, antes ainda da independência. Estar em Timor é a solidão de estar perto e longe ao mesmo tempo, e através da internet descobri uma pequena rádio local aqui de Portugal. A partir daí descobri que de facto acabou aquilo que era a limitação.

Lembro-me, faz agora 21 anos, semanas antes da *TSF* começar a emitir, das primeiras chegadas de sinal de rádio à antena da *TSF*, então colocada no topo do restaurante panorâmico de Monsanto. A dada altura pus-me a andar à volta de Lisboa de carro, a ver até onde chegava o sinal da *TSF*. Na altura o problema era: até onde é que a rádio chega? Não chegava a Colares, não chegava à baixa de Sintra, não chegava a Sesimbra, não passava a Serra da Arrábida, não chegava nem a Tróia, nem a Grândola. Na altura, e estamos a falar do final dos anos 80, a rádio dependia de saber até onde a antena levava o sinal.

Hoje não é preciso antena. A antena é fundamental, até porque acredito cada vez mais que a rádio se escuta no carro, mas hoje a internet põe-nos o sinal de rádio onde quer que seja, na Patagónia, no Alasca, desde que haja uma conexão à internet, a rádio está lá e portanto a rádio é para sempre.

Num artigo publicado em 2006, José Mário Branco sustentava que os empregos dos jornalistas não são empregos como os outros. Concorda?
Não é um emprego como os outros, mas há outros que também não o são. O médico também não é... Tenho dificuldade em usar o termo "emprego".

É um ofício?
Sim. Gosto da ideia de ofício, da ideia do artesão. São vidas que tomam a vida toda. Um jornalista, à noite, se for tomar um copo, não deixa de ser jornalista. Está sempre a ser jornalista. Tal como o médico que pode estar a jantar e a meio do jantar há uma urgência e há alguém que é preciso cuidar. São ofícios que entram pela vida, condicionam a vida e entram por dentro de nós.

Mas há aqui também a dimensão da responsabilidade social, isto é, as consequências que o exercício da profissão tem na esfera das outras pessoas.
Sim. E aqui apetece remeter a exigência também para os jornalistas, para que os jornalistas defendam a sua profissão, que não se deixem cair em tentação, em pecado.
Do mesmo modo que há instantes dizia que a rádio é, pelo menos tecnicamente, sempre melhor, hoje também há novas preocupações.
Eu apareci no jornalismo "no tempo do país sentado", usando a expressão que pela primeira vez ouvi ao Cesário Borga, da televisão. Hoje há aqui o risco do jornalismo de secretária/portátil. O jornalismo preso a um computador e o jornalista que vive do que está no ecrã do computador. Isso é uma zona que me assusta. E inquieta-me mais ainda a questão da delicadeza com as pessoas. Não basta ouvi-las, é preciso ouvi-las realmente. Ou seja, é preciso dar atenção às pessoas e receio que seja dominante uma cultura em que começa a faltar tempo para dar às pessoas o tempo que elas merecem.
Ouvimos fragmentos das pessoas, ouvimos declarações relâmpago, comentários, reacções a tudo, reacções por tudo e por nada e não vamos à procura das pessoas. Aqui apetece voltar ao Kapuchinsky.

Nas escolas de jornalismo deveria ser necessário que qualquer estudante lesse todo o Kapuchinsky e lesse os repórteres de agora, como o Pedro Rosa Mendes, de *A Baía dos Tigres*. Ler a experiência, conhecer as pessoas. Como ler um Agualusa que nos leva pelos labirintos das pessoas. Sinto que isso está a faltar no jornalismo: entrar dentro das pessoas, dar-lhes atenção, ser delicado com elas, respeitá-las, tratar de as entender, de as compreender. Há um risco se o jornalismo estiver muito nas instituições, nas organizações.

Não estamos, obviamente, a falar de jornalismo cor-de-rosa, mas de atenção às pessoas, aos projectos que elas têm. Às necessidades que as pessoas têm, como é que se resolvem os problemas das pessoas, como é que elas encontram soluções. As pessoas que estão a perder emprego, por exemplo. Como é que elas resistem a isso? Que soluções encontram? Também não estou a falar da necessidade de um jornalismo positivo, embora me preocupe a noção de que a informação está a ficar muito carregada.

É evidente que o tempo é de crise, estamos no meio de um tsunami financeiro que nos sacode a todos, mas há na informação – mais na televisiva, menos na rádio e nos jornais – uma multiplicação da angústia.

Temos quase tudo o que é mau e muito pouco do que é bom?

Pois. E se há coisas boas! Insisto: não estou a defender o jornalismo das coisas boas. Nada disso. O jornalismo tem obviamente de contar os dramas, contar o que está mal. O jornalismo é uma primeira linha de denúncia, mas o mundo não é só isso, há outras coisas. E nesse aspecto parece-me exemplar a atitude da imprensa nos Estados Unidos. É diferente.

Eu tenho um vício: todos os dias percorro os jornais internacionais na internet. E é interessante ver o que faz primeira página dos jornais do Ohio, do Arizona, o Diário de South Lake. Por toda a parte há devastação, desemprego. No outro dia vi na televisão a estória de um homem que aos 90 anos perdeu tudo – tinha dinheiro num fundo que desapareceu – e com esta idade resolveu retomar uma arte antiga, ele era agricultor, e aos 90 anos foi para um supermercado vender a sua produção. Julgo que temos de conhecer também este outro lado, o exemplo das pessoas que lutam contra a adversidade.

E por que é que isso não se faz mais vezes em Portugal?
Não sei.

Estaremos a olhar mais para o jornalismo de referência? Porque o jornalismo popular, muitas vezes, toca esse outro lado...

Sim, é verdade! O jornalismo regional. Dou muita atenção ao jornalismo que é feito nas regiões onde, de Portimão até Bragança, há exemplos notáveis de bom jornalismo. Curiosamente, na imprensa local há mais atenção. Ou seja, a pressão dentro da panela é menos violenta e há atenção às coisas que vão funcionando. Falta isso.

Há aquela famosa frase de Camus, feliz com mais uma edição do seu Combat: *"Vale a pena lutar por uma profissão como esta". Faz sentido dizer o mesmo, hoje?*

Claro que vale. Vale e importa que os jornalistas se batam pela sua profissão. Faz todo o sentido sempre que se batam pela liberdade. Não é definitiva a vitória da liberdade no jornalismo. E são muitos os exemplos que o provam. Importa que os jornalistas defendam o jornalismo, porque este é essencialmente um combate dos jornalistas. Importa que defendam o jornalismo inclusivamente na forma como se olha para as pessoas, na delicadeza com as pessoas.

Mas hoje a urgência nesta profissão já não é sobretudo a manutenção do posto de trabalho? Quando estamos a assistir a tantos despedimentos...

Também é, mas temos de estar preparados para coisas novas. Provavelmente o modelo tradicional de emprego como jornalista pode mudar.

Na escola, quando estou a lidar com futuros jornalistas incito-os muito a pensarem em projectos que não sejam dentro daquilo que é tradicional, dentro da imprensa, da rádio. Que criem eles os seus projectos, encontrem soluções alternativas, pequenas coisas, nichos, que se dirijam a públicos específicos. Provavelmente a internet abre possibilidades infinitas. Eu julgo que a muito curto prazo vai haver uma transformação radical da ordem que tem prevalecido até aqui.

Uma vez mais, os Estados Unidos já estão a avançar com isso, projectos on-line que funcionam bem. Julgo que a primeira defesa deve ser a defesa da qualidade, por um jornalismo de qualidade. Praticado onde? Aí há um vasto terreno a explorar.

Em que é que pensava quando decidiu que queria ser jornalista?

Tinha o gosto de contar, o gosto de partilhar com as pessoas coisas que me pareciam interessantes.

Como chegou a jornalista?
Ainda miúdo, muito cedo... Acho que aprendi a ler nos jornais. Justamente. Eu fui primeiro para a escola, aos três anos, e chegava a casa às quatro e meia a ao fim da tarde, às sete horas, o meu pai chegava e trazia os jornais da tarde, na altura o *Diário Popular*, o *Diário de Lisboa* e *A Capital* e eu lembro-me que antes de comer ia primeiro procurar os jornais, ver aquilo... Eu não sabia ler e eles ajudavam-me a tentar encadear as letras e perceber os títulos. E muito cedo, não sei em que idade, comecei a fazer jornais lá em casa para uso doméstico (risos).

Já era um jornalismo de proximidade...
(Risos) A dada altura era um jornalismo para o prédio. Eu morava num prédio que tinha seis andares, em frente ao Cinema Roma, em Lisboa, e houve um dia durante quinze dias de férias do Natal – aquilo era o meu presente para as pessoas do prédio – fiz um jornal com as coisas relevantes para a vizinhança. Havia um problema lá à porta do prédio, tinha aberto um *stand* que tinha retirado estacionamento aos moradores e as pessoas não andavam lá muito contentes. Lembro-me de que a primeira página desse jornal era um manifesto contra esse *stand*.

Que idade tinha?
Uns sete, oito anos.

O seu primeiro emprego foi no Record, *sabemos, mas porque é que um então estudante de medicina entra no jornalismo desportivo?*
A medicina não era uma convicção, nem por sombras uma paixão. Deixei-me ir... Senti que tinha de seguir a escola e o curso até começou a correr bem. Mas lá no fundo a vontade era sempre, em certa medida, a rádio. Eu não gosto muito de falar sobre mim, mas em medicina, por exemplo, estava ligado ao jornal da Associação de Estudantes.

Em que ano?
1969, 70...Quando acabei o sétimo ano e fiz a minha primeira viagem sozinho ao estrangeiro. Fui de *interrail* a Paris, depois Amesterdão. E aí há uma estória que é decisiva para mim. Comprei um rádio em Paris. Uma telefonia. As telefonias em França tinham uma coisa que não tinham os transístores, em Portugal: onda média, FM e ondas longas. Então o meu mundo ampliou-se extraordinariamente. Tinha talvez 17 anos e o meu mundo alargou-se porque passei a poder ouvir os notici-

ários das rádios que habitam a onda longa, neste caso, as rádios francesas. Na altura, até conseguia apanhar uma rádio feita – muito bem feita – no Magrebe, em Marrocos, a partir de Tânger. Acho que comecei a moldar-me para a rádio ao escutar essa rádio.

Voltando ao Record: *ficou lá pouco tempo.*
Eu cheguei ao jornalismo por um acaso porque estava na Bélgica, tinha ido à Holanda e fui à boleia de Amesterdão para Bruges e dali até Bruxelas.

Na altura fui ver um jogo de futebol porque fiquei em casa de um jogador da selecção belga de juniores. A selecção belga ia jogar com a portuguesa num apuramento para o campeonato da Europa. Estamos a falar talvez de 1973, 74. E eu que nem era propriamente um fã do futebol; fui ver o jogo e fiquei impressionado, aquilo era uma coisa organizada e eu aprendi umas coisas com eles.

Dois dias depois eu regressava a Portugal e no comboio passou-me pelas mãos *A Bola* com uma reportagem sobre o Portugal – Bélgica da semana seguinte e eu tive ali uma inspiração. Pensei em fazer um texto sobre a selecção belga de futebol e mandá-lo para o *Record*. E mandei. Por correio (risos)!

O *Record* na altura saía às terças e domingos. E eu acho que cheguei a Lisboa na sexta-feira e ainda nesse dia fui ao correio porque confesso que tinha vergonha de entrar pela redacção com um texto. Então mandei pelo correio. Grande espanto meu: na terça-feira está aquele texto no *Record*. Lembro-me que fiquei muito atrapalhado. Depois houve ali um jogo a seguir... Eu não tinha posto o meu número de telefone: não havia telemóvel nessa altura. E então a seguir resolvi ver no que é que aquilo dava e fiz mais uma coisa sobre hóquei em campo. Enviei para o *Record* e voltaram a publicar.

À segunda publicação eu telefonei para lá a perguntar se podia fazer mais (risos).

A forma como entrou na profissão hoje é impensável.
Sim. Eu hoje conheço casos de pessoas que chegaram às redacções por aquilo que publicam on-line. Porque fazem um *podcast* regular, bem feito e a rádio X reparou ou foi avisada. "Oiçam aquilo". E a porta, mesmo que não se abra, entreabre-se. E também foi um bocado assim que eu entrei para o *Record*.

Na altura um tipo que já não existe, o Rodrigo Pinto, perguntou-me se eu queria ir lá à redacção no dia seguinte. Fui. Lembro-me que isto se passou numa terça-feira e na quarta-feira havia futebol europeu. Cheguei lá às três da tarde e o tipo disse-me "olha há aqui um problema, logo à noite é preciso desgravar crónicas dos repórteres enviados especiais, ficas cá a gravar e a desgravar". (risos) Desgravar era passar a texto aquilo que os repórteres diziam por telefone e que ficava gravado numa cassete artesanal, de péssimas condições.

Fiquei entusiasmadíssimo e a partir dali saía do *Record* todas as noites às cinco da manhã. Depois disso foi o descalabro com o curso, que era um equívoco.

Aí já lhe pagavam?
Sim, sim.

Lembra-se quanto?
Lembro. Há pessoas ali por quem eu tenho uma enorme estima e um enorme afecto. Trabalhei com pessoas fantásticas. O Hernâni Santos, trabalhei ainda um bocadinho com o Mário Zambujal que à época era cronista. E o director, na altura, era o Artur Agostinho, por quem tenho uma ternura imensa. Na altura entraram três putos, o José Leite Pereira, que é hoje director do *Jornal de Notícias*, o Nelson Veiga, que entretanto passou para uma agência de comunicação, e eu. E o próprio Artur Agostinho batia-se para que nós fôssemos pagos. O meu primeiro ordenado foi uma coisa fantástica para o tempo: três contos e quinhentos. Fantástico!

Estávamos em que ano?
1974.

Nessa altura o que é que prendia a sua atenção pela rádio?
Muitas coisas. O que me fez comprar a telefonia em Paris foi o facto de em Portugal eu dormir com um transístor debaixo do travesseiro, porque em casa achavam que eu tinha de dormir com a telefonia desligada.

Ainda miúdo, com 13, 14 anos, ouvia a "Vigésima Terceira Hora", um programa marcante do João Martins. Já no final do liceu, havia uma hora para mim sagrada: as sete da tarde, com o "Em Órbita". O meu mundo é muito moldado também por este programa. O Jorge Gil primeiro, depois o Cândido Mota. É o tempo do Bob Dylan. E os meus interesses musicais são moldados ali, claramente, Aquilo era fascinante. E sempre as notícias, em dois sítios: o *Rádio Clube Português*, que tinha estórias bem contadas, coisas muito bem feitas...

...Com a censura à escuta.
Sim, mas estes noticiários eram feitos por gente que ladeava a situação. Eu começo a ter a percepção da censura por volta dos meus 16, 17 anos. Fiz o sétimo ano no Colégio Moderno e foi aí que o Eduardo Prado Coelho, que foi meu professor durante um ano, me dá alguma percepção do regime de então.

E para além do Rádio Clube?
Os noticiários do *Rádio Clube* eram feitos com um jogo de palavras muito inteligente, a ladear a censura. Os noticiários do Luís Filipe Costa...
Tenho memória de noticiários feitos pelo Júlio Isidro, João Paulo Guerra. Depois, na *Rádio Renascença*, ouvia noticiários formidáveis do João Alferes Gonçalves, do Fernando Sousa que é agora correspondente em Bruxelas. Havia noticiários muito bem feitos. Os noticiários da *Rádio Renascença* eram noticiários claramente não alinhados com o sistema. De resto, são as pessoas que depois, a seguir ao 11 de Março de 75, ocupam as instalações e proclamam a *Rádio Renascença* ocupada pelos trabalhadores, ao serviço da classe operária e do povo trabalhador.

Situa muito o seu gosto nas notícias; portanto, basicamente, era a informação que o atraía na rádio.
Sim, muito mais do que tudo o resto.

Essa era a grande atracção: a notícia, a informação?
Eu gostava de ouvir um programa ao fim da tarde no *Rádio Clube*, pelo Fialho Gouveia (acho que se chamava "Contacto"), que era já o embrião do que depois veio a ser o "PBX". Lembro-me de uma das primeiras edições, aquilo foi anunciado com espavento, e ali estava justamente a emoção da rádio que mexe, que não está sentada.
A primeira emissão, creio, foi uma transmissão directa de uma viagem de comboio entre Lisboa e Cascais. Iam conversando com as pessoas no comboio. Tinha havido uns anos antes um acidente gravíssimo em que tinha caído a placa da estação dos caminhos-de-ferro do Cais do Sodré e aquilo entrava-me pela pele dentro, pelo corpo dentro. Era o gozo da rádio.
Eu gostava muito disso. Havia vozes fantásticas na rádio da altura, também na programação. Lembro-me de um programa de manhã,

"Enquanto For Bom-Dia", da Maria Margarida, na *Rádio Renascença*. Um dia fui à *Renascença* e conheci a Maria Margarida; foi nessa altura que descobri o choque de perceber que uma pessoa podia não ter nada a ver com a sua voz magnífica...

...Esse era justamente um tempo de grandes vozes: José Nuno Martins, Adelino Gomes, João David Nunes, Carlos Cruz...
Sim. Mais o Rui Paulo da Cruz...Na *Emissora Nacional* havia as vozes clássicas, o Artur Agostinho, prodigioso em comunicação, o Fernando Correia..., havia tanta gente, vozes de ouro. No *Rádio Clube* o José Freire e outras vozes notáveis. E nos noticiários após o 25 de Abril havia uma alta exigência em relação à qualidade da voz.

Coisa que com o tempo deixou de ser uma marca...
Eu sou o exemplo (risos).

O Sena Santos tinha 24 anos e entra por concurso público para a RDP. Que tipo de provas fez?
Eu entrei em 1976, creio que em Janeiro de 76. Primeiro fiz provas escritas. Éramos muitos.

Foi também neste concurso que entrou o Fernando Alves, Emídio Rangel, David Borges...
Sim, foi um concurso pensado para resolver um problema da altura: que fazer às muitas pessoas fantásticas, desde um veterano e muito respeitado Santos e Sousa, até aos mais novos como o Fernando Alves, que vinham de África?
A maioria das pessoas neste concurso vinha de África e veio trazer para a rádio portuguesa outro tempero. Os que não tinham nada a ver com África eram muito poucos. Era o Fernando Sousa, eu, a Margarida Ângela, que também está na *RDP*, e não tenho memória que houvesse mais gente.
Nos três primeiros lugares do concurso ficaram o David Borges, o Fernando Alves e o Emídio Rangel. A parte inicial do concurso deu-me alguma confiança, era apenas escrita e foi realizada numa sala enorme.

Que perguntas tinha a prova?
Havia perguntas sobre acontecimentos do tempo. "Como é que se chama o presidente francês?", por exemplo. Havia perguntas muito fáceis, deste tipo. Havia uma pergunta sobre o Vaticano Segundo...,

enfim, várias perguntas de resposta rápida. Depois havia umas cinco perguntas de desenvolvimento. Três com um tema proposto e duas de tema livre.

Eu era um tipo que me interessava pelas notícias e fiquei com a sensação que aquilo tinha corrido bem, estava à vontade. Mas não estava nada à espera que aquilo desse em alguma coisa. Não ia com convicção nenhuma.

Mas uns dois meses depois fui chamado para provas orais, de voz, nos estúdios da *RDP*, então em São Marçal. Era na altura a *RDP Internacional*. E fui recebido pela Maria Leonor, uma grande senhora da rádio. Eu tinha de ler uns textos, e a minha voz não presta! Eu lá li a estória e a seguir a Maria Leonor que estava à minha frente pôs-se a conversar comigo tanto tempo que eu já estava a achar estranho tanta conversa.

Naquele dia soube que tinha entrado porque ela disse-me: "tu não tens nada voz de rádio, não tens nada o tipo de voz que nós costumamos ouvir na rádio, mas comunicas bem e portanto vais entrar". Acho que quase perdi a cabeça e lhe dei um abraço! E ela foi uma ternura. Lembro-me sempre disso como um momento de emoção. E assim fiquei na rádio.

Começou pelo Internacional, justamente...
Esse concurso era mesmo para o Internacional. Nesse tempo eu fazia noticiários nocturnos para a Europa, sobretudo para a Europa, mas também para África.

Um ano depois passa a editor do Jornal da Noite com o estatuto de chefe de redacção. Foi uma ascensão muito rápida. Como é que vê isso?
Julgo que foi mais do que um ano... Entrei ainda em 76...

Tem razão: dois anos e pouco.
Sim. Ahhhh.... Eu era um tipo dedicado. Acho que não saía da rádio. Entrava de manhã cedo e saía à noite. Julgo que beneficiei um bocado disso. Na altura fiquei a editar a noite numa direcção com duas pessoas que eu estimo muito, o Diogo Aurélio e o António Jorge Branco. Foi o António Jorge Branco que me propôs editar o noticiário do fim da tarde. E aquilo era feito com paixão.

Não adianta querer voltar atrás e refazer percursos, mas a opção naquele instante foi errada porque me pôs jornalista dentro do estúdio em vez de andar por aí. Fiquei cedo de mais fechado dentro do estúdio em vez de fazer aquilo que é essencial: ir ao encontro das pessoas, procurá-las, senti-las. Ouvir.

Tem pena que assim tenha sido?
Tenho, tenho muita pena. Tentei por dentro dar a volta a isso. Demorou tempo a dar a volta a isso, tentando transformar o pivô em repórter. Isto é, já que não podia ser repórter eu tentei várias vezes, mas o editor é um tipo que tem uma tarefa para cumprir e não dá jeito, perturba o funcionamento normal da redacção se o editor/apresentador sai, alguém tem de o ir substituir.

A engrenagem do funcionamento da redacção abala a vida de várias pessoas. E era muito difícil, mas mesmo assim fui tentando e uma vez por outra lá fui fazendo algumas coisas. Não pude fazer coisas que tinha muita vontade. Não pude nunca fazer grande reportagem.

Essa ideia do pivô como repórter é uma boa imagem. Mas complicada de realizar nas manhãs da TSF, *onde o Sena Santos começa a ser reconhecido pelo grande público, em 1988.*
Sem dúvida: na *TSF* foi mais difícil. O modelo da *TSF* por ser tão ajustado e tão intenso e com tanta diversidade não facilitava muito ao pivô que o pivô fosse para a rua.

E aí havia uma quantidade de repórteres de primeira linha...
Claro! A *TSF* estava extraordinariamente servida. Na altura trabalhava com o João Almeida, o João Paulo Baltazar, Miguel Monteiro, José Manuel Mestre, a Elizabete Caramelo, a Laurinda Alves, enfim... Gente fantástica. O Rui Araújo também. A *TSF* juntou gente fantástica e criou uma realidade em que não fazia sentido o pivô ir para a rua. Na *RDP*, que também tinha jornalistas fantásticos, foi mais fácil.

Quando foi proposto pensar um modelo para a *RDP* tratei logo de pensar um modelo que fosse marcado muito por isto: a rádio feita ao lado das pessoas e portanto levar a equipa para o lugar da notícia.

Poderemos falar quase de uma nova estética radiofónica? No fundo introduz uma outra dinâmica, uma outra forma de tratamento até da própria actualidade...
A rádio teve uma evolução constante ao longo deste tempo que eu atravessei. Na altura em que eu entrei para a rádio, a rádio seguia quase a estrutura institucional do Estado.

Os noticiários abriam com o que tinha feito o senhor Presidente da República, na altura o General Eanes, depois falavam do que tinha feito o Primeiro-Ministro, a seguir os ministros e provavelmente a ordem de entrada dos ministros era a ordem hierárquica na estrutura do Governo. Os noticiários não falavam das pessoas, falavam dos cargos, do Estado.

No começo dos anos 80 (82/83) há uma revolução extraordinária na rádio, com as manhãs feitas pelo Adelino Gomes e pelo António Jorge Branco. E esse é o momento de transformação na rádio. Esse é o momento de viragem em que a rádio ganhou, na minha perspectiva, manhã.

E isso influenciou-o depois mais tarde, quando assume a liderança das manhãs da TSF? Há aí uma espécie de contaminação?

Na altura era correspondente da *RDP* em Faro, era o correspondente ao sul do Adelino Gomes. Em 1985 vim para Lisboa. As manhãs tinham chegado ao fim e tocou-me ser o sucessor, na altura com o Júlio Montenegro, e tentei desenvolver o modelo que eles tinham criado. Não o saberia fazer tão bem, mas tentei fazer o melhor que podia. É uma altura de grande transformação na rádio.

No final dos anos 70 a rádio tinha aquele alinhamento institucional e por equipa havia, em princípio, dois repórteres; havia a agenda com um livro de marcações para os repórteres e dois repórteres, que eram figuras muito conhecidas da redacção, iam lá às nove da manhã ver os serviços que tinham para o noticiário da uma da tarde. Normalmente tinham 4/5 serviços que incluíam passar pela Gulbenkian, pela FIL, etc., e recolher três minutos de declarações sobre um qualquer acontecimento. Passar pelo Ministério da Educação e recolher declarações do senhor ministro, recolher pedaços de som, três minutos.

Era um tempo em que havia muito a figura do pé de microfone, aquele que vai lá buscar um som que depois passava tal e qual na rádio. O noticiário tinha meia-hora com cerca de sete ou oito assuntos, porque não eram noticiários editados. O Luís Ochôa começa cedo a trabalhar o som, no jornal das treze. Ele faz uma revolução que é o tratamento dos títulos em som. O miolo do jornal continuava a seguir ainda a filosofia dominante, mas os títulos tinham ali uma inovação.

Depois eu fiquei a editar a manhã da rádio com uma equipa de pessoas interessantes. Para mim foi sempre essencial poder escolher as pessoas com quem trabalhava. Por uma razão: para que pudéssemos falar todos a mesma linguagem, pessoas com diversidade de interesses mas que pudessem entender-se com o mínimo de conflito. Podermos discutir, mas concordando quanto à finalidade da rádio.

Na altura eu estava inspirado pelo modelo anterior, muito inspirado por aquilo que ouvia na telefonia, nas ondas longas. Aquilo que eu ouvia no transístor não tinha rigorosamente nada a ver com o que se fazia na rádio portuguesa.

A vitória do Paris Saint-Germain podia abrir um noticiário, o pivô podia falar no final do noticiário, as notícias de Ciência podiam estar no topo de um noticiário. Coisas que em Portugal não aconteciam. Isso impelia-me para defender uma nova ordem nos alinhamentos dos noticiários e acho que isso funcionou.

Era necessário mudar a agenda. O Adelino Gomes já antes o tinha feito com o António Jorge Branco, mas havia ali uma coisa para continuar e há um momento interessante em que estou na manhã da *Antena1*, está o Carlos Andrade na manhã da *Comercial* e está o Luís Marinho na *Renascença* com o Rui Pego e com o Mário Fernando a fazer a *RFM*. Pode ter havido aí um problema: as três rádios aproximaram-se muito no modelo porque as culturas eram semelhantes e houve ali alguma proximidade de modelo. Mas tenho a noção de que nesse tempo a rádio mudou. As três rádios ajudaram a mudar o panorama da rádio em Portugal.

É preciso ver que estamos na segunda metade dos anos 80, após uma década em que havia momentos muito bons na rádio mas a seguir vive-se um período mau. Para pensar a rádio em Portugal é preciso ter em conta que na altura em que eu entrei para a rádio, e durante muito tempo, a rádio esteve um deserto. Tinha uma ou outra pessoa, claro, mas era um deserto.

Repare, há um conjunto de pessoas, alguns dos melhores jornalistas do tempo e dos melhores que havia na rádio que ficaram numa prateleira ou foram suspensos, após o 25 de Novembro de 1975. O Rui Paulo da Cruz, por exemplo. Tantos...Uns 15 ou 16. O Vítor Soares, creio que o João Carlos Alfacinha da Silva, o Rui Pedro, a Teresa Moutinho!... Gente fantástica da rádio. Durante esses anos a rádio foi dirigida por pessoas que não tinham cultura radiofónica. E isso pesou muito: foi um período mau da rádio do lado da informação. E mesmo nos programas.

Situemo-nos nos anos 80: como é que a informação convivia com essa ligação tão íntima com o poder, visto que consoante a flutuação da política também mudavam as administrações? Emerge aí a mola que vai mudar a rádio, em Portugal?

A *TSF* nasce no ar em 1989, mas começa em 81. A cooperativa nasce em 81. Mas eu só chego à *TSF* em 89. A *TSF* levou oito anos a germinar, justamente porque aqueles quinze fundadores sentem que a rádio está abafada, sem vida, sem alma. A rádio do final dos anos 70, entrada dos anos 80, era uma rádio completamente sem alma. E é isto que vem dar o lugar à *TSF*, laboriosamente pensada, trabalhada.

Acaba por haver uma antecipação quase em *photo-finish* de um pequeno projecto de altíssima qualidade, o *Correio da Manhã Rádio*, justamente com a equipa que tinha feito a manhã da *RFM*, o Luís Marinho, o Rui Pego e o Mário Fernando, com um grupo de pessoas novas e que é a primeira pedrada no charco, com uma rádio pirata – dizia-se "pirata" na altura, a emitir a partir da torre 3 das Amoreiras em Lisboa, com uma programação muito requintada, de alta qualidade, com muito bom gosto, com formatos inovadores. Não sei quando é que o *Correio da Manhã Rádio (CMR)* nasce, mas nasce antes da *TSF*, creio que em 88 será o aparecimento do *CMR* e em Fevereiro de 89 nasce a *TSF*. E aí, se o *Correio da Manhã Rádio* mudou a estética, a *TSF* mudou de forma definitiva a informação.

Há pouco falou-se das vozes que não prestam. O Sena foi quem de uma forma mais cabal começou por mostrar que a voz na rádio não é um fim em si mesmo, mas um meio para atingir um fim. Ou seja, demonstra que quem nos ouve ganha afecto por quem sabe comunicar e não apenas por vozes mais sonantes ou roucas ou graves. Considera que democratizou o acesso ao microfone?

Sim, admito isso. Com os inconvenientes que isso tem. Deu muito trabalho. Aqui volto à Maria Leonor, foi decisiva a forma como ela me incitou a explorar outras formas. Ela disse-me "fala com as mãos, entrega-te ao microfone".

Foi a primeira pessoa que me disse "imagina que o microfone é uma pessoa de quem tu gostas e trata de a convencer sobre aquilo que tens para dizer".

Esta é uma lição que continua intacta, é o formato que eu cultivo: perante o microfone dar tudo o que tenho para dar, a alma, o corpo, para tentar chegar às pessoas, entrar no ouvido delas da forma que possa ser a melhor para comunicar.

Sei que me é imputado ter dado origem a uma geração de jornalistas que falam como eu, a gaguejar um pouco. Paciência.

O Sena fala ao microfone como fala cá fora, ou seja, é a sua forma natural, autêntica de conversar. Fala com os ouvintes como se estivesse a conversar com eles à mesa.

Pois. É o recurso que eu tenho: tentar ser genuíno. É o recurso que eu tenho para tentar chegar às pessoas não tendo a tal voz de ouro da rádio. É um envolvimento afectivo, no fim de contas.

O jornalismo é comunicação. Eu nunca desligo informação de comunicação. Não há informação sem comunicação, o que pressupõe afecto. O gosto de partilhar é afecto pelas pessoas, pelos ouvintes. É a entrega às pessoas a quem gosto muito de contar as coisas.

Mas é um estilo que enfatiza a urgência informativa e aí corre o risco de o sobrevalorizar, por vezes...

Inconscientemente, sim. Ao voltar atrás vejo tantas asneiras... Há esse risco. O peso da emoção é muito forte e justamente porque a emoção é forte, há o risco de meter demasiada carga emotiva.

Reconheço que enquanto jornalista, muitas vezes, não soube dosear a subjectividade. Não soube conter a subjectividade. Tentei ser o mais objectivo possível em questões muito fracturantes como os partidos, etc. Isso para mim era essencial, mas admito que tenha, por exemplo, puxado e vibrado por assuntos ligados à Cultura, à Ciência, que me interessam mais. E tenho noção que muitas vezes nas redacções havia uma certa hostilidade em relação a isso, havia censura. Nunca me foi dito claramente...

...Havia censura?

Censura em relação a isso.

Censura entre os pares?

Censura...Bem, discordância sim. O facto de estar em posições de topo na hierarquia tem essa vantagem. Ninguém nos diz "não podes fazer isto". Mas eu fui fazendo sempre. E isso deu-me uma enorme autonomia editorial, que eu sempre explorei. Houve momentos em que eu não queria estar na hierarquia, mas percebi que se não estivesse perdia esta independência para fazer aquilo que entendia e que entendia ser certo.

Mas reconheço que em um momento ou outro posso ter sido excessivo, ter exagerado na entrega a escolhas minhas.

Há aqui um paradoxo. Neste momento já estamos situados no final dos anos 80, ou seja, já contamos com jornalistas – sobretudo a nova geração – mais cultos, mais bem preparados, que as gerações anteriores e todavia...

Há uma geração fantástica que é a primeira geração das universidades em Portugal. É uma geração fantástica! Quem tem hoje quarenta anos ou próximo disso terá sido a melhor geração de sempre do jornalismo em Portugal.

Por isso mesmo: nunca o jornalista foi tão bem preparado como hoje e, todavia, aquela ordem geral dos acontecimentos de que há pouco falava continua muito padronizada, estereotipada, ou seja, o acesso e o tratamento de temas de Ciência ou de Cultura, que até há dez, quinze anos não estavam na primeira linha da agenda mediática, deveriam estar a partir do momento em que há gente mais culta, mais bem preparada, mais atenta e até mais sensível a essas áreas. Porquê ainda essa dificuldade toda?

Acho que só uma vez usei a expressão "isto pode ser a morte da rádio". Lembro-me que uma vez, numa hora de almoço, num encontro com uma agência de sondagens, a Marktest, discutiam-se as sondagens com o Emídio Rangel, a Teresa Moutinho, creio que o José Silva Pinto também estava presente. Na altura a *TSF* tinha uma expressão muito baixa e discutiam-se os questionários e lembro-me que aquela conversa incomodou-me imenso.

Eu achava que se começássemos a pensar a rádio em função de sondagens isso ia matá-la. Acho que foi a única vez que eu disse isto, porque não acho que a rádio possa ser morta. Tenho a noção de que a minha opinião é minoritária. Reconheço a importância científica das sondagens, agora tenho a noção de que o factor sondagens passou a pesar muito na orientação editorial das rádios.

Os temas de Sociedade, que são relevantes, subiram; o tempo disponível para noticiários baixou e o resultado foi que alguma matéria foi excluída porque não cabe tudo e ficaram de fora áreas que me parecem relevantes. Não estão excluídas, ainda aparecem, mas aparecem menos. Tenho a impressão de que a agenda editorial actual é mais reactiva ao que supõe ser o interesse das pessoas. As questões de Sociedade estão primeiro.

A verdade é que há dez anos ninguém falava de casos de Justiça e hoje toda a gente consome casos de Justiça. Porquê? Porque foram "vendidos" os casos de Justiça. Para que se criem públicos, é necessário instalar as estórias. É necessário que se fale das coisas, que se suscite a curiosidade. Não passa pela cabeça de ninguém que as pessoas gostariam de *futsal* se o *futsal* não lhes entrasse pela casa através das televisões, ou seja, há o *marketing* de um produto.

As questões de Ciência, por exemplo, têm um público, assim se suscite o interesse das pessoas pelas questões de Ciência. É evidente que as questões de Sociedade neste momento são principais, vivemos num tempo de crise. O interesse das pessoas por uma informação mais populista, mais, às vezes, tablóide – não acho que a rádio seja tablóide, não acho que a rádio alguma vez tenha escorregado para um jornalismo tablóide...

...Mais a televisão?

A televisão sim! Nenhuma rádio derrapou, mas sinto que a dado momento a rádio deixou de dar a prioridade devida à conquista de outros públicos, com outros interesses.

Há pouco falámos do seu gaguejar. Havia também quem o criticasse pela forma como abordava os assuntos. Dizia-se que queria falar tanto, fazer tantos enquadramentos, dar uma overdose *informativa de tal ordem que o ouvinte não tinha capacidade para absorver tanta informação. Como é que reage a isto?*

Admito os erros, admito que várias vezes tenha sido exagerado. Embora...Eu trabalhei por um lado no serviço público e por outro numa rádio que era sobretudo de notícias, a *TSF*.

Eu defendo que o serviço público deve ter uma rádio de notícias. Defendo isso com todo o vigor: isto deve ser uma prioridade para o serviço público. Acho que a rádio deve orientar-se cada vez mais para nichos, acabou o tempo da rádio generalista. É um ponto de vista discutível, mas eu defendo rádio para públicos específicos.

Tenho noção de que também há uma função de entretenimento na rádio pública, mas acho que o dever da rádio pública é acompanhar as pessoas, fazer abrir o debate, contar as coisas. Dar às pessoas instrumentos para que elas possam escolher, possam ter opinião e, portanto, tentei muito juntar às notícias o debate. Procurei trazer o máximo de perspectivas sobre cada acontecimento relevante.

Na *TSF* a mesma coisa, mas aqui estávamos a falar de uma rádio que é uma rádio de notícias e, portanto, há uma espécie de "vale tudo". Há momentos que foram de excesso. Fui eu que conduzi os repórteres do incêndio do Chiado, em que houve evidentes exageros. Mas aquela redacção foi fantástica! Os então miúdos da *TSF* foram fantásticos.

Eu já tentei ouvir a gravação integral mas não há. Gostava de ouvir, porque aí tenho a noção de que o risco foi pisado mais do que uma vez. Sei que foi pisado mais do que uma vez. O Buzinão na Ponte 25 de Abril, em 1994 ou 95, é outro exemplo.

A que é que se refere quando fala de "pisar o risco"?
A rádio tornou-se, inconscientemente, amplificadora do protesto. Foi um acelerador do protesto. Não tenho nenhuma dúvida sobre isso.

Porque estava em directo?
Por estar em directo e a dada altura são os próprios repórteres que vão transmitindo o *feedback*. Há um momento em que eu me assustei.

"Quem nos está a ouvir que buzine"?
Justamente. Há um repórter que diz isso e logo a seguir há outro, o David Borges, que tinha sido operado dois dias antes, e era suposto estar uma semana fora da rádio porque tinha sido operado. E ele foi fantástico. Curiosamente os dois directores da rádio na altura – o David Borges e o Carlos Andrade – estavam lá e foram os dois primeiros repórteres a entrar no ar. Eles foram muito importantes a pôr ordem, a evitar que houvesse excessos. Mas houve muitos excessos.

Há um momento que me parece dos mais perigosos, que é quando a rádio abriu a antena aos ouvintes. A partir das 11 da manhã as coisas na ponte estão algo encravadas, as forças da GNR ocupam a portagem, o ministro Dias Loureiro estava em actividade intensa no terreno, a tensão é grande e nesta altura a rádio passou a aceitar chamadas, intervenções de ouvintes. E eu tenho culpa disso, eu decidi assim. Era o começo do tempo do telemóvel, apesar de ainda serem tijolos, mas já existiam. Tanto que a reportagem foi feita com grande dificuldade.

No incêndio do Chiado, em 1989, não tinha havido telemóveis; no buzinão já havia e a antena foi aberta aos ouvintes. E foram ditas mentiras ao microfone. Eu lembro-me que às duas da tarde é dito que a auto-estrada do norte, a A1, também tinha sido cortada. Há um alegado camionista que diz que a A1 vai ser cortada junto a Vila Franca de Xira, que a ponte de Vila Franca também vai ser bloqueada. Configurou-se um cenário em que a pressão já era muito grande e a rádio estava a servir para multiplicar a angústia.

Eu que me revolto contra isso concorri para isso ao favorecer que aparecessem pessoas na antena. Na altura também já diziam que o bloqueio se estava a expandir para norte, que a Ponte da Arrábida também poderia ser bloqueada. Ou seja, queriam criar aqui um cenário de bloqueio do país que não era sequer real.

De manhã cedo abria normalmente com um grande acontecimento. Como é que era a sua metodologia?
Eu chegava quase sempre à redacção de madrugada...

No meio tornou-se quase um mito dizer que o Sena não dormia ou dormia de rádio ligado e acordava quando as notícias eram importantes ou que acordava de propósito para ouvir o jornal da meia-noite e só depois é que adormecia...
É verdade. Eu dormia mesmo de rádio ligado. Acho que criamos mecanismos de sensibilidade à notícia grave. Vou dar um exemplo. Dia 4 de Março de 2001, com a queda da ponte de Entre-os-Rios. Eu estava a dormir. Tinha ido ao cinema no domingo à noite e a ponte cai às nove da noite desse domingo.

Cometi uma imprudência: deitei-me sem ouvir o noticiário da meia-noite. É um facto que a rádio ao domingo à noite tem menos notícias, é já o fim do fim-de-semana. Mas eu ouvia sempre, ou ouvia à meia-noite já em casa antes de dormir, ou então às três e tal quando chegava à rádio.

Nessa noite deitei-me como faço quase sempre com a rádio ligada. E sei que acordei a ouvir o Luís Filipe Menezes, na rádio, a dizer que era preciso "apurar responsabilidades sobre a tragédia que tinha acontecido". Sei que despertei ao ouvir a palavra "tragédia".

Demorei algum tempo a perceber o que se passava, sei que saí da cama logo, tinha-me deitado meia-hora antes, talvez nem tanto. Liguei a televisão e lembro-me de ver o Pedro Cruz, da *SIC*, na margem norte do Douro. Eu despertei a um sinal de urgência, a uma fala de urgência. Recordo-me de pensar que tinha de ir alguém para lá imediatamente, mas não tinha a noção do que tinha acontecido.

Há uma figura que é fundamental sempre em qualquer equipa que é a produção. Mais importante do que o editor/apresentador é quem produz. São eles que têm tudo na mão, são, na prática, quem comanda. O editor/apresentador não se salva sem uma grande produção. Eu falei para a produtora Ana Fernandes, telefonei-lhe, expliquei o que se tinha passado e disse que só via como solução ir lá para cima. Depois liguei para o José Guerreiro que entretanto depois veio a ser o editor das manhãs da rádio.

Na altura a edição era feita por mim e pela Augusta Henriques e o José Guerreiro era outro dos editores. Lá fomos os três, eu pedi à Ana Fernandes que tratasse de questões logísticas, era preciso activar equipas de operadores técnicos para garantir as condições de transmissão lá do sítio. E às oito da manhã foi possível fazer o noticiário a partir de Castelo de Paiva. Há aqui um aspecto extraordinário da rádio, e neste caso particular da *RDP*, que é um porta-aviões em meios, tem meios extraordinários.

Há uma primeira fase com o João Soares Louro na presidência, em que a rádio deu saltos, a redacção tem um primeiro reordenamento com alguma controvérsia da direcção do Hernâni Santos e depois, a seguir a 1995, o José Manuel Nunes fez um fantástico trabalho de reestruturação e modernização. Trazer a rádio do século passado para este século. Ele modernizou a rádio. E a verdade é que às oito da manhã de uma segunda-feira era possível a rádio estar com emissores próprios na zona, com feixes, a transmitir com excelente qualidade de som.

A rádio apesar de ser um monstro em dimensões soube ser ágil, estava equipada para responder a uma emergência.

Um assunto antes de tocar um potencial ouvinte tem de o tocar a si em primeiro lugar para o tratar?

Sim. É evidente que eu gosto dos objectos criados pelo Richard Serra ou pela Joana Vasconcelos mas há limites. O meu interesse tem de ser contido dentro daquilo que me parece razoável. Admito que mais do que uma vez me foi chamada a atenção para o meu limitado interesse político. O meu baixo interesse pelo noticiário político.

E porquê esse desinteresse? Por ter consciência que isso já se ouvia muito nas outras antenas?

Sim. Reconheço que tentei sempre procurar, em certa medida, o limbo, embora tendo a noção que o serviço público não pode estar no limbo. Procurei alternativas. Tentei sempre verificar se o que era essencial estava presente, mas também procurar o que é que, para além do essencial, poderia ser essencial e não estava no centro da agenda. Há tantas coisas, todos os dias, que são tão interessantes mas não conseguem chegar ao noticiário...

A estratégia foi sempre cultivar a curiosidade. Mas isso sai do pêlo: é preciso ir, ir, ir, ir. Tentar sempre ir a tudo para poder falar das coisas. É preciso experiência física e trazer para a rádio temas que, de certo modo, podem ser considerados temas de risco.

Lembro-me de uma manhã no Teatro Viriato, em Viseu, no dia em que o Ricardo Pais estreava um Hamlet com o João Reis como protagonista. Na altura senti dos meus pares na chefia da rádio alguma oposição. "Isto não tem pés nem cabeça, em vez de estarmos a discutir políticas estamos para aqui a discutir a estreia do Hamlet em Viseu..." Eu respeitava o argumento de quem discordava, mas achava que era um grande acontecimento, que era exemplar para Portugal que fosse possível, em Viseu, haver uma sala cheia e que Shakespeare pudesse estar a ser encenado numa representação inovadora, como são todas as do Ricardo Pais. Admito que, em certa medida, pode ser um abuso de autoridade (risos), mas não me arrependo e acho que foi uma escolha importante.

A rádio tem de surpreender sempre. E depois há que ter sensibilidade para encontrar em todas as estórias os diferentes lados que tocam cada um de nós. Lembro-me que em Viseu, para além de ter eruditos que falavam de Shakespeare e desta encenação, as pessoas do teatro – creio que era o porteiro do teatro – falavam com grande emoção das estórias que tinham passado por aquele palco e da surpresa que era para elas, depois do teatro tradicional clássico, aparecer ali uma encenação daquelas, revolucionária.

Mais: falar do Hamlet em Viseu também serviu para falar de outras coisas, da alteração do traçado e do pavimento das ruas da cidade, dos vinhos do Dão, etc. Ou seja, há coisas que acabam por estar associadas e abrem-se portas para mais temas. Mas reconheço que algumas escolhas centrais foram perturbadoras.

Com o "Fórum" na TSF *o Sena traz novamente à rádio a interactividade que já existira antes com "O Passageiro da Noite", do Cândido Mota, e o "Cobras e Lagartos", do Joaquim Letria, na* Antena1. *Isto é um estilo estritamente jornalístico ou já é mais do que isso? Estamos a falar de temas que muitas vezes não são editados. Esta ideia do directo é muito perigosa mas por outro lado também é um grande desafio para o jornalista...*

É um tema de fronteira. O meu entendimento de modelos como o "Fórum" ou "Antena Aberta" é ligeiramente diferente daquele que tivemos nos últimos anos. Em certa medida neste momento a "Antena Aberta" da *Antena1* e da *RTPN* está a retomar um pouco da essência: haver alguém que põe ordem nas coisas. Isto é, alguém que esclarece as dúvidas e que não deixa que fiquem no ar equívocos.

Ainda no outro dia ouvia numa rádio um ouvinte que protestava reivindicando "isto é nosso". Os ouvintes tendem a sentir aquele programa como sendo deles, para eles. Mas o papel do jornalista que está lá é pôr ordem nas coisas, esclarecer, dar pistas para que as pessoas possam formar opinião e ter critério para escolher. E o papel do moderador ou do produtor é trazer para a antena as pessoas necessárias para que estejam ali todos os argumentos rigorosos, sustentados.

Vamos imaginar um tema que está a entrar na ordem do dia: a energia nuclear. Precisamos de regressar à energia nuclear ou não? É essencial ouvir pelo menos uma dezena de técnicos, de um lado e de outro, que possam salientar todas as implicações desta questão. A dado momento é um facto que os fóruns começaram assim, com os técnicos a trazer opinião e depois havia também ouvintes que iam intercalando as suas opiniões.

Progressivamente, os técnicos foram desaparecendo dos fóruns, imagino que a favor das audiências. Pensou-se que quanto mais gente participasse mais ouvintes teríamos. Aqui havia a questão das audiências e o modelo evoluiu para uma forma que me parece menos jornalística e mais de opinião. E menos de esclarecimento jornalístico de um tema.

Esse é um modelo que se esgota mais facilmente?
Julgo que sim. Eu ouço o "Fórum" e a "Antena Aberta" como barómetros de correntes de opinião pública. Mas, de facto, não formo a opinião a partir daquilo que escuto num fórum. Tiro ideias sobre aquilo que escuto vindo das pessoas, mas quero ouvir quem estudou os assuntos, quem me pode dar opiniões sustentadas e não gratuitas.

Um modelo do fórum com moderação jornalística só faz sentido como o que o Fernando Alves fazia no "Postigo da Noite" ou o que o Cândido Mota fazia. Ouviam estados de alma. O Manuel Acácio foi brilhante naquela que foi para mim, talvez, a melhor condução deste tipo de programas, alguém que nunca deixou que alguma dúvida que pode ser esclarecida ficasse por esclarecer. Tratou de trazer à antena sempre as pessoas que devem vir. A Eduarda [Maio] também tentou fazer isso, é evidente.

No modelo actual julgo que há um realinhamento, talvez até beneficiando da presença em televisão. Eu não gosto que a rádio esteja na televisão, mas aqui a presença de um convidado beneficia o esclarecimento daquilo que é dito neste programa.

O que é que tira à rádio a presença na televisão?
A rádio é a imagem nas palavras. Na rádio as imagens são construídas pelo jornalista. A televisão torna-se ela o acontecimento e, portanto, dilui o conteúdo. Na rádio a pessoa que fala está a construir a imagem e permite ao ouvinte criar alguma coisa que faz falta: criar, fantasiar sobre aquilo que se ouve.

Estamos aqui nesta sala – uma sala com paredes *bric*, coberta de livros sobre filosofia da linguagem, retórica, psicanálise – e eu prefiro ouvir isto contado a vê-la na televisão.

Mas hoje a rádio, quando está na net, também tem imagem. É possível que a rádio não evolua para uma rádio com imagem?
Aí deixa de ser rádio. A verdade é esta: se um avião entra pelo rio em Nova Iorque, eu quero ver as imagens. E vou imediatamente procurar na internet aquelas imagens. Mas continuo a ouvir a rádio e a procurar as imagens. Provavelmente não procuro as imagens da rádio, procuro as imagens que há na internet, mas continuo a ouvir o som da rádio.

A rádio precisa de se adaptar a um tempo de imagens, mas continuando a ser sempre ela, porque senão... No dia em que a rádio passar a funcionar com imagem a tempo inteiro deixa de ser rádio. Estamos a entrar noutro campo, não será televisão ainda mas uma aproximação à televisão. Na rádio as imagens são contadas pela voz.

A rádio não pode deixar de ser aquilo que é hoje?
Não é pensável. Nenhum de nós pode ir no automóvel a ver um jogo de futebol na televisão. Mas podemos ouvir o relato. Não vejo que alguma vez possamos ir a conduzir e a ver uma série na televisão.

Mas numa sociedade que começa a ser uma sociedade de ecrãs, a rádio não tenderá, a breve prazo, a ser um género minoritário de comunicação e de informação, face justamente a essa profusão em que tudo é imagem?
Eu sinto há já algum tempo uma overdose de imagem. Acontece-me algo que nunca me aconteceu durante mais de trinta anos – e se calhar não o devia confessar assim (risos)! – que é com frequência não ver um telejornal. Justamente porque há uma overdose de

imagens. E, no entanto, não passa um dia sem que eu ouça vários noticiários de rádio.

Isso não é o amante a falar da coisa amada?
Também é. Mas aqui tento limitar o mais possível a minha dose de subjectividade. Tenho pensado muito sobre isto.

A rádio não estará, cada vez mais, condenada a ser auto-rádio? A ser rádio apenas no automóvel?
(Silêncio) Houve um momento em que pensei que sim. Mas se for auto-rádio, continua a ser muito importante. Se não posso ouvir a rádio à hora que quero faço a descarga para o meu *iPod* e faço eu a minha rádio, para eu ouvir. E ouço quando posso.

Reconheço que em Portugal está a ser lenta a progressão do *podcast*, mas julgo que é um caminho. Admito que não seja o caminho ideal para a rádio, agora a verdade é que com o *podcast* a rádio deixou de ser efémera. O que é dito na rádio permanece. Eu quero ouvir o programa do António Cartaxo às cinco para as onze, mas a essa hora estou a trabalhar e não posso: recorro ao *podcast* e ouço o programa mais tarde.

Uma confissão: muitas vezes aconteceu encontrar uma forma para contar uma estória que me convenceu. "Isto hoje correu bem, funcionou..." Quando um tipo encontra uma fórmula que lhe parece bem pode ter um deslize para repetir aquela fórmula em noticiários sucessivos. Com isso sofre o ouvinte. Hoje, quando um editor encontra uma fórmula que lhe parece bem já não sente esta necessidade de repetição porque a estória não se consumiu. Permanece. Isto é óptimo.

Mas isso de alguma forma obriga o jornalista a repensar a linguagem. Sempre fomos habituados a encarar a linguagem radiofónica como efémera.
Colocou a questão que me parece essencial para a rádio: a linguagem. Chegou a altura de a rádio ter uma preocupação, eu diria, quase literária; e sei que isto pode parecer abusivo. Ou seja, cuidar as palavras, cuidar as frases palavra a palavra, quase letra a letra. Disse alguém uma vez numa entrevista que "não conta apenas o que escreve, conta a forma estética do que escreve". Linha a linha. É isso.

A informação na rádio, obviamente sem deixar o rigor, sem deixar de ser concreta, precisa de ganhar tempo para poder ser feita com palavras rítmicas, brilhantes. A rádio precisa de ser um produto de mais qualidade na sua feitura. Precisa de ser mais sofisticada, simples, elaborada.

Começamos esta conversa a perguntar o que é o jornalismo. Uma ferramenta essencial para o trabalho de qualquer jornalista é a poesia. Ler poesia ajuda-nos a ver o que não está à vista. A rádio precisa que haja arte poética na feitura dos textos.

O jornalista da rádio ainda consegue chegar aos porquês do acontecimento e da notícia?

(Silêncio) Parece-me uma coisa passageira, mas tenho a impressão que neste momento a investigação está menos na rádio.

As redacções da rádio, talvez menos na *RDP*, foram algo empobrecidas. Não ouso dizer pesquisa. Julgo que os jornais fazem pesquisa. Nós vemos o Cerejo no *Público* a fazer pesquisa.

A televisão faz reportagem e às vezes também faz pesquisa. Na rádio há menos essa cultura de um repórter que fica fora das tarefas diárias várias semanas a fazer pesquisa.

E porquê?

O jornalista de rádio tende a ser um jornalista todo-o-terreno, faz tudo. Há pequenas zonas de especialização: a política, o desporto, e pouco mais.

A Economia.

A Economia pouco. Aliás, julgo que é uma zona em que a rádio em geral está a descoberto. Há uma informação que me parece menos relevante, a informação sobre as bolsas. É um indicador, sim, mas penso que é sobrevalorizada a informação sobre as bolsas. A maioria dos cidadãos não investe na bolsa! Mas falta tratar os temas.

A que é que se deve essa sobrevalorização? Pela forma como é dada, sem explicação?

Sim...Sim. Houve um momento em que se tornou moda introduzir a bolsa. E eu sinto alguma culpa nisso. Foi uma modernice introduzir a informação de bolsa na rádio, e aquilo contaminou e toda a gente começou a fazer informação sobre bolsa.

É claro que houve um tempo em que isso talvez fizesse sentido, havia muita gente implicada. Agora o que eu acho é que quem está envolvido nas cotações de bolsa tem provavelmente um portátil que lhe permite a todo o instante ter, com muito mais acutilância, toda a informação que precisa e por isso não precisa da rádio.

Mas esse não é um pecado capital. Do que eu sinto mais falta na rádio é da informação sobre a vida nas empresas. Estamos a falar outra vez das pessoas. As estórias de fracasso, as estórias de êxito. É sabido que sou um militante das coisas das Artes e das Ciências. Mas reconheço que a Economia é talvez o que mais falta nos noticiários de rádio. Falta a informação sobre a vida das empresas. E no fim de contas é a locomotiva do país, as pessoas que trabalham nas empresas, os criadores das empresas. Isso é uma zona que falta muito.

Numa entrevista dada ao extinto semanário Tempo, *em 1987, o Sena Santos dizia que "não há em Portugal um jornal diário tão bem feito como o espanhol* El País *ou o francês* Libération, *mas há noticiários na rádio de cá que, tanto na forma como no conteúdo, não têm de se sentir muito inferiorizados em paralelo com o que é feito na cadeia SER ou na Rádio Nacional de Espanha, na RTL, na France Inter". A afirmação continua válida?*

Sim, mas só na parte da rádio, não em relação aos jornais. Hoje há em Portugal jornais que, embora, não tendo a capacidade financeira que têm o *El País, Le Monde* ou *La Repubblica* – embora hoje seja generalizada uma certa retracção na imprensa, continua a ser impressionante o painel de correspondentes daqueles jornais – em Portugal já há neste momento jornais tecnicamente muito bem feitos.

A rádio esteticamente, em alguns momentos, não perde rigorosamente nada no confronto com a rádio que se faz em França, Espanha, Itália... Aliás, é melhor do que a rádio que se faz em Itália.

A rádio em Portugal é bem feita. A falta de autoria, de programas de autor, é um problema, apesar de ir sendo suprimido aqui e ali. A música que quero escolho-a, faço *download*. Não ouço música pela rádio.

Para mim a rádio deve ser palavra e lastimo que a rádio converse tão pouco com os ouvintes. Nesse aspecto os espanhóis provavelmente passaram-nos à frente. A *Rádio5* é só notícias, como a própria *Antena3*, mas é uma rádio que conversa com as pessoas. A rádio em Portugal está a conversar pouco com as pessoas. Essa é uma evolução negativa. A rádio já conversou muito mais com as pessoas.

Porquê: Falta de assunto? Falta de interesse das pessoas? As pessoas que hoje estão ao microfone são também menos interessantes?

Há seguramente dentro da rádio pessoas muito interessantes que seria muito bom poder estar a ouvir. Julgo que é uma questão de programação. Uma opção por modelos que não me convencem, em que a música tem um peso relevante.

Longe de mim pôr em causa os critérios de quem decide, mas eu esperaria que o serviço público tivesse um modelo de rádio em que pelo menos nos períodos de ponta, manhã e tarde, não houvesse música. É uma rádio de serviço público e o serviço público também é entretenimento, evidentemente, mas passa muito mais por informação. Acho que durante estes períodos devia haver informação *non-stop*.

É surpreendente: na televisão encontramos os três principais canais com canais de informação em permanência e na rádio não temos isto. Acho que isto é uma velha deficiência da rádio pública.

A rádio evoluiu muito mas deixou de fora essa zona fundamental que é a criação de um canal de notícias.

A informação radiofónica tem de evoluir para outros níveis?

Tem de evoluir muito na qualidade da linguagem. Tem de se sofisticar. E provavelmente nas áreas de informação é necessário que haja necessidade de segmentar, de produzir informação. Uma informação generalista, para todos, a chamada informação de referência, e depois ter informação para nichos. Não sei se o mundo pós-tsunami económico-financeiro vai precisar de um canal de informação económica mas se calhar faz algum sentido.

Julgo que faz sentido um canal falado de informação desportiva até para avaliar o volume de tempo – como acontecia antes em que tínhamos as noites todas com as programações desfeitas por causa dos relatos desportivos. Mas coloca-se uma questão: saber se o Braga que joga com o Guimarães, o Braga que está num lugar de topo, não terá direito a relato. E o Porto ou o Sporting e o Benfica, porque são grandes, têm? Se tivermos uma rádio só de desporto esses problemas desaparecem.

Penso que faz sentido uma rádio privada para os motoristas de táxi com as informações úteis sobre o trânsito. Ou seja: rádio para comunidades.

E como é que isso se financia?

É um desafio. Cabe aos gestores encontrar soluções para financiar os custos.

A tecnologia diminuiu os custos.

Exactamente. Diminuiu muito os custos.

Mas são precisas pessoas.
Sim, mas as pessoas estão na rádio e imagino que não seja um esforço, até financeiro, extraordinário envolvê-las. Vamos imaginar: uma rádio para os táxis. Há um conjunto de consumos associados ao motorista de táxi que podem, eventualmente, ser financiadores desse produto.

Defende a rádio para pequenos nichos. Estamos a falar de uma rádio especializada, mas também de uma informação de proximidade. Estamos a atomizar as pessoas, cada uma no seu pequeno nicho? Não falta aqui uma ideia de conjunto?
Por isso mesmo defendo que haja uma oferta generalista de qualidade. Quando defendo um canal de notícias, estou a falar de um canal generalista e não para elites culturais. É um canal aberto, que sirva todos os portugueses, um canal bem feito, que toque todos, com os mais diferentes interesses, diferentes camadas culturais, sociais, etárias. E depois programações específicas para comunidades. Começamos a ouvir isso em rádios privadas. À volta de Lisboa escutamos rádios musicais para públicos com idades sub-trinta. A *Radar*, a *Oxigénio*. Ampliar estes modelos a outros alvos faz sentido.

Qual a principal aprendizagem que fez como jornalista?
(Silêncio) São tantas... Não sei dizer qual foi a principal. (Silêncio) ocorrem-me várias ao mesmo tempo. O mais importante muitas vezes não é o que aparece como importante. A necessidade de ser mais atento a analisar as coisas para se chegar àquilo que realmente é importante. Muitas vezes ficamos pela superfície e não se vê o que é importante. E isso passa por dar mais atenção às pessoas.

Às vezes não há tempo para dar toda a atenção às pessoas e o resultado é que apreendemos fragmentos, mas não vemos o fundo, não chegamos ao que está para lá da nuvem. Essa é uma lição fundamental. A delicadeza com as pessoas.

Cada vez mais sinto a necessidade de que o jornalista seja delicado com as pessoas. Cortesia. O respeito pelas pessoas independentemente de quem elas são. Mas isso já não é de agora. Desde há bastante tempo que tenho a ideia de que para perceber o que vem a seguir, mais do que dar atenção ao discurso dos políticos importa dar atenção às pessoas das artes, das ciências, da economia. É preciso diversificar.

Agustina Bessa-Luís disse numa entrevista que "quase não há jornalismo, só há comunicação social". Quer comentar?
Temo que alguns telejornais nos dêem isso. A forma como a informação é tratada é mais de comunicação – vender produtos – do que propriamente tratar seriamente e com rigor e respeito as pessoas.
Espero que não seja essa a tendência e que os sinais de agora possam ser invertidos. Eu acho que o jornalismo precisa de ser bem comunicado, agora a prevalência da comunicação – e uma comunicação de informação *light* – sobre a pesquisa e a informação séria, interessante, viva, que trate aquilo que interessa à vida das pessoas... Isso é uma questão que me preocupa.

Mas nos dias que correm, em que a audiometria determina tanto a nossa vida, que espaço é que ainda resta ao jornalismo para decidir em função das suas próprias opções e lógica editorial, da sua própria cultura, e não em função das audiências?
Tenho esperança que as pessoas se fartem da multiplicação da angústia e que não queiram saber apenas das desgraças. Tenho esperança que acabem por ser os próprios consumidores da informação a querer mudar as coisas.
Na América foi possível fazer eleger um Obama. Talvez seja possível introduzir na agenda outros interesses e tornar mais diversificada a informação.

Gostava também que deitássemos o olhar sobre uma outra questão que determina muito a acção dos jornalistas: o papel que os gestores das empresas de comunicação têm na informação que nós consumimos. Como é que vê o panorama actual dos gestores e das empresas de comunicação e o que é que pensa que vai acontecer?
Muita preocupação em relação a um aspecto: a consideração. Não sei se após o tal tsunami financeiro as coisas vão ficar como estavam. Não sei se a tendência não vai ser alterada, neste caso, de forma positiva. Julgo que a agregação de muitos meios – imprensa, rádio, televisão – dentro do mesmo grupo é fortemente negativo.
A minha esperança é que o que vem a seguir passe pela multiplicação de pequenos projectos e julgo que a internet favorece isso. É evidente que não estamos a falar de projectos para estarem na bolsa a crescer e a dar lucros astronómicos, mas pequenos projectos, cheios de vitalidade, vivos, que possam ser estimulantes.
Julgo que esse pode vir a ser um caminho.

Jornalismo multimédia?

Sim. Eu dou aulas de jornalismo radiofónico e a primeira coisa que digo no começo de cada curso é: "estamos aqui a tratar uma matéria que está a ficar ultrapassada, o que devem aprender é a ser jornalistas multimédia".

O jornalista de rádio tem de ser, sobretudo, um jornalista multimédia, tem de estar capaz. Hoje um jornalista de imprensa tem de saber captar imagens com um telemóvel, um jornalista de rádio tem de saber falar para um microfone. O director do *El Mundo* todos os dias à noite faz um *podcast* ou um *videocast* em que apresenta o jornal do dia seguinte. O editor do *New York Times* fala com muita frequência com os leitores em som. O jornalista de hoje tem de dominar todas as ferramentas.

O tempo é de uma enorme convergência, em que os operadores de som são cada vez mais sonoplastas. O jornalista da rádio tem de saber usar uma câmara, saber colher imagens e saber o essencial da operação técnica.

Implica também novos desafios a quem ensina jornalismo hoje.

Claro. Justamente. Esse é outro debate central em Portugal: o que é que andamos a ensinar? Temos de recuperar algum tempo perdido e actualizar de forma dramática os programas de ensino. O modelo que funcionou no final do século XX e na entrada do século XXI está hoje certamente desactualizado.

Que Portugal é este, 35 anos após a Revolução de Abril?

(Silêncio) É um Portugal estimulante e que precisa de sair da depressão. Precisa de sol (risos).

E a rádio em Portugal precisa de evolução ou de revolução?

A rádio em Portugal precisa de evolução. A memória é sempre fundamental. Precisa de não ir recuperar o passado. Precisa de olhar para a frente e de se modernizar. Precisa de antecipar o tempo que vem a seguir. E isso não tem sido feito tanto quanto poderia.

Joaquim Letria

*É cada vez mais difícil pôr as coisas cá fora
com verdade e com distanciamento*

LEVA MAIS DE 40 ANOS ligados ao jornalismo e à comunicação. Fundou jornais, esteve na *BBC* e na *Associated Press*, foi a voz e o rosto da *Informação2* da *RTP* e autor dos primeiros *talk-shows*, em Portugal. Militante comunista até à Primavera de Praga, Joaquim Letria passou, ainda, cinco anos em Belém, como porta-voz do Presidente Eanes, empenhou-se na campanha de Salgado Zenha, foi presidente do Sindicato dos Jornalistas, dá aulas na Universidade Autónoma de Lisboa. Pelo meio continua a escrever na imprensa diária "Cobras e Lagartos" sobre o nosso quotidiano.

Hoje diz que "acredita cada vez menos" no jornalismo, "porque felizmente ele vai sendo cada vez menos necessário". Mesmo assim, lá deixa cair à passagem das três horas de entrevista feita na sua casa, na Aroeira, a convicção de que o jornalismo da maratona vai transferir-se para o livro. Irónico e frontal como sempre, não escolhe as palavras para expressar o seu desencanto sobre a profissão que o encheu de felicidade e lhe deu quase tudo o que é.

Mas quando parece a conversa vai assumir um tom mais dramático, eis que surge uma frase ou um comentário que desdramatizam tudo – o humor do autor do título e coordenador do suplemento *A Mosca*, que fez história na imprensa portuguesa, continua intacto e em plena forma.

Incomoda-o que sobre si possam dizer "Cobras e Lagartos"?
Não. De maneira nenhuma. Quem se expõe tem que estar preparado para aceitar esse tipo de coisas. Portanto...As primeiras vezes em que se ouvem injustiças a nosso respeito, custa.

Ouviu muitas?
Ouvi muitas injustiças, sim.

Para que serve o jornalismo, Joaquim Letria?
Eu penso que para vender jornais, sobretudo.

Só?
Só. Mais do que para qualquer outra coisa, porque estamos numa fase que não é simples, não é fácil. Estamos numa fase de transição de uma realidade que nós conhecemos e conhecíamos e vamos para alguma coisa que ainda não conhecemos.

Mas o jornalismo não se circunscreve só aos jornais. Há o jornalismo da rádio, da televisão...
E as audiências na rádio e na televisão. De resto, não vejo outra preocupação no jornalismo que hoje temos.

Segue o jornalismo com atenção? Não acredita nele?
Sigo com muita atenção, mas acredito cada vez menos. Porque, felizmente, ele vai sendo cada vez menos necessário. Ou seja, o jornalista foi sempre um intermediário entre os factos e as opiniões e aqueles a que se destinavam. Estamos a entrar numa fase em que não é preciso mais intermediários nem mais vendedores de ideias nem de factos. As pessoas já lá chegam directamente porque têm telemóvel, porque têm internet, porque falam umas com as outras e não precisam de gente que as manipule, nem que as aldrabe, que lhes conte histórias.

Mas o jornalismo não é, na essência, o contrário disso – da manipulação, da mentira, da aldrabice?
O jornalismo foi sempre a busca da verdade ou a aproximação à verdade.

E hoje deixou de ser?
Não. Há menos essa preocupação mas continua. Felizmente há muita gente ainda a desejar isso, só que as condições das empresas, concentração dos meios, o espírito comercial de todo esse sector que anima a economia não está para aí virado. O sr. [Rupert] Murdoch nunca procurou a verdade, procurou o lucro. E todos o outros também, a mesma coisa.

É por isso que a gente hoje vê mais a *Al Jazeera*, se calhar, do que a *Sky News* porque é mais verdadeira, é mais próxima da verdade e da realidade do que as cadeias de televisão e de rádio e os jornais do Sr. Murdoch, apesar de ter títulos muito famosos e de grande prestígio.

Quando reflecte sobre estes assuntos sente que fala mais como comunicador ou como jornalista?

Sabe, é uma coisa que me faz muita impressão. Eu acho sempre, e fui jornalista quase quarenta anos, que os jornalistas deram sempre a si próprios uma grande importância. Acharam sempre que eram muito importantes, que eram uns fulanos...(onomatopeia ilustrativa de sentimento de superioridade). Eu nunca achei, sinceramente. E estou à vontade porque fui jornalista muitos anos.

O que é que eu achava? Por que é que fui parar àquela profissão? Olhe, porque o Tim Tim me excitou, se calhar, o lado mais aventuroso. Eu também gostava de ir à lua e andar de foguetão e ter um capitão Rosa ou um Murdoch que me levasse e mais aqueles detectives Dupond & Dupond e porque viajava e porque ia ao Congo e ao Oriente e tinha um cão e vivia bem. Portanto foi isso que em mim despertou, se calhar, a primeira coisa para ver "olha que isto é giro!". Porque, depois, em comparação, o que é que eu tinha? Tinha o Luis Euripe que era um boxeur – isso nunca me apeteceu, nunca gostei de apanhar pancada – ou então tinha o Flash Gordon que era um homem, um astronauta, que era um Universo que não era propriamente o meu.

Portanto o Tim Tim enchia-me as medidas, ao princípio.

Se a isto juntarmos a vontade e o prazer de escrever e não escrever mal ou pelo menos tentar ir escrevendo, ir tentando contar histórias acabou por me levar para aí. E depois, Horace McCoy, a busca pela verdade, a luta pelos mais fracos, a voz daqueles que não a têm... fizeram o resto. E era o mais importante, naturalmente.

Num artigo publicado em 2006, José Mário Branco sustentava que os empregos dos jornalistas não são empregos como os outros. Está de acordo?

Eu acho que não é uma profissão como as outras. Exige mais responsabilidade.

E como é que isso é compaginável com aquilo que há pouco falava acerca da dificuldade em torno da verdade.

Hoje chegou-se a uma situação, entrou-se numa fase em que isso cada vez conta menos. Eu nos últimos anos tenho dado aulas no Departamento de Ciências da Comunicação e os meus alunos vão, ou tentam ir, para jornalistas.

Desaconselha-os?
Não, não os desaconselho. Bom, alguns desaconselho porque não têm qualidade [risos].

Erros de casting...
No primeiro dia do ano, na minha primeira aula, na aula de apresentação, normalmente digo e espero que eles tenham a consciência que são candidatos ao desemprego e candidatos muito muito potenciais. Infelizmente hoje não é preciso ir para jornalista para se ser candidato ao desemprego. Hoje é em quase tudo. Depois eu vejo-os: as dificuldades que eles têm, a falta de respeito que há por um jovem que está a começar uma profissão.

Iremos falar disso, até porque sei que é um tema que lhe toca muito, a partir da sua experiência inicial no Diário de Lisboa. *Mas antes gostaria de aproveitar este seu raciocínio para recordar uma frase célebre de Camus: "Vale a pena lutar por uma profissão como esta". Se bem entendo as suas palavras, não faz sentido, hoje, lutar por uma profissão como esta.*
Eu penso que vale sempre a pena lutar por aquilo em que acreditamos. Agora o que eu acho é que o jornalismo está no fim. Entrámos numa fase em que o jornalismo irá transformar-se em algo que nós não conhecemos, por aquilo que disse há pouco. Porque isto vai tudo mudar. Porque eu sento-me ali no computador e vou a blogues e falo com gente e vejo coisas que não preciso de estar à espera.

Quando eu comecei na profissão a gente esperava pelo noticiário da uma da tarde, das oito da noite e da uma da manhã para irmos dormir na paz do senhor, não é? E de manhã acordávamos outra vez a ouvir o noticiário das oito – os golpes de Estado davam-se quase sempre de madrugada ou de noite. Hoje isso não é preciso porque é instantâneo, é simultâneo, é "ao vivo e a cores" como dizem...

Mas até agora ainda ninguém conseguiu manter, individualmente, um blogue pessoal a partir do Iraque ou seja de onde for. Isto é, os jornais ou as empresas de comunicação continuam a ser os grandes baluartes da informação. São as únicas empresas que estão preparadas para enviar e manter profissionais nos locais dos acontecimentos.
Não só. Mas há pessoas no local dos acontecimentos. Eu sou capaz de acreditar mais num estudante do Líbano, quando Israel invade o Líbano, do que num jornalista que a *Sky* ou o *Le Point* mandou para lá para cobrir o conflito.

Onde começa a parte interessada da informação que se faz e a ideia de imparcialidade? Não existe diferença entre uma coisa e outra?
Há que saber distingui-las. Repare – agora pela sua pergunta – eu sou capaz de acreditar mais num médico da AMI no Darfur do que num senhor que vai lá mandado pelo Comissariado das Nações Unidas ou pelo Dr. Balsemão. Porque é uma parte interessada mas temos que ver isso nessa perspectiva e perceber o que nos está a descrever, o que nos está a contar.

Mas a riqueza da informação não está na pluralidade de olhares?
Está.

E o jornalismo é o principal instrumento da pluralidade de olhares.
Nem sempre, nem sempre. Mas estou de acordo consigo, com o princípio.

Em Dezembro de 1993, quando recebeu o Prémio Dag Hammarskjold para o Jornalismo e Informação, instituído pela Academia Pax Mundi, disse que queria "reparti-lo com todos os jovens (...) que não cedem na sua confiança, não desanimam na sua generosidade e respondem com a esperança de virem a ser jornalistas num dos momentos mais graves da Informação em Portugal". Dezasseis anos depois podia repetir o discurso?
Não. Mudou tudo. Mudou tudo muito depressa e eu penso que vai mudar ainda mais depressa. Ainda há dois dias surgiram resultados de duas reuniões nas quais surgiram dúvidas a propósito de livros, nem sequer ainda era o jornal. Depois, por arrasto, chegou-se ao jornal e às publicações. Mas era uma reunião de editores que pensam que o livro é capaz de não sobreviver dez anos a partir de agora. Eu penso que o livro existirá sempre. Se calhar será reduzido à forma de objecto, de…uma boa encadernação, um bom tipo…

Um objecto de decoração…
Não. Um objecto de prazer, de o ter, de o acariciar, de ler, de folhear, não sei, tal como nós conhecemos e temos esse prazer dos livros.

Mas isso também pode acontecer com os jornais, por exemplo.
Sim, mas os japoneses, cada vez mais à frente nas novas técnicas de leitura, já têm – não será uma *playstation* – um suporte que lhes dá perfeitamente aquilo que nós estamos habituados a ter em livro; isto é, o formato a que estamos habituados em jornal e, portanto, vai acontecer o que tem acontecido com o som, com os discos.

Quem diria que ainda há pouco tempo houve gente que deitou fora o vinil para ir para os cds e agora já vão no mp3? E o mais grave disto tudo, e o mais interessante, é que nós ficamos com estas coisas sem uso nenhum, que é o que me choca. Ter uma aparelhagem daquelas que custou um olho e que trabalhei um ano para ter e para comprar e agora... "os discos são bons é para fazer tiro ó alvo" e vai tudo para o cd. E agora já não é o cd. Eu penso que nós vamos entrar nessa fase muito rapidamente.

No acesso à informação, para voltar ao tema da conversa, não são só os blogues. Nós se formos à net hoje, é o *Portugal Diário*, é...são tantos, são tantas as fontes já hoje a dar notícias, informação. Os próprios jornais são mais activos até, e interessantes, o que é curioso, na sua versão online do que em papel. E é curioso e, por outro lado, é revelador desta fraqueza aquilo que alguns fazem que é utilizar o online para dizer: "Não perca o resto desta história amanhã na nossa edição em papel."

São meios complementares no fundo.
Estão a tentar ser um meio completar, mas eu penso que é muito difícil. E eu penso que tudo isto vai transformar muito a nossa sociedade de informação e a própria manipulação, que é um lado perverso.

A manipulação será tanto mais difícil quanto mais esclarecidos formos. Glosando uma frase célebre de Edgar Morin, o progresso da verdade conduz ao progresso da mentira. Há aqui uma luta interessante a travar.
E hoje a mentira é muito sofisticada.

Imagino que sim.
E a desinformação e a contra-informação são muito sofisticadas.

Quando fala de manipulação e dessa desigualdade no acesso à informação, como vê o progressivo enfraquecimento das redacções em comparação com o aumento de recursos e de influência das grandes agências de comunicação?
Mal. Vejo mal porque é uma luta muito desigual.

Quem sai a perder?
Eu penso que quem sai a perder são os jornalistas e o jornalismo.

O cidadão, portanto.
O cidadão, o destinatário. Exactamente.

Isso entristece-o?

Já me entristeceu mais. Há 16 anos preocupava-me. Era uma preocupação e uma realidade contra a qual eu estava disposto a lutar e sempre procurei lutar em toda a minha vida. Hoje, quando lhe digo que a preocupação é menor, é porque eu penso que isto de que temos estado a falar é verdade: a manipulação tem sido cada vez mais sofisticada, é exercida cada vez de mais maneiras, há cada vez mais assessores nos gabinetes dos ministros, dos secretários de Estado, há quase tantos assessores como jornalistas nas redacções, e muito mais bem pagos. E à espera do prémio no fim. Portanto, é uma luta muito desigual, mas eu penso que o destinatário, o cidadão, felizmente, acaba por lá chegar, embora as coisas possam demorar algum tempo.

É muito curioso – e com certeza já observou isso – a verdade hoje cada vez aparece mais tarde e em livro, se reparar. Porque os próprios jornalistas que vão às coisas, os *embedded* da Guerra do Iraque, essa invenção folclórica dos *embedded*, que é muito agradável, deve ser, porque eu andei *embedded* nuns casos e em outros nem por isso (enfim, sentir que há alguém que toma conta de nós não deve ser mau), gera sentimentos que interferem depois com a objectividade. O que eu quero dizer é que cada vez é mais difícil pôr as coisas cá fora com verdade e com distanciamento. E agora esses jornalistas *embedded*, protegidos, influenciados, não influenciáveis, anos mais tarde escrevem os seus livros sobre a guerra. E não é a mesma coisa. Aquilo que se revela não é a mesma coisa. Abu Ghraib apareceu muito depois e Guantánamo, apesar de tudo, está a começar a aparecer. E isso é imparável e é muito bom.

E tudo isso não será, afinal, resultado do imediatismo que referia há pouco? Ou seja, sendo impossível ao jornalista, à medida que está a cobrir o acontecimento, ter uma capacidade de leitura e análise sobre o próprio acontecimento ou, ainda, porque é incapaz de nesse momento ir contra a versão dominante do acontecimento em causa, ele acaba muitas vezes por escrever mais tarde aquilo que antes lhe foi impossível dizer...

É uma coisa tremenda. Eu pelo menos tive essa experiência enquanto jornalista e, por ter falado agora em conflitos, lembrei-me de algo que sempre me acontecia. Depois havia um período de nojo até aquilo passar. Mas é muito difícil para nós próprios, que vamos fazer uma guerra, em que há várias coisas que a gente não espera.

Por exemplo: se estiver do lado que não é o lado com que intimamente simpatiza, enquanto lá estiver, é. Isto é muito curioso. E nunca vi isso tratado. E isso aconteceu-me pelo menos duas vezes: estive com gente que eu não gostava e que achava detestável.

Quer referir que casos foram esses?
Foi no Médio Oriente e é muito difícil e muito complexo falar sobre tudo isso, porque depois se formos ver toda a verdade não é completamente correspondente.

Mas por que é que o jornalista não se consegue distanciar disso: é por medo, é porque precisa das fontes e do seu apoio?
É por tudo isso. Precisa de apoio logístico, precisa que lhe dêem de comer, que o deixem dormir, que tenha uma boa relação, e que sejam boas fontes para a informação que no seu destino, na sua redacção, estão à espera. Não estão à espera do menino que vai para lá "ai, ai, ai, que tenho pruridos ou que hoje não me dá jeito mandar serviço." Isso condiciona muito.

Por outro lado é ser enrolado numa onda de simpatia que não esperamos, que não associamos e acabamos por achar que aquele é um bocado o nosso lado. E depois também quem nos envolve com essa onda de simpatia não é por acaso, não é por ser simpático, é porque espera ou conta que isso renda determinado lucro. Portanto, só ao fim de algum tempo é que percebemos que fomos manipulados, que fomos usados, que não nos disseram a verdade.

A experiência ajuda nesses casos?
A experiência ajuda a não ir de peito aberto, a não cair assim na esparrela, mas não ajuda completamente.

Não resolve o problema.
Não, nem pensar. Mas é muito interessante e é muito curioso. Isto, em termos de conflito. Agora imagine, sei lá, no dia-a-dia, no Hotel Altis ou no Sheraton, nos congressos dos partidos, as pessoas pensam, as pessoas votam, e os jornalistas têm as suas opiniões, a sua preferência. Eu penso que quando vão fazer um congresso ou quando vão fazer uma reunião do Comité Central ou um encontro de um partido sentirão isso mesmo. E isso tem de ficar longe, tem de ficar à porta.

E onde é que fica o preconceito no meio disso tudo? Também existe?
Existe muito. Em toda a parte. Da parte do jornalista e da parte de quem lê. E é muito curioso, e é muito típico do público, a quem tão

depressa ouvimos dizer "isso é verdade porque veio no jornal", como ouvimos criticar "os jornalistas são uns aldrabões pá, esses gajos da rádio...nem quando toca um disco aquilo é verdade!" Isto é muito... entende esta dualidade?... E é para pessoas assim que a gente trabalha. Às vezes apetece trabalhar mal.

Isto sem ouvintes e sem leitores era muito mais fácil...
Também não tinha graça nenhuma. Não dava luta. E eu penso que as coisas que acabam por dar luta têm prazer.

Foi feliz como jornalista?
Ahh fui muito feliz! E gostei muito da minha profissão porque tive uma grande sorte em ter feito aquilo que eu gostava e da maneira como fiz. Tive uma experiência talvez única porque fiz e trabalhei nos meios todos.

Numa entrevista que deu em 1989 à TV 7 Dias *disse que Portugal tem "os piores patrões da Europa" e que "os nossos empresários são anedóticos". Essa classificação aplica-se aos actuais donos das empresas de comunicação social?*
Hoje a gente já nem sabe bem quem são os donos da comunicação social. Quem são os donos da *TVI*? A PRISA é comprada todas as semanas, aquilo ainda é espanhol? a gente já não sabe bem. O Pina Moura já vai não sei onde, não é? Vai na Iberdrola...,a gente sabe lá quem são os donos. O Balsemão sabemos. Para mim é a única referência séria na comunicação; aquele senhor é dono daquilo, perde dinheiro com aquilo ou ganha dinheiro com aquilo. E depois gosta. E como eu me lembro dele, a chegar à rua Luz Soriano de Porsche... Tenho um grande apreço por ele. E também por ter sido Primeiro-Ministro e dono do *Expresso* e nunca o ter usado em seu proveito nem ter intervindo no jornal para que o favorecesse.

Que ideia tinha da profissão quando decidiu que queria ser jornalista?
Eu queria tanto ser jornalista que até estava disposto a ir fazer comentários a jogos de futebol se fosse preciso. Eu queria era ser jornalista. E tive a sorte de entrar num jornal – *Diário de Lisboa* —pela mão do Dr. Mário Neves que eu não conhecia. Estive mais de um mês a ir lá todos os dias, bater à porta até ele me receber. Quando me recebeu eu disse-lhe: "gostava e precisava de trabalhar" e nunca me esqueço daquilo que ele me perguntou: "você quer um emprego ou

quer ser jornalista?"; e eu disse: "quero ser jornalista". " É que se quer um emprego eu arranjo-lhe um emprego na FIL (ele era comissário da Feira Internacional de Lisboa) a ganhar perto dos 4 contos. Se quer ser jornalista vem para aqui ganhar 50 escudos por dia, quando não trabalhar não ganha, e depois no fim vamos ver se você tem jeito para passar a estagiário". Ainda bem que não quis o emprego, embora na altura não houvesse outro jornal onde eu pudesse entrar. Daí a minha fixação no *Diário de Lisboa*, por razões políticas. Eu era um militante do PC nessa época e o *Diário de Lisboa* era o único jornal independente em relação ao regime que me deixava à vontade. Claro que havia o *República,* mas este naquela época era uma coisa que praticamente não existia, tirava cinco mil exemplares.

O seu primeiro emprego foi em 1962 no Diário de Lisboa, *é público, mas há algo que nunca vimos referido nas entrevistas que deu: como estava de estudos nessa altura, atendendo que tinha 18 anos?*

É uma vergonha minha porque o Mário Neves impôs-me uma condição: eu só entrava se não parasse de estudar. E parei.

Parou na altura em que entrou ou parou passados uns anos?
Parei passados dois ou três anos.

Estava na Universidade?
Estava, mas nunca fiz nada. Ainda por cima trabalhava com um exemplo que era o João Gomes que tinha ido para Lille tirar um curso de Jornalismo. Cá não havia. Não havia nenhum curso de Jornalismo nem de Comunicação nem coisa nenhuma. Não havendo esse curso aquilo que eu iria tirar seria eventualmente História. Matriculei-me mas nunca fiz nada. Matriculei-me por descargo de consciência.

Os seus primeiros dois anos de jornalismo foram passados a atender o telefone, a tratar das farmácias de serviço, dos horários dos cinemas e dos navios, a reescrever as notícias dos correspondentes. Que lições retira desse tempo? Hoje, os jovens já não estão muito dispostos a passar por estágios desses.

Não estão muito dispostos, mas precisavam.

Porquê? O que é que se aprende com esse tipo de estágios?
Para já, antes de escrever, aprende-se a vida. Aprende-se a falar com as pessoas – o tipo que é barbeiro que nos telefona da Serra da Estrela a dizer: "Primeiro nevão". Aprende-se a ouvir as pessoas,

aprende-se que Portugal não é só Lisboa, aprende-se a trabalhar com os mais velhos. Isto é muito interessante.

Eu acabo por ser uma ponte ou uma charneira de um período para outro, muito diferentes. Os mais velhos eram uma memória que ainda não está escrita mas eram uma memória de todo um período que eu não vivi. Sei lá, contar-lhe... o Manuel Nunes na redacção a falar com o César dos Santos sobre o Sidónio Pais. Eu tinha esse privilégio de ouvir os velhos.

O problema é que os velhos escreviam como se escrevia no tempo deles e aí o meu chefe de redacção, que era o Vítor Direito, agarrava em mim que estava a começar e não tinha nenhum conflito com a gramática e dava-me as peças dos mais velhos – o Manuel Nunes, o Artur Santos Jorge e outros – e dizia-me "passa-me lá isto". E o meu trabalho era por a linguagem deles numa linguagem moderna e mais directa e não como no tempo deles. Aqueles narizes de cera: "Constitui profunda manifestação de pesar", os enterros eram sempre assim, aquelas coisas que se diziam sempre.

Foi nessa altura que o Vítor Direito lhe disse para ir "capar morangos"?

[risos] "Capar morangos" era uma frase que não era do Vítor Direito. Quem a usava constantemente, e bem, era o Maurício de Oliveira. O sr. Maurício de Oliveira era secretário geral do *Diário de Lisboa* e director e proprietário da revista de Marinha. Era o grande especialista das coisas do mar e que me ensinou uma coisa que os jovens hoje não sabem: a bordo não há cordas. Só há uma corda, que é a corda do relógio, o resto são cabos. Isto é só para lhe dar um bocado de cor, de como com estes homens a gente aprendia muito.

Quando os velhos depois descobriram que eu lhes estava a assassinar a prosa – Ui! Jesus! "Badamecos, ainda andam de fraldas e já julgam que sabem tudo!" Isto eu ouvi muito tempo, portanto eu sei o que os jovens hoje ouvem.

E "capar morangos" era o quê?

Era uma expressão do Maurício...Não sei, nunca me dei ao trabalho. Se calhar "capar morangos" é apanhar morangos e apanhar morangos dá cabo dos rins, não sei, dá qualquer coisa! Porque quando ele nos queria mandar à outra banda ou a um sítio pior dizia: " oh menino vai capar morangos!". E o Vítor Direito apanhou muito isso do Maurício.

Com o Vítor Direito tenho um grande respeito por ele e uma relação única. Falo nisto porque penso que hoje seria impossível imaginar duas pessoas numa redacção, sendo que ele era meu chefe, chefe de redacção (na altura não havia a figura do editor) em que estivemos dois anos sem falar. E a trabalhar todos os dias.

Porquê?
Porque entrámos num conflito.

Profissional?
Profissional.

Quer contar?
Posso contar. É muito interessante porque mostra bem como as coisas eram e, sobretudo, como as coisas não interferem. Eu nunca perdi o respeito pelo Vítor Direito e eu penso que ele nunca perdeu o respeito que tinha por mim e que ainda hoje julgo que tem. O que foi, é muito simples: eu estava a fazer sozinho o trabalho de quatro homens, ou seja, não é só hoje que aos jovenzinhos lhes acontece isso. Porque o João Gomes tinha ido para Lille estudar Jornalismo, porque o Nuno Vieira tinha ido fazer um estágio numa agência de publicidade em que tinha sido *copy-writer*. Era eu e havia uma outra vaga na secção de Internacional – uma vaga interna que era para ser preenchida, mas que nunca foi. Éramos quatro, uma secção de quatro em que só havia três. De repente tiraram dois fiquei eu sozinho.

O Internacional, naquela época, no *Diário de Lisboa*, era chegar às sete da manhã, ver os telegramas da noite, ler os jornais da manhã e ver o que é que os jornais deram para não repetir. Além das agências, e ver o que elas davam, tinha de fazer as notícias, ir para a tipografia e paginar. E o que eu tinha de paginar eram normalmente duas a três notícias na primeira página, era a última página que era quase toda de Internacional, era uma página interior do jornal e, às vezes, quando não havia material, quando não havia "retirado", com se dizia, muito das páginas centrais. Sozinho.

O Sr. Tchombé, Moisés Tchombé, que era um aliado do colonialismo português, digamos, vem a Lisboa. A censura: Notícias de Tchombé em Lisboa – nada, zero, não há. Mas os telegramas não era cortados, eram suspensos. A *ANI* diz que o Tchombé está em Lisboa, isto na agência do Estado português, que também era censurada. Este telegrama é suspenso. Depois a *France Press* dá a notícia, dão todos a notícia menos a Reuters, que diz: "Tchombé em Lisboa avistou-se com Salazar". Eu, como disse, tenho de fechar aquelas páginas, ir para a tipografia, andar a correr, ir ver os teletipos (na altura era nos teletipos que saíam os telegramas), controlar a ver os telegramas da censura, ver se algum tinha sido libertado ou não.

Bom, a censura de repente liberta: "Tchombé em Lisboa". Eu faço título para a primeira página. Era importante para a Guerra Colonial e para toda a estratégia do colonialismo em Portugal, porque o país vivia muito isolado. E isto é depois da Guerra do Catanga. Ora, o telegrama da *Reteurs* que dizia: "Tchombé em Lisboa, avistou-se com Salazar" é libertado quando eu estou na tipografia.

Apesar das circunstâncias, naquele tempo havia concorrência a sério: *Diário Popular* – "Tchombé avista-se com Salazar", eu digo só "Tchombé em Lisboa". E o Vítor Direito: "Estamos a dormir?!", e outras coisas carinhosas com que eu aprendi muito. Não me mandou "capar morangos" mas foi pior. "Eu acho-lhe piada, pá: estou sozinho, estou a fazer o trabalho de quatro pessoas, nunca ouvi dizer 'hoje foi bom, foi porreiro, parabéns, obrigado' nunca ouvi; agora um gajo falha uma é logo assim..." e mandei-o..., mandei não "capar morangos", mas uma coisa mais explícita. E a partir daí não lhe falei mais.

Agora o que é espantoso, e conto esta história porque isto não corresponde a nenhuma quebra de respeito, sempre tive muito respeito por ele como profissional, como "fazedor de jornais" sobretudo, e sei que ele também não perdeu o respeito por mim. Mas aquela explosão tinha que se dar de parte a parte. E durou dois anos e no fim, olhe, foi como se nada tivesse existido. Uma vez já lhe disse isso. Calhámos na mesma mesa num jantar: "Nós afinal gostamos tanto um do outro que nem nos conseguimos zangar". Estivemos dois anos sem falar e não ficou nada de...

Não ficou mágoa.
Nenhuma.

Por que é que chegou a chorar de raiva na casa de banho do DL? *Foi uma experiência tão dura o início do jornalismo?*
De raiva. Eu acho que isso faz bem, sabe? As pessoas não imaginam...Sabe o que é uma pessoa querer muito uma coisa, estar com ela... "Eu quero ser jornalista". Mas é tão difícil, é-se tão maltratado por vezes e sente-se tão sozinho às vezes...

Injustiçado?
Não é injustiça. É comigo próprio. É de raiva! Mas vinha com uma força! Limpava o rabo, limpava as lágrimas, vinha ali da ponta da unha pode crer!

Mas tinha a ver com um sentimento de impotência face a qualquer coisa?
Era de injustiça. Eu penso que era muitas vezes injustiçado. Imagino que hoje também se deve ser. Se calhar ainda pior.

Injustiçado significa não levarem o seu trabalho a sério, ser maltratado. A que tipo de injustiça se refere?
Era muito complicado. Repare: Eu casei-me aos 20 anos, fui pai aos 21. Aos 18 anos comecei a trabalhar. Aos 21 já tinha uma casa e um filho, aos 22 morreu o meu pai fiquei com várias casas para tomar conta e irmãos para estudar e filhos para criar. Portanto, às vezes havia muita injustiça. Quando digo injustiça não era no tratamento humano. Um tipo ganhava muito pouco.
Eu comecei a fazer coisas por fora porque de outra maneira não aguentava este balanço todo. É um bocado aquilo que eu há bocadinho dizia para explicar a relação com o Vítor Direito – não havia um "Muito Obrigado", percebe? Não era o aumento nem a gratificação. Era um reconhecimento. Era uma palmada na garupa, sabe como é?, penso que até os cavalos gostam e nós também. Mas quando a gente faz mal é a tal história do "capar morangos"...
Era muito duro, eu levanta-me de madrugada para ir para o jornal e houve um período diabólico em que eu acabava no *Rádio Clube Português* a fazer o turno da noite, das 19h à uma da manhã. Eu não estava em casa antes das duas. E como também não sou um santo, nunca fui, não conseguia depois daquele *stress* todo de um dia inteiro de trabalho ir directo para casa ouvir a criança berrar...Passava por um bar, ia a um cabaret, encontrava uns amigos, às vezes só ia a casa tomar banho e mudar de fato. E isso tudo não era fácil. E não havia *drunfs* para dar *speed* por isso saía tudo do corpinho. Como dizia o Variações: "o corpo é que paga".

Nessa altura já trabalhavam também no DL o José Cardoso Pires, Fernando Alvim, Assis Pacheco...
O Fernando Assis Pacheco chega mais tarde, entra com o José Carlos Vasconcelos, os dois coimbrões que vieram.

Mas chegam a trabalhar todos no suplemento A Mosca?
Sim, mas o grupo ainda tinha mais gente.

Conte lá às gerações mais novas o que foi A Mosca.
Eu acho que o mais parecido com *A Mosca,* hoje, que nós temos aí, será eventualmente, embora não tenha muito que ver, o *Inimigo Público*. Mas estamos a falar de censura, de fascismo, disso tudo... aparecer um suplemento daqueles...

Quem criou o título?
Pois é: título não tínhamos. "Como é que se vai chamar isto?" Tínhamos uma encomenda da administração: "um suplemento para gente mais jovem, uma coisa irreverente". E eu disse: "Pelo que eu já percebi vocês querem uma coisa que poise na merda" portanto uma mosca. Como é que se há-de chamar o suplemento? *A Mosca*! Que tinha uma equipa de luxo: Luís de Sttau Monteiro, José Cardoso Pires, Pedro Alvim (que é um tipo notável e tem talvez algumas das melhores crónicas algumas vezes escritas na imprensa portuguesa), o Fernando Assis Pacheco, o Dinis Machado, eu e mais gente. No desenho o Augusto Cid, que na altura era muito contundente.

Já fazia cartoon nessa época...
Só fazia cartoon. Os nossos cartoons eram do Augusto Cid. Por isso foi um abanão aí...

Durou quanto tempo A Mosca?
Penso que durou até o jornal acabar. Eu ainda não tinha ido para Londres, isto é nos anos 60. Durante muito tempo, depois para o fim, com a morte do Alvim, com a saída do Fernando Assim Pacheco, aquilo acabou por ficar a viver à custa do Mário Castrim. Mas aguentou sempre depois da nossa saída.

Falou em Londres: em finais dos anos 60 concorre para a BBC.
Olhe é uma coisa que felizmente hoje não era preciso. Hoje há esta possibilidade de escolha. Já não há aquela coisa que, a seguir ao 25 de Abril, apesar de tudo, eu ainda fiz, que foi jornais. Portanto, "não estou bem aqui, faço uma coisa nova". Mas na altura não havia nada. Não havia sequer essa hipótese nem essa possibilidade. Ou trabalhava no *Diário de Lisboa* ou ia-me embora, ou não fazia nada. Ah, mas entretanto dá-se a modernização da imprensa portuguesa, que eu ainda vivi e que foi muito interessante.

Comecei no chumbo. Ainda hoje sei escrever numa *linotype* e posso compor, se for preciso. Assisti, portanto, ao nascimento do *offset*, no *DL*, aliás feito por um senhor que se chamava Lopes do Souto e que ficou o *offsouto,* porque aquilo era um mistério. Aquilo parecia a NASA. Ninguém podia ir ver a máquina. A máquina nova, que veio de Londres. Sentíamos o prédio a tremer quando a máquina começava a andar e dizíamos: "olha a máquina já está a andar". A antiga tremia muito mais. Quase tínhamos de nos agarrar que aquilo tremia tudo. Com o *offset* era uma "tremidurazinha" quase erótica [risos]. E então aquilo lá ia andando.

No primeiro andar andavam uns senhores de bata branca, cientistas autênticos, que eram os homens do *offset*. E um dia consegui ir ver o computador. Lá em cima ninguém podia entrar porque aquilo tinha de estar numa temperatura determinada e num grau de humidade – pode rir-se à vontade, isto dá vontade de rir, mas estou a falar de 1968, vindo da Guiné e tendo chegado na véspera da primeira edição em *offset*. Com grande orgulho os nossos patrões diziam: "agora as mulheres já vão deixar os maridos ler o jornal na cama porque o *offset* já não suja com tinta os lençóis".

Eu sou muito antigo, não é? Mas isto para lhe dizer que o *offset* foi uma coisa espantosa e que eu vivi toda esta modernização.

Apesar destas transformações decidiu ir para Londres. O que é que mudou na sua atitude como jornalista?

Na atitude não mudou nada, que isso não vale a pena. Acho que foi mesmo uma conclusão a que os ingleses terão chegado [risos]. Comigo não vale a pena. E hoje também não vale a pena, estou tão velhinho que isto não vale a pena mudar.

O que é que retirou de positivo?

Em primeiro lugar, não estar em Lisboa. Sair. Segundo, dar uma boa escola ao meu filho que tinha 5 anos quando foi para lá e que acabou por estudar em Itália, Estados Unidos e acompanhar-me e isso deu-me muita satisfação.

Mas sobretudo foi não estar aqui. Foi um bocado isso que me levou a concorrer para a *BBC*. Depois, pelo prazer, pela sensação de os poder mandar dar uma volta ao bilhar grande porque tinha outro emprego, percebe? Deu-me sempre essa segurança. E isso deu-me uma grande satisfação.

Pelo meio trabalhou na Associated Press, *o que lhe permitiu aprender, mais do que em qualquer outro local, a técnica de dar uma notícia. Foi uma das suas principais escolas.*

Foi a grande escola. A *BBC* também, em coisas diferentes, mas eu penso que a *Associated* foi mais porque ensinou-me tudo. A primeira vinda de um Papa aqui, que eu me recordo, foi o Paulo VI, que não veio a Lisboa exactamente para se demarcar do regime mas veio ao Santuário de Fátima. Para a *Associated* era uma grande notícia. Ora, essa sensação de estar e chegar antes das outras agências e a pressão em antecipar o que a concorrência vai dar, aprendi tudo isso na *AP*. E depois a arte do desenrasque que é uma coisa notável.

Vou-lhe contar duas histórias. Como é que a gente ia fotografar a visita do Papa? Pois bem, tive de ir a Fátima e alugar lá uma loja de fotografia daqueles senhores que faziam casamentos e hoje também farão. Depois precisávamos de um laboratório. Depois começámos a negociação com o Santuário, como é que era, como é que não era, onde é que as pessoas podiam ficar. Para isto veio, na altura, talvez um dos nossos melhores fotógrafos que estava sediado em Londres, mais dois de Itália e depois soubemos que... bom, ficam todos num palanque. As pessoas num palanque têm no bolso rolos de filmes (não estamos a falar em nada digital, estamos a falar de coisas concretas). E foi cá o Quinzinho que teve de montar a operação. E então como é que o rolo vem cá para baixo? Sabe como é que eu fiz isso? Primeira despesa, primeiro investimento: alugar a loja do senhor que era fotógrafo em Fátima e depois entrar em contacto com o comando dos escuteiros. Então eu tinha escuteiros que iam do palanque até ao exterior do recinto do Santuário com os rolos, que davam depois a um estafeta, de motoreta, que ia a correr para o laboratório onde aquilo era revelado.

Nós tínhamos um editor, fotográfico, o Sr. Franco Matiolli, cujo trabalho era escolher fotografias – já tinha tirado muitas. Olhava para os rolos e dizia: "esta, esta e esta". E não valia a pena, nós podíamos todos estar ali horas a olhar para as outras e achar que se calhar ele escolheu mal, mas não. Escolhia bem. Sempre. Era uma coisa fantástica. Aprendi com ele a editar fotografias. Portanto aquilo era revelado e depois tínhamos uma coisa que era uma mala, mas das grandes, com um instrumento que eu nunca tinha visto antes de Sua Santidade vir a Fátima, que era um transmissor de telefotos. Aquilo estava ali horas com um cilindro, a passar, e depois estávamos 25 minutos ao telefone a tentar ouvir o que eles diziam; se a fotografia estava uma porcaria e não se percebia nada era preciso voltar a passar outra vez a fotografia. E foi assim. Aprendi muito. Aprendi tudo.

Esta era uma história. Agora a outra que eu vou contar e nunca contei passa-se quando o Presidente do Conselho, Dr. Oliveira Salazar, foi internado no hospital da Cruz Vermelha. Para o caso dele ali falecer, naqueles primeiros dias, nós tínhamos duas enfermeiras e duas telefonistas avençadas pela agência de maneira a que fôssemos os primeiros a saber que sua excelência tinha falecido. Como se sabe não faleceu ali, faleceu mais tarde em São Bento. Mas naquele momento a *Associated Press* de certeza que daria a notícia em primeiro lugar.

Não haveria outra agência com outras enfermeiras e outras telefonistas, igualmente avençadas?

É possível, é possível. Eram as regras do jogo. Porém, não acredito que as enfermeiras deles fossem mais rápidas que as nossas, se é que se calhar não eram as mesmas. Mas isso era muito o esquema. Hoje é difícil de entender isto. Por exemplo: nós tínhamos de ligar a Madrid, Madrid ligava a Londres, Londres ligava a Nova Iorque... estou a falar-lhe de uma agência de notícias. Às vezes demorávamos horas e se eles quisessem não nos davam a ligação com Madrid. A ligação com Madrid era estabelecida na Praça D. Luís, nos CTT, que tinha umas meninas muito simpáticas. Uma coisa que eu aprendi foi que convinha, de vez em quando, ir lá com umas caixas de bombons...

Umas flores...

Uns perfumes, uns bombons. Flores não, que dava muito nas vistas. Uns perfumes, ser simpático para as meninas. Enfim o que as meninas quisessem. Isto só para não estarmos à espera da chamada para Madrid, às vezes com informação importante e urgente e tínhamos de estar ali...

Como era o relacionamento com a censura, apesar de ser um órgão estrangeiro...

Não éramos censurados.

Sim, mas a PIDE sabia...

Estávamos sob escuta e sabíamos. Portanto tudo aquilo que os nossos telexes mandavam para fora a PIDE recebia-os ao mesmo tempo na António Maria Cardoso. Posso contar-lhe uma história giríssima. Como eu lhe disse nós mandávamos as coisas para Madrid e depois Madrid fazia seguir para Londres e daí para Nova Iorque. E há uma história muito interessante que mete o Dr. Mário Soares e a morte do General Delgado. Nós, a *Associated Press*, entrevistámos o Dr. Mário Soares...

Estamos em que ano?
1966, 1967, salvo erro. Isto é na morte do General Delgado. A entrevista sai para Madrid dizendo que um jovem advogado português disse que o General Delgado tinha sido assassinado pela polícia política e blá blá blá, o *background* e o resto da história.

O jovem advogado, que por razões óbvias nós não nomeávamos, era o Dr. Mário Soares. Bom, o Renato Boaventura, meu camarada de agência, o Alexandre Oliveira, irmão do Pedro Oliveira que foi da *RTP*, foram presos para dizerem quem era o jovem advogado. O Dennis Redmond, que era o chefe do escritório, foi chamado à polícia internacional e só foi com o cônsul americano. Isto foi um escândalo diplomático fantástico. Está a ver se não houvesse o direito de sigilo?

Nunca dissemos quem era o jovem advogado, se não o Dr. Mário Soares tinha ido dentro mais uma vez. E não foi. A censura funcionava assim com as agências: éramos livres de dar para fora o que pudéssemos mas sujeitávamo-nos às consequências. Geralmente, os correspondentes ou os chefes de escritório eram expulsos, davam-lhes 48 horas para se porem a andar, e os portugueses eram presos.

Após o 25 de Abril regressa a Portugal e em Outubro é convidado para chefiar o departamento de Actualidades, *na* RTP. *O que o levou a aceitar o cargo? Foi a sua primeira experiência em televisão...*
A primeira depois do 25 de Abril foi em Londres. Eles não tinham ninguém em Londres e pediram-me para lhes fazer o serviço. É na sequência desse serviço que depois vem o convite que refere. Mas não foi a televisão que me fez regressar. O que me custava era estar em Londres e aqui nove milhões e meio de portugueses a divertirem-se.

Queria vir para a festa?
Claro.

E foi bonita a festa?
Até um certo ponto, foi. Depois disso, infelizmente, a gente conhece o resto da história. Mas até uma certa altura foi. Foi muito interessante esta vinda. Não estava à espera. Tinha um contrato com

a BBC que me obrigou a ficar em Londres até Outubro. Só em Outubro é que vim para Lisboa.

Quais eram exactamente as suas funções?
Director de Informação-adjunto. O Director era o escritor Álvaro Guerra, que tinha como adjunto um militar, o Tenente Bargão dos Santos. Mais tarde viria a ser, e é, coronel médico – imagine – e que já foi médico da selecção portuguesa de futebol e que era o Director para a Informação Diária. E aqui, se me é permitida uma ironia, nós tínhamos coronéis e alferes na censura e passámos a ter um Capitão porque no fundo o que eles queriam era censurar o telejornal e estou-lhe a falar depois do 24 de Abril. No fundo era isso que acabava por acontecer. Mas tinha-me perguntado, desculpe...

Estava a falar dos Capitães que também censuravam. O que é que censuravam?
Quer dizer, era uma censura muito diferente. Quando eu dizia "censurar", dizia com ironia mas no fundo era a linha justa. Mas censuravam porque aquilo era uma confusão...
O 25 de Abril foi um período fascinante, tinha de tudo, como saberá: era o COPCOM, era a 5ª Divisão e aquelas linhas todas, aquelas sensibilidades todas mais os partidos todos a tentarem meter a mãozinha e havia ali equilíbrios e desequilíbrios muito interessantes...

Pode dizer-se que era uma luta pelo protagonismo. Isto é, em vez de esconder o que estava a acontecer era mais no sentido de uma exposição...
De ganhar posição. Exactamente.

Seis meses depois sai da RTP para integrar o grupo fundador do semanário O Jornal. Como surgiu e de quem foi a ideia de o fazer?
Antes disso há o 11 de Março. Nessa altura o Eanes disse-me para não sair ainda. Eu queria sair, solidarizando-me com ele, tal como o Álvaro Guerra e ele disse-me para não o fazer. E fiquei, fui ficando. Seis meses depois vim-me embora.
Naquela altura havia uma grande – como hei-de dizer? – uma grande insatisfação entre os profissionais. A informação estava muito estatizada e muito controlada. Eu sempre fui contra todos os controlos, todas as entidades reguladoras, tudo. Acho que há uma Lei geral do país, se alguém se sente difamado ou caluniado faz favor de aplicar a Lei geral...está lá tudo. Portanto não é preciso nem leis espe-

ciais, nem... (acho até que a Lei de Imprensa é uma degenerescência da censura e do controlo da informação e estas entidades reguladoras todas...); portanto, depois do 25 de Abril o Bargão dava lá um jeitinho naquilo que convinha ao MFA. O MFA também tinha umas costas muito largas e aquilo era uma grande confusão na altura com o PS, sobretudo, a tentar a democratização, como eles diziam, e o PC também a tentar conquistar lugares.

PSD e CDS é que não havia porque acho que não havia nenhum em Portugal. [risos] Só votavam no dia das eleições porque ninguém era do PSD nem do CDS.

Havia o Expresso *apesar de tudo...*
Na comunicação social? O *Expresso*?

Sim, o Expresso...
Não. O *Expresso*? Coitado. O Dr. Balsemão quase o quis oferecer aos trabalhadores e deve ao Pedro d'Anunciação e ao Marcelo Rebelo de Sousa não o ter feito. Porque senão tinha entregue o *Expresso* aos trabalhadores...

Sim, naquele famoso plenário, em 75. Mas isso foi também uma jogada de alguma inteligência para ganhar espaço e maior autonomia editorial...
Mas foi numa altura muito má para o *Expresso*. O *Expresso* parecia *A Bola,* só que saía três vezes por semana.

Duas.
Não, três. Tri-semanário. Duas vezes, depois três. Depois voltou a sair só uma. Eu estava com atenção a essas coisas e lembro-me bem porque estava no jornal e nesse período beneficiámos dessa crise do *Expresso* vendendo até mais que o próprio *Expresso*.

Vendiam mais por causa do alinhamento ideológico de O Jornal *que estava mais à esquerda?*
Penso que era sobretudo por isso.

Muito próximo da linha do PS?
Sim. Mas procurava ser independente. Depois os nossos títulos tinham aquela nossa irreverência, como "Os homens sem sono andam a dormir".

Mas de quem foi a ideia, como nasceu, quem constituía o núcleo programático do jornal?

Eu não vou a festivais dizer que a canção é minha. Portanto, o que eu quero dizer com isto é que alguém teve a ideia e não fui eu – fui, sim, o primeiro director do jornal. A ideia de fazer *O Jornal* foi do Manuel Beça Múrias, que já morreu infelizmente, e do Hernâni Santos que ainda está vivo e suponho que dá aulas no CENJOR e está dedicado à agricultura ali na...

Na Zona Oeste.

Exactamente. Foram eles que tiveram a ideia. Eu ia a sair da *RTP* à uma da manhã e no fim da rampa vejo um automóvel a fazer-me sinal de luzes. Como não eram fãs, fui devagarinho para ver o que era. Então eram esses dois, o Manuel Beça Múrias e o Hernâni Santos; e lá fomos conversar já não me lembro para onde.

Disseram-me: "Eh pá viemos à tua procura, nós temos de fazer um jornal. És feliz aqui?", e eu: "Não, também não." Até pelas razões que já lhe apontei. Evidentemente é preferível uma censura democrática a uma censura anti-democrática mas apesar de tudo...

Era censura?

Exactamente. E eu achei que um jornal era giro e daí aproveitámos para estar até bastante tarde a conversar nas coisas, marcámos uma primeira reunião e fomos crescendo em número. Com uma condição, que foi sempre respeitada: uma bola preta, não entra.

Então cada um de nós começou a dar nomes e a sugerir pessoas. Eu fui buscar a parte gráfica. Eu tinha muito esse empenho de criar uma coisa graficamente diferente daquilo que existia cá. Os jornais eram muito mal feitos. Eram feios, graficamente. E pronto, fui buscar essa gente.

Jornalistas, nós conhecíamos. Quer da *Flama*, revista onde o Manuel Beça Múrias tinha sido chefe de redacção, ao passo que o Hernâni tinha um conhecimento bom d' *O Século* e d' *A Capital*, na altura. E foi aí que fomos buscar o resto das pessoas: 15. Quatro por cento desses 15 são 60%. Numa sociedade tínhamos de arranjar os 40% que financiassem isso. E conseguimos com um homem que hoje ninguém dá por ele, que é muito discreto e muito elegante que é o Eduardo Fortunato de Almeida que é dono e director da revista *Homem* e da *Casa e Jardim* e que entrou com os 40% necessários.

Quanto foi o capital social, ainda se lembra?
Muito pouco. Quinze mil... eu não me recordo bem...mil e quinhentos...

Mil e quinhentos contos?
Sim. Mil e quinhentos contos talvez. Porque o resto do jornal foi feito em crédito, ou a crédito na Renascença Gráfica. E nós não recebíamos. Os quatro por cento de cada um de nós foi realizado com seis meses de trabalho não remunerado... a 20 contos. Ganhávamos todos 20 contos, o que na altura era um óptimo ordenado! Então, durante seis meses os 20 contos foram a forma de realizarmos o nosso capital... E foi assim que *O Jornal* nasceu. *O Jornal* é hoje a *Visão*.

Há pessoas que julgam que *O Jornal* acabou. Curiosamente não acabou. Foi vendido aos suíços e os suíços transformaram-no, e acho que bem. Acharam que uma revista, que uma news magazine fazia falta em Portugal e criaram a *Visão* que depois o Dr. Balsemão [onomatopeia ilustrativa de sucção] chupou como aqueles gulosos que comem pudim flan.

O seu modelo de formação foi inspirado no Le Monde?
Foi a pensar numa sociedade de jornalistas. Nunca fomos uma cooperativa. Aquilo era uma sociedade por cotas. Cotas que tinham esta distribuição do capital: Eduardo Fortunato de Almeida com 40% e nós com 60% e com uma cláusula que era: quando saíssemos vendíamos a nossa cota dentro dos 60% – não íamos vender ao capital. E foi sempre isso que aconteceu.

O que é que O Jornal *trazia de diferente, acrescentava, ao panorama do jornalismo português da época?*
Penso que trouxe sobretudo outra maneira de analisar e de fazer as coisas. Era um semanário e apesar de ter muitas notícias, novas, frescas era, sobretudo, um jornal de análise. De pesquisa e de análise. E era muito curioso, sabe, ver o interesse e a forma como estabelecemos relações com tanta gente: *New York Times, Los Angeles Times*, mas também *Washington Post*; em França com o *Le Monde* e *Nouvel Observateur* ou com a *Panorama*, em Itália. De repente sentíamos... eles quando vinham a Portugal procuravam-nos sempre. E as coisas que *O Jornal* foi fazendo, desde a vinda cá de Santiago Carrillo, a discussão sobre o eurocomunismo, o Jean-Paul Sartre..., de alguma forma nós intervínhamos na sociedade.

Como eram definidos os temas a tratar? Quais eram os critérios que condicionavam as escolhas?
Oiça eu fui o primeiro director do jornal eleito por unanimidade. E fui director daquilo dois anos. Foi das coisas mais difíceis da minha vida. E como lhe disse éramos todos amigos. E se não amigos, amigos de amigos. Aquelas reuniões... "é preciso comprar um rolo de papel higiénico" – reunião. "É preciso comprar novo rolo de papel higiénico." – "Porra! Ainda ontem comprámos um!". Isto é uma caricatura, evidentemente, mas é para lhe dizer que não se fazia nada naquela casa sem ser por reunião. Era muito complicado. Tudo em reunião. "Está em reunião", sempre em reunião.

Mas do ponto de vista editorial como eram tomadas as decisões?
Do ponto de vista editorial era assim também em reunião. Era sempre em plenário, sempre em reunião...

O fecho do jornal imagino, então...
Não, o fecho aí era... tínhamos muita experiência. Aí está uma coisa de que eu tenho saudades. Profissionalmente, dava muito gozo trabalhar naquela equipa. Era praticamente uma equipa de pares. Qualquer deles podia ter sido director. Entendeu-se que eu era...
Olhe, eu comecei por perder ainda antes do jornal existir, refiro-me ao nome. O título era horrível – *O Jornal* – era uma confusão. As pessoas chegavam à banca e diziam: "Dê-me *O Jornal*", "Qual jornal?", "O jornal *O Jornal*", era ridículo. Para mim foi bom porque às tantas as pessoas diziam: "Dê-me o jornal do Letria", e aquilo era conhecido pelo "jornal do Letria". Ainda por cima um jornal semanal. Eu estudei latim. Um jornal semanal não pode ser, jorna, dia, não fazia nenhum sentido. Mas isto tudo foi pelas modas, pois já naquela altura era moda. Em Itália tinha pegado, ainda hoje existe, o *Il Giornale*. Então votaram 14 contra um desgraçado que era eu.

Qual era a sua proposta?
A minha proposta era *A Tribuna*. Tinha a ver com a época, com o tempo, com um jornal com o qual eu tinha e tive sempre relações que foi o *Herald Tribune*.
Naquela época eram tribunas que se queriam em Portugal. A este respeito, aliás, tinha tido uma sugestão muito interessante do Dr. Almeida Santos, que vale a pena contar. Eu fui fazer a cimeira de Timor, que teve lugar em Macau (que depois foi um fracasso porque a FRETILIN não apareceu, só estava a APODETI e a UDT) e viajei

com o Dr. Almeida Santos, na altura ministro, e com o Dr. Jorge Campinos que era Secretário de Estado dos Negócios Estrangeiros. E então ia-lhes a contar estas peripécias todas, porque já estávamos nessa fase de fazer O Jornal, e o Dr. Almeida Santos, nunca me esqueci, sugeriu-me um nome que era O Intransigente [risos].

Já tinha existido um jornal com esse nome na Primeira República, era do Machado Santos.

Talvez por isso, não sei, ele fez uma grande força para que fosse O Intransigente – "Eh pá, aquilo tem que se chamar O Intransigente!". Não cheguei a propor esse título. Defendi o meu, que era A Tribuna, mas não escamoteei o desejo que ele manifestou e dei a conhecê-lo às pessoas: "olhem o Dr. Almeida Santos sugere O Intransigente." – "É maluco", responderam logo.

Mas já agora, se me permite, deixe-me só lembrar uma história que hoje dá vontade de rir. Dizia-me ainda o Dr. Almeida Santos nessa viagem a Macau: "Ó Joaquim você não se meta nos partidos. O futuro é nosso, é dos independentes!" [risos] Não resisto a contar esta. Presidente do Partido Socialista. Ele está aí para nos confirmar. Tinha muita graça e como digo tenho por ele uma grande estima.

Ao fim de dois anos sai e vai para a ANOP. *O projecto de* O Jornal *já não o entusiasmava?*

Não, de maneira nenhuma. Eu penso que até hoje o projecto d'*O Jornal* era muito interessante, seria muito interessante.

Então por que é que saiu?

Saí, olhe, magoado. Já lhe expliquei como aquilo era feito: colectivamente, tudo no colectivo. Aquilo não era um jornal era um kholkoze! Sempre reuniões. Tinha de se dizer a tudo "O que é que tu achas?...", etc. E quando dois concordávamos íamos tentar convencer o resto. Era um cansaço.

Qual era o papel do director então?

Era dirigir. Não, não. Dirigia-se o jornal só que depois havia o Editorial, a linha...

O Editorial era discutido antes? Era posto à consideração da redacção?

Antes, não. Era discutido depois, *a posteriori*, mas o Editorial era do director. Além disso eu tinha uma coluna minha que era "O Submarino". Mas o resto era tudo muito colectivo, embora fosse eu, o José Silva Pinto e o Eduardo Fortunato de Almeida que administrávamos o jornal.

Mas, por exemplo, fui eu, ou foi a minha decisão que pesou, para comprarmos umas máquinas que custaram cinco mil contos. As máquinas eram do João Rocha, que foi Presidente do Sporting, que estava também metido com um projecto de jornais (fez *A Nação*, suponho eu) ali para a Matinha. O certo é que ele tinha máquinas para o projecto e depois o projecto encolheu, máquinas a mais e projecto a menos e eu fui vê-las. Era um negócio da China comprar aquelas máquinas. Mas era preciso mantê-las ocupadas e a nós dáva-nos uma rentabilidade tremenda. E é com essas essas máquinas que depois se faz o *JL, a História, o Jornal da Educação...*

O Sete...

O *Sete*. Mas isto que lhe estou a acabar de dizer, não chegava para ocupar dois dias de máquinas. E aquelas máquinas por cinco mil contos... então fui eu falar com o...

João Rocha?

Não, não. O João Rocha era o homem que as vendia. Só falei com o João Rocha no Sheraton que era o sítio que ele marcava sempre. O negócio foi todo feito no bar do Sheraton. Eu fui ao homem que foi Secretário de Estado do Salazar e que é agora Presidente da Associação dos Bancos, João...

João Salgueiro

Exactamente. E que na altura era Presidente do Banco de Fomento. "Olhe tem aí cinco mil contos que empreste?". A gente dá as garantias, todas: pessoais, automóveis, andares... e o Dr. João Salgueiro não deu nada. E então eu comprei aquilo em situações extremamente precárias. E isto que eu acabei de dizer que existiu, estas publicações todas, eram dois dias de máquinas. Portanto o que é que era preciso fazer? Era ocupar as máquinas. Se nós ocupássemos as máquinas – e estou-lhe a falar de uma altura em que a imprensa estava toda estatizada, portanto era tudo do Estado, dizia tudo a mesma coisa, ia toda a gente à *ANOP* buscar o que quer que fosse – nós podíamos crescer.

De manhã havia o *Diário de Notícias* que era do Estado e *O Dia* que era um jornal muito reaccionário feito por grande parte dos dissidentes ou despedidos do *DN*, mas que era um jornal muito desqualificado, muito de direita. Portanto, havia todo um espaço para um diário na área de *O Jornal* – centro-esquerda, civilizado e europeu. Faço uma reunião com o Silva Pinto e com o Ruela Ramos, na Renascença Gráfica, onde lhes apresento um título (que mais uma vez deu bom resultado mas na mão de outros, porque foi levado pelo António Costa para o Vítor Direito) que era *O Correio da Manhã*. Era o título que eu achava...para diário...enfim, não era *Daily Telegraph*, mas era um bom título. E a verdade é que chegámos a uma conclusão: "isto não pode sair de nós os três. Se aqueles 15 gajos souberem, logo à noite no Snob e no João Sebastião Bar... bem, amanhã já temos a concorrência aí. Ninguém diz nada".

O Manuel Beça Múrias vai a uma gaveta minha e encontra um plano desse jornal. Posso-lhe dizer: o director era o Zambujal, íamos buscar gente ao *Diário de Notícias*, até gente que não tinha querido alinhar connosco n'*O Jornal*, de início, e aí eu sou acusado, numa sexta-feira, numa dessas reuniões de 15 pessoas, de estar a conspirar contra o jornal.

Quer dizer, um tipo que saiu da televisão, que não estava a fazer mais nada, que se dedicou àquilo inteiramente, que fazia aquilo com muito gosto, que tinha ido buscar aqueles meninos todos, de repente ser acusado de traição... eu agarrei no casaquinho que estava nas costas da minha cadeira, levantei-me e disse: "Eu não trabalho mais com filhos da puta" e saí. E foi assim que saí de *O Jornal*.

Atravessei a avenida, entrei no Pabe onde estava o Eduardo Corregedor da Fonseca, que era administrador da *ANOP*, e disse: " 'Tás bom Eduardo?" – era antigo redactor do *Diário Popular* – "não precisas de um repórter lá na tua agência?" e ele: "Porquê, conheces algum?", "Estás a olhar para ele pá, não achas que eu sirvo?". Resposta dele: "começas na segunda-feira". Isto foi numa sexta, na segunda estava a trabalhar na *ANOP* onde tive a sorte de ir trabalhar com o meu querido amigo António Mega Ferreira, com a Maria Antónia Palla e com a Helena Vaz da Silva no Gabinete de Projectos Especiais. A mim deu-me para estar preso três dias, no Sudão, em Cartum, e estar uma semana em Roma; mas de projectos especiais nunca fiz mais nada. E no Sudão fui preso porque entrei com um passaporte que tinha um visto de Israel e nem tinha reparado nisso...

Segue-se novamente a RTP. Cria dois programas que lhe dão uma popularidade enorme: "Tal e Qual" e "Directíssimo", que misturavam informação com entretenimento. Mais uma novidade à época.

Isso é logo em 78, 79. Para aqui foi, sim. Mas era um formato que não é nenhuma invenção minha, em Inglaterra estava farto de ver aquele tipo de programas.

Na altura sentiu que era bem aceite pelos seus pares, pelos jornalistas na redacção?
Não, a partir daí nunca mais fui. Raivinhas e mais raivinhas, o costume. Mas isso também faz parte. Essa é a parte que me dá prazer...

O "A Par e Passo" e o "Directíssimo" são também programas que marcam a transição dos anos 70 para os anos 80. Que preocupações tinha com o alinhamento desses programas?
Eram completamente diferentes. O "Directíssimo" era um programa de conversas, em directo, era um *talk-show*, se quiser, embora na altura não se soubesse o que era um *talk-show* aqui. E já revelava uma preocupação de interactividade, digamos assim, uma vez que o público podia colocar perguntas. O "A Par e Passo" era um magazine de informação, um semanário de informação televisiva. Eu fazia os dois, projectava os dois.

Eram programas com exigências diferentes.
Completamente. Até do ponto de vista formal. Posso dizer, por exemplo, que no "Directíssimo" não usava óculos e no "A Par e Passo" eu usava óculos...

Porquê? Dava um ar mais sério, credível? Precisava de uma outra formalidade o "A Par e Passo"?
Não, não...

Conferia mais dignidade a quem dirigia o programa?
Porque me sentia de maneira diferente. Também porque, naturalmente, no "A Par e Passo" tinha que ler mais papéis e os óculos ajudavam. Mas eu tinha consciência que fazia isso porque sublinhava um pouco mais essa diferença, eram programas completamente diferentes.

Os formatos dos programas condicionavam a sua postura enquanto comunicador ou enquanto jornalista? Ou seja, o formato é que o levava a emitir mais ou menos opinião?
O "A Par e Passo" não tinha opinião. A não ser aquela que as próprias peças e as reportagens tinham, mas não era eu que as fazia. Eu

no fundo apresentava-as e coordenava-as. O "A Par e Passo" era um programa com cinco, seis pessoas a trabalhar para ele, embora também aproveitássemos muito material do dia-a-dia. Eventualmente havia uma ou outra entrevista, mas muito breve. No fundo, O "A Par e Passo" não era para ter ninguém a conversar, era um magazine.

E houve ainda o "Informação2". Quer falar um pouco sobre os objectivos que o João Soares Louro lhe colocou quando o convidou para dirigir a informação do Canal 2 da RTP?

O "Informação2" penso que foi das coisas mais interessantes que aconteceram aqui na história da televisão. Porque, para já, só havia uma estação, que era a *RTP*, e a única hipótese de haver esta mudança, este refrescamento, era utilizar o segundo canal e colocá-lo a competir com o primeiro e foi isso que se fez.

Voltei a encontrar-me com o Hernâni Santos, que entretanto também já tinha saído d'*O Jornal*, e é com ele que, no fundo, arrancamos com o "Informação 2". (Quem dirigia o canal era o Fernando Lopes, velho e querido amigo também, homem do cinema, está cada vez mais parecido com António Lopes Ribeiro – eu digo-lhe isto e ele fica todo contente porque ele gosta muito, e eu também gostava, do António Lopes Ribeiro). O Hernâni ainda está no arranque, mas depois zarpou, foi para o *Expresso*, salvo erro. Tinha sido convidado para chefiar a redacção do *Expresso* e eu fiquei com a criança nos braços o que é bom, há muito tempo que não tinha uma criança nos braços, portanto não foi nem difícil nem... deu-me muito prazer, foi um período muito interessante.

Havia pressões políticas, isto é, interferências do Governo, na informação do Canal 2?

Nos alinhamentos não interferia. O que havia muito e aí começava já a desenhar-se aquilo que hoje é o modelo... Não me esqueço uma vez que a Eng.ª Pintasilgo chegou não sei de onde, do Norte da Europa, e me telefonou a saber porque razão não estava uma equipa da *RTP*2 à espera dela. "Olhe porque não há, não temos, e as que temos são precisas em outras coisas."

A diferença é que eram os próprios que telefonavam, na altura.

Eram, mas também porque conheciam as pessoas. Isto era tudo mais paroquial, se quiser. Mas era assim, de facto. Hoje mandam os outros telefonar se calhar. Em todo o caso, este contacto da Eng.ª Maria de Lourdes Pintasilgo, apesar de tudo, ainda é um contacto institucional: ela, Primeira-Ministra, interroga o director de informação de um canal de televisão: "Por que é que vocês não vieram?".

Agora não é assim – são os assessores que funcionam com os jornalistas, já não é para o director. O director se calhar nem sabe que alguém telefonou... É cada vez mais assim e é neste período que se começa a notar isso.

E o Joaquim Letria como estava, nessa época, em termos político-partidários?

Entrei em conflito com o Eng.º ...

Nobre da Costa?

Não, não. Dei-me sempre muito bem com ele e, sobretudo, com a filha, a Vera. Refiro-me ao homem do PSD, que foi Ministro do Interior, que inventou aquela coisa...

Ângelo Correia

Exactamente. A AD ganhou as eleições e eu percebi que estava de patins, não é? Também tive essa noção até porque apresentei a noite das eleições em que a AD ganhou e tive em estúdio o Eng.º Ângelo Correia, que viria a ser aquele brilhante ministro que inventou aquelas taxas dos cavalos ou lá o que era! Percebi logo: " Adeus 'Jaquim'... estás de patins". Era muito assim...

Posteriormente, faz uma aproximação ao PSD, chega a participar em reuniões. Uns anos mais tarde, já no início dos anos 90...

Não...

É uma história mal contada?

Isso é aquele tipo de coisas... Há bocado falávamos das tais injustiças. Eu penso que no envenenamento e no inquinar da sociedade portuguesa há uma grande responsabilidade de algum sector do Partido Socialista.

Mas recorda-se de ter travado uma grande polémica (Janeiro 1991), com Arons de Carvalho, nos jornais, a propósito da presença de Cavaco Silva num dos seus programas e de ter participado, ainda era jornalista, numa reunião na sede do PSD, em que se debateu a questão da imagem do líder social-democrata?

Completamente falso. Participei, sim, numa daquelas reuniões abertas. Eles têm um Instituto não é? Eu também participei nas reuniões no Largo do Rato. Reuniões partidárias e promovidas pelos partidos na altura em que os partidos ainda promoviam alguma coisa a discutir nas sociedades...

Nunca esteve ligado à criação da imagem do líder do PSD?
Nada. Não senhor. Isso são aquele tipo de coisinhas que... Como agora, coitadinho, eu tenho pena dele, ele corre a maratona mas corre devagar. Ele agora não diz que é o José Eduardo Moniz e a *TVI* que andam a fazer a campanha negra contra o Primeiro-Ministro? Ele coitado ainda anda no mesmo...isso são aquele tipo de coisas que surgem "assim". Agora: é verdade que eu estive na reunião, mas a reunião era pública...

Não era, portanto, um jornalista a fazer assessoria de imagem ao então Primeiro-Ministro?
Com certeza que não. Nunca fiz isso. Nunca misturei as coisas. Quando deixei o jornalismo para fazer isso foi público. Abri um escritório e tinha uma placa lá em baixo na porta e isso tudo.

Regressando aos jornais. O Sete *e o* Tal & Qual *são mais duas criações suas, embora só tivesse sido director do segundo. Aliás o* Sete *é o único jornal que funda e do qual nunca foi director.*
A necessidade do *Sete* eu expliquei-lhe há bocadinho. A necessidade do *Sete* era criar um jornal de espectáculos e foi o primeiro com aquelas características, que ocupasse as máquinas. Portanto, a preocupação foi muito essa. Mas foi um sucesso. *O Tal & Qual* foi diferente. *O Tal & Qual* começou por ser um programa na *RTP*2 que ia para os ar aos sábados...

Onde apareceram pela primeira vez "os apanhados".
Exactamente, exactamente. Que não têm nada que ver com estes "apanhados" que fazem agora, pois eram um bocadinho mais elaborados e mais divertidos. Mas o "Tal & Qual" era um programa de televisão onde havia de tudo. Olhe, tinha o António Mega Ferreira a dar as notícias, eu conversava com convidados, como o Yasser Arafat ou Willy Brandt, por exemplo.

Gostaria que me falasse do Tal & Qual *– jornal.*
Mas tenho de falar do programa de televisão, porque o jornal só existiu porque proibiram o programa. E quem proibiu o programa,

se calhar o Dr. Arons de Carvalho não deu por isso, foi a AD, não foi o Partido Socialista.

Portanto o programa "Tal & Qual" na televisão foi proibido no tempo do governo da AD?
Exactamente. Era presidente da *RTP* um distinto socialista (tinha sido socialista), então ao serviço da AD, chamado Victor Cunha Rego, e era director de programas o Sr. Carlos Cruz.

Explicaram-lhe por que é que o programa foi suspenso?
Explicaram-me o pretexto. Porque é que o programa era suspenso eu percebia.

Qual foi o pretexto?
Eu tinha uma rubrica no programa chamada "Entrevistas Históricas", escrita pelo Hélder Costa, encenador da Barraca. Então o pretexto foi porque eu tinha entrevistado o presidente da Real da Mesa Censória [Frei Manuel do Cenáculo], interpretado pelo saudoso actor Carlos Wallenstein, que me tinha metido com a Igreja e que em Portugal as pessoas não se podem meter com ela; portanto o melhor era acabar com o programa. Este foi o pretexto. Eu penso que a causa foi porque o programa era incómodo e, sobretudo, impossível de controlar. Eu próprio, às vezes, no próprio dia, não sabia o que ia ser o programa. E, portanto, era muito difícil saber o que dali ia sair...

Não era planificado?
O programa tinha uma parte que era facilmente planificada, que era a parte de entretenimento. A parte das entrevistas, quem, como e onde, isso aí é que já era mais complicado. Porque desde o Arafat no Líbano, e outros por aí... aparecia ali de tudo.

E é daí que surge a ideia de fazer uma versão em jornal embora com outro estilo?
Não com um estilo muito diferente. O que é curioso é que a suspensão do programa foi-me comunicada na segunda-feira e no sábado seguinte eu saio com o *Tal & Qual* em jornal.

Como é que formou a equipa tão depressa?
Éramos quatro. Foi muito fácil. Isto é como os tipos que sabem dar um golpe, para roubar a ourivesaria...

Também é bom para a sueca. Quem eram os quatro?

Se for um banco isto é mais complicado, tem de meter gestores. Não há ninguém que roube melhor um banco do que um gestor – é o que temos aprendido ultimamente. Aí já é mais difícil porque há muitos e eu não sei escolher, mas se for um rapaz para dar aí uma palmada isso arranja-se.

Foi assim: fui buscar o Hernâni Santos e o Ramon Font, um distinto catalão que era e é muito meu amigo. O José Rocha Vieira foi o Hernâni que o trouxe. Isto dava direito a cada um levar os seus miúdos. Eu trouxe o Ramon Font e o Hernâni levou o Rocha Vieira, que eu não conhecia, mas que o Hernâni tinha conhecido exactamente nessa sua surtida ao *Expresso* e tinha descoberto lá um miúdo que "é muita bom!".

Como é que era fazer esse jornal? Não havia nada semelhante, em Portugal.

Não havia, nem tinha havido naquele período, em Portugal, um jornal assumidamente tablóide, que entroncasse muito naquela experiência de *press de boulevard*, que eu aprecio muito, que é muito difícil de fazer, quando é bem feita e com honestidade.

O *Tal & Qual* chegou a ter 150 processos – ganhou todos. Há bocadinho falou-se do Horace McCoy, pois onde eu me senti mais próximo do "Pão da Mentira" foi com o *Tal e Qual*. Chegava a ser comovente o tipo de pessoas que nos procuravam para contar uma injustiça, uma história. A força tremenda que aquele jornal tinha só por fazermos um telefonema para saber, ou para perguntarmos alguma coisa. E as coisas resolviam-se logo. Era tremendo, como nunca senti em mais nenhum outro. E depois, desde a D. Branca a grandes escândalos nacionais e políticos...

Casa Pia...

A Casa Pia, exactamente. Ninguém ligou. Doze anos antes o *Tal e Qual* já tinha escrito sobre isso. E foi um jornal fantástico que eu não teria deixado se não vou para Belém. Ou seja, no fundo, tinha ficado com *O Jornal* e com o *Tal e Qual*, se já percebeu a minha conversa...

Como é que a mesma pessoa cria O Jornal *e o* Tal & Qual, *jornais com linguagens e tipos de abordagem tão diversos? Há vários jornalismos, é isso que quer dizer?*

É e é isso que é fascinante. E, sobretudo, é possível – possível e desejável. Mas repare que tanto eu como o Hernâni Santos tínhamos já o conhecimento de muito bons tablóides ingleses. Nós dizemos "tablóides" e acabamos por dar à palavra "tablóide" uma carga negativa; mas o tablóide tem que ver com o formato e com o tamanho – *broadsheet* ou "tablóide" – e não tinha nada de depreciativo e, ainda hoje, jornais como o *The Sun* ou o *Daily Mirror* são jornais muito respeitados, dentro daquele género, obviamente, sabendo nós qual é a diferença.

Em todo este seu percurso há uma característica interessante: cria e lança projectos, mas depois não permanece neles muito tempo. Porquê?
Se calhar voltamos outra vez às histórias aos quadradinhos – é como o Lone Ranger. Resolve ali o problema, sobe para o cavalo e vai embora outra vez. Se quer que seja inteiramente sincero e verdadeiro, também interiormente há um bocado isso...

Cansa-se?
Não, não me canso.

Fascina-o a criação de projectos e depois...
Digo-lhe mais: saí das coisas contrariado. E isto contra mim falo porque a decisão foi sempre minha, felizmente. Mas saí das coisas contrariado.

De onde saiu mais contrariado terá sido da Sábado *não?*
Da *Sábado*. Olhe, está a ver a minhas ligações ao PSD? Ângelo Correia, a Santana Lopes... só tenho boas recordações não é?

Vai criar a Sábado, *é o director e depois é quase o último a saber que vai ser substituído. É correcta a afirmação?*
Sou inteiramente o corno. O último a saber... não podia ser mais corno. Mesmo o último de todos.

Não queria acreditar que isso fosse possível?
Eu já conhecia a natureza humana o suficiente para também essas coisas não me surpreenderem.

A Sábado *fazia parte de um grupo editorial dirigido por Pedro Santana Lopes?*

A *Sábado* era de um grupo editorial dirigido por uns senhores da Interfina, que eram uns rapazes do PS que tinham vindo com dinheiros de Macau. Jorge...[Ferro Ribeiro] a gente nem se lembra dos nomes. Mas pronto, é daí. E Santana Lopes participa nisso, já é o "Centralão" a trabalhar. "If you're nice to me, I'll be nice to you" – era o PS e o PSD de língua na boca. E vêm-me buscar a mim para fazer uma revista – news magazine – e eu fiz a *Sábado*. Que, em termos de conteúdo, não seria muito diferente do que é hoje. Não teria a mesma orientação, naturalmente, ainda me custa ver algumas coisas. Mas é assim que nasce. E, quando nasce, benza-a Deus, estava a vender 80 e tal mil e tínhamos a Eurosondagem a prever que poderíamos, em um ano, ultrapassar o *Expresso*! E éramos mais caros. Aliás, no fundo acabaríamos por ter muito o percurso da *Visão*. Penso, aliás, que hoje a *Visão* não vende mais que o *Expresso* porque o Dr. Balsemão não deixa [risos], apesar de ser dono dos dois.

Mas, portanto, aquilo estava a andar tudo muito bem. E depois, de repente, houve ali umas coisas que eu não percebi. Sei que andava muito cansado porque tinha sido o arranque daquilo tudo, *non stop*, tinha sido a primeira publicação, em Portugal, totalmente informatizada e digitalizada e aquilo tinha problemas horríveis no início: desapareciam-nos cadernos inteiros, páginas. Era uma coisa tremenda.

Houve uma altura em que os bombeiros me foram acordar a casa porque eu não abria a porta, não ouvia ninguém. Caí na cama. Portanto andava, de facto, muito cansado. E é aí que me dizem: "Vá de férias, você anda estoirado, vá de férias, vá de férias". Não me lembro nunca de alguém ter tido tanto cuidado comigo como aquela gente. E quando eu cheguei de férias – no Algarve, na Manta Rota – comprei um jornal que ainda havia na altura que era *O Tempo*, do Nuno Rocha, que dizia que eu tinha sido substituído na *Sábado*. Foi assim que eu soube.

É capaz de fazer um retrato sumário do panorama jornalístico português na transição dos anos 70 para os anos 80?

Dos anos 70 para os anos 80 é muito complicado. É o princípio de novos grupos de publicações e de media. É o início ou, se quiser, a preparação, de alguns grupos empresariais face à proximidade da abertura, aos privados, da televisão. É o grande logro da Igreja. Que Deus os perdoe mas, coitados, caíram naquela esparrela da *TVI*, 17 milhões de contos lá enfiados para aquele fracasso rotundo. Portanto, tudo isto é muito complicado.

Entretanto, o "Centralão" de que falávamos há bocado dava sinais. O grupo da *Sábado* era um caldeiro... também é a primeira vez que eu ouço falar de um senhor que viria a ser um super accionista da publicação quer era o Sr. Joe Berardo. Portanto isto era Santana Lopes, Joe Berardo mais as "santanetes" de Macau. Era uma alegria. E eu no meio daquilo tudo, está a ver? Puseram-me os patins para cima. Vá lá, foi à inglesa. Disseram-me: "Então agora você vai tomar conta das publicações do grupo". Claro que eu não fui. Também já tinha entrado o Miguel Sousa Tavares para a *Sábado*, a Maria João Avillez para *O Liberal* que viria a ser criado e eu era o palhaço, ia ficar a fingir que dirigia isso tudo. De maneira que vim-me embora, com muita satisfação.

Uns tempos mais tarde aquilo mudou tudo também. Mudaram os accionistas e eu voltei a ser convidado para director da *Sábado*, mas não aceitei porque acho que o criminoso não deve voltar ao lugar do crime; regressei com uma crónica na última página e mais nada. Mas, entretanto, já temos a mexer as televisões privadas e as rádios privadas porque isto também começa tudo com uma coisa chamada *Rádio Gest*.

Estamos em meados dos anos 80.
Exactamente. Portanto temos a *TSF* e a *Rádio Gest* e tudo isto a mexer. E é nessa altura, e neste contexto, que aparece isto tudo. E esta gente a querer posicionar-se...

É também no início da década que vai cinco anos para Belém, como porta-voz do Presidente Ramalho Eanes.
Sim. De 80 a 86.

Como surgiu o convite e como foi essa experiência?
O convite surgiu de uma forma muito natural porque eu fiz a campanha do General Eanes para a reeleição, para o segundo mandato. Na primeira [1976] não tinha estado porque achava que o General Eanes andava mal acompanhado e tinha-lho dito porque ele também já me tinha convidado, fruto da intimidade que tínhamos da *RTP*. Mas quando o vi apoiado pelo CDS, PPD, etc., disse: "Você já lá tem gente a mais e não precisa que eu vá lá fazer nada". Portanto, aí, "não muito obrigado". Da segunda vez tive muito prazer em fazer. E ganhámos.

Até porque ele não era apoiado pelo PSD nem pelo CDS na segunda vez...
Era apoiado pelo PCP e pelo PS. Pelo PS...

Sem Mário Soares.
Sem Mário Soares. Apoiado por um sector forte do PS e gente muito respeitada do PS, mas não pelo Dr. Mário Soares, que diz que votou Otelo mas eu tenho a impressão que votou Soares Carneiro.

A segunda campanha em que me deu muito prazer trabalhar foi a do Francisco Salgado Zenha, mas que perdemos. Quanto à primeira, o resultado foi depois o Eanes convidar-me. E eu fiquei num "trilema". Primeiro não me apetecia, porque o *Tal & Qual* tinha dois anos e era um estoiro, dava vontade de voltar para lá, e estava a ganhar muito dinheiro no jornal; além disso, eu nunca tinha estado numa posição institucional e as minhas características também nunca foram assim propriamente muito institucionais, prefiro sempre estar mais à-vontade. Mas portei-me bem naqueles cinco anos.

O poder visto de dentro é mais ou menos interessante do que visto de fora, do ponto de vista dos jornalistas?
É muito interessante. Sobretudo poder acompanhar certos processos de decisão é muito interessante. E perceber que, realmente, é pena fazerem do poder o que fazem. Porque o poder, em si, vale a pena porque muda as coisas.

Depende da forma como é utilizado...
Exactamente. Mas é fascinante ver isso. E depois também ver os jogos todos. Porque é um laboratório fantástico. A gente percebe tudo, apercebe-se de tudo. Conhece-os todos.

Como é que viu e viveu a relação ente os jornalistas e a Presidência?
A grandeza e a miséria humana estão ali. Nem é preciso óculos.

Mas como é que observava esse relacionamento, essa aproximação?
Eu observava uma coisa que era espantosa, que era a facilidade com que muitos jornalistas se ofereciam. Ofereciam-se: "qualquer coisa que seja preciso", "qualquer coisa que queiram." Era muito fácil e muito doloroso ver isso. Por outro lado, a minha ida foi muito influenciada pelo conselho de um homem cuja memória prezava muito e prezo, pela qualidade profissional que ele tinha.

Refiro-me ao Pierre Salinger, figura incontornável da *CBS* e da *New Yorker*, um grande jornalista de investigação e um excelente escritor, que teve o mesmo pérfido convite do presidente Kennedy – e aceitou. Eu conheci-o bem nos tempos da *AP*. Ele já estava reformado em Paris, enfim, escrevendo e trabalhando em Paris, onde fui ter com ele e explicar-lhe a situação.

Mas independentemente das pressões do General Eanes para que aceitasse o convite, eu disse que sim porque eu próprio também tinha curiosidade em saber como é que era o outro lado. E foram cinco anos muito enriquecedores da minha vida.

Posteriormente veio a estar também ligado ao PRD.
Muito pouco tempo. O tempo suficiente para não deixar o General Eanes pendurado. Muito pouco tempo.

Como surge, depois, ligado à candidatura de Salgado Zenha? Porquê?
Primeiro porque éramos amigos, muito amigos. E porque, naturalmente, era a campanha que eu apoiaria enquanto cidadão. Depois porque é o próprio Salgado Zenha que me convida e, ainda, porque o João Soares Louro, com quem já tinha trabalhado na *RTP*2 e feito a segunda campanha do General Eanes também estava nesta. Era impossível não estar. Nem que fosse a colar cartazes ou a fechar envelopes e eu estive e tive muito gosto em estar.

Em 1987 candidata-se e ganha a presidência do Sindicato dos Jornalistas. Que memórias guarda dessa altura?
Más, más. Muito más.

Porquê?
Porque me permitiu perceber... Olhe, para já essa minha vitória de 62%, ou 64%, afasta aquele lado do PS, de que falávamos há bocadinho, que "toca na fruta" e que estava ali...tinha ali à mão...

Mas não se pode dizer, com uma vitória de 62%, que tenha sido mal recebido no seu regresso ao jornalismo.
Não, de maneira nenhuma. Nem eu digo isso. O que depois ali se passa é que é mais complicado. No fundo, a minha lista, a lista que ganha, é uma lista PC-PSD. A lista desalojada é PS e, a partir daí, eu não sou coisa nenhuma, de nenhum dos três partidos, mas sou apanhado neste triângulo que não é fácil. Sinceramente não gostei. Ape-

sar de, às vezes, ter saudades. A última greve de que me lembro foi ali naquele tempo. Agora houve uma nova tentativa de greve. Não chegou a haver. Mas penso que era importante, hoje, o Sindicato, ter a força e a capacidade de organizar as coisas. Como, aliás, sempre. Mas ser menos corporativo e menos pouco transparente. Eu acho que o Sindicato foi muito pouco transparente.

Os jornalistas, na altura – eu lembro-me bem dessa eleição – colocavam uma grande expectativa na sua acção. Depois o seu nome aparece ligado à imagem de um banco. Como viveu essa controvérsia que culmina, de resto, com a entrega da carteira profissional?

Pois. Mas eu nunca fiz, como lhe disse há bocado, nunca tomei nenhuma posição nem fiz coisa nenhuma...não me podem apontar nada. A não ser com falsidades. Essa história do banco, que eu mais tarde venho a assumir, que era o Pinto & Sotto Mayor, que já não existe, não tem nada a ver com isso. Nada, rigorosamente. Aquilo que os jornalistas julgam que uma pessoa vai fazer – *press releases* ou comunicados não tem nada a ver. Eu tinha uma relação de amizade com o Dr. Loureiro Borges que era o presidente desse banco. Que era uma pessoa que hoje faria falta e, por outro lado, ainda bem que não está cá, para ver o que se passa na banca. E o Dr. Loureiro Borges pediu-me conselhos. E um dos conselhos que me pede, um apoio que me pede – e aí é que surgem as "coisas ligadas ao banco" – é que assista a uma entrevista que ele vai dar. E eu assisto a essa entrevista.

Para quem era a entrevista?
Era para o *Expresso*. E, salvo erro, era o... o homem do lacinho...

Nicolau Santos.
Nicolau Santos. E é daí que depois: "fulano tal trabalha para o banco". Eu não trabalhava para o banco. Vim mais tarde, de facto, a trabalhar.

O jornalista do Expresso *não lhe perguntou por que é que assistiu à entrevista?*
Não.

Não achou isso estranho?
Não. Quer dizer, eu acho é que ele devia ter falado nas coisas. Ou: "o que é que estás aqui a fazer?" Eu, aliás, expliquei-lhe, tomei a ini-

ciativa de dizer: "olha desculpa lá mas interessa-me ouvir aquilo que o Dr. Loureiro Borges vai dizer". Unicamente por isso. Porque ele, inclusivamente, queria fazer-me um *briefing* (ele, Loureiro Borges); mas aproveitou a ocasião para eu poder ouvir aquilo que ele iria dizer ao Nicolau Santos para que eu ficasse informado para uma decisão que iria tomar mais tarde: trabalhar ou não trabalhar para aquele banco. Só isso.

Os jornalistas não gostam que outros jornalistas assistam às suas entrevistas. Concorda com esta perspectiva?
Os jornalistas não gostam é que se saiba que trabalham para bancos, percebe? Eu não tinha nada a esconder. Se não eu próprio não aceitava estar presente com o Nicolau Santos a vê-lo fazer a entrevista. Agora, eu acho é que os jornalistas, infelizmente, preferem que não se saiba aquilo que eles fazem e que não devem fazer, obviamente.

Fez alguma intervenção durante a entrevista?
Nada, não abri a boca. Ouvi. Limitei-me a ouvir. Aliás, repare: estamos a passar por um episódio que é utilizado em termos políticos porque isto tem que ver com as eleições para o Sindicato. Em cinco anos na Presidência da República alguém apareceu a dizer: "ele pediu-me para não publicar isto" ou "pediu-me para não escrever aquilo?". Ninguém. Zero. Nunca intervim nem nunca interferi. Nem quando eu era director e eles estavam na minha redacção. Nunca interferi com a opinião das pessoas e com a liberdade das pessoas.

Quanto tempo depois é que passou a trabalhar com o banco?
Ouça, eu não trabalhei com o banco. Como é que eu lhe hei-de explicar? Até para ajudar e perceber esta parte. Aquilo que o Dr. Loureiro Borges me pediu foi um estudo de imagem. Um estudo de imagem do banco. Ou seja, qual era a imagem que o banco – que era um banco do Estado, na altura ainda não tinha sido comprado pelo BCP – tinha junto dos portugueses. Foi isto que ele me pediu e que eu mais tarde vim a aceitar. Agora, entretanto, na parte deste estudo, na parte da pesquisa que eu estaria a fazer sobre o banco, uma das coisas que ele me sugere é: "olhe eu vou dar uma entrevista ao Nicolau Santos, se você quiser...". Respondi: "Por mim, se você não vê inconveniente..." E sentadinho fiquei a ouvir, mais nada. Mas não foi a entrevista que me interessava. O que me interessava era o que ele dizia. Foi isto. Depois fiz esse trabalho mas não como funcionário nem...

Nem como jornalista?
Não, não. Tinha o meu escritório, abri um escritório – Letria e Associados – e fiz o meu trabalho de consultoria.

O jornalismo concorre, actualmente, com outras formas de comunicação que também veiculam informação. Vê isto como um desafio para o jornalismo ou como uma perda do seu papel e influência?
O que eu penso é que nesta fase de transição para o tal desconhecido que eu referia há pouco – e interpretou bem o que eu queria dizer – há um lado que é muito importante, que é sobretudo visível nos audiovisuais e que tem a ver com o acesso aos acontecimentos.
Quero com isto dizer que cada vez é mais fácil saber o que se passou, sem necessidade de recorrer ao intermediário tradicional. Porém, continuamos a precisar de opinião. É algo muito importante e que faz falta. Ora, eu penso que vamos caminhar cada vez mais num certo descomprometimento em relação ao saber – o que é que acontece e como é que acontece – mas depois vamos continuar a precisar de opinião e a guiarmo-nos por opiniões ou contra-opiniões.

E a quem compete produzir a opinião? Por exemplo, como vê a interactividade de programas como a "Antena Aberta" ou o "Fórum" da TSF? É com programas deste género que se informa melhor ou são apenas espaços para medirmos a sensibilidade da opinião pública?
Eu penso que não se pode medir nada. Isso já passou. O *phone in* é uma coisa que tem 40 anos e havia nos Estados Unidos no princípio da televisão e no início da rádio, sempre houve. São programas em que as pessoas falam, ligam para falar e para terem voz e para poderem dizer aquilo que pensam e depois são ou não são contrariados, são bem ou mal tratados. Depende muito do estilo de quem apresenta e como se serve disso. E corta pura e simplesmente o pio, ou não corta o pio. Isso depende muito, depois é o estilo e as audiências que fazem os programas.

O Joaquim Letria cortou alguns?
Cortei, claro que cortei. Eu acho que a rádio é um bem escasso para estar a deixar dizer...

E terá sido mal interpretado em outros...
Sim, é possível. É possível. Isso é perfeitamente possível.

Como o caso de Angola que levou, depois, à suspensão do "Cobras e Lagartos"?

Mas isso não é uma má interpretação. Isso é objectivamente outra coisa. Aliás como o Dr. Garcia Pereira teve o cuidado de pôr na argumentação que depois me levou a chegar a um acordo com a *RTP* que veio ter comigo para me pagar uma indemnização e me ressarcir daquilo que me tinha deixado de pagar. Eu também sei como é que se grava se quisermos por lá o que não está ou dizer aquilo que se quer sem lá estar – que era a parte dos pretos. Há um ouvinte que liga a dizer: "Os pretos isto, os pretos aquilo". E digo eu, em resposta a esse ouvinte, coloquialmente: "Ó meu amigo, os pretos fazem aquilo que nós andámos lá 500 anos a ensinar". Nessa história, a palavra "preto" dita por mim é dita no contexto que lhe referi. Sabe como é que é, ainda sou do tempo em que se cortava a fita...

Quais os erros mais graves que um jornalista pode cometer?
Mentir ou omitir. Para mim, são estes dois.

Qual a principal aprendizagem que fez como jornalista?
Como resultado de ser jornalista? Acho que foi conhecer bem a natureza humana.

Agustina Bessa-Luís disse numa entrevista que "quase não há jornalismo, só há comunicação social". Quer comentar?
Não conhecia isso da Agustina, mas concordo. Sim senhor. Mas penso que, como lhe dizia há bocadinho, também... olhe, li há muito poucos dias um excelente trabalho jornalístico, uma grande reportagem em livro – "Gomorra" – o que me leva a pensar que essa será ou é já um tendência. Acredito no recurso ao livro como forma de contar grandes estórias jornalísticas. Os jornais é que vão sendo cada vez mais entretenimento, como o telejornais já são.

Ou seja, pode não haver jornais mas haverá sempre jornalismo. Apenas muda o formato.
Na rádio e nos livros, se quiser a minha opinião, haverá jornalismo. É na rádio que os factos acontecem, que as notícias existem, as pessoas morrem e vivem, é na rádio que o acontecimento é mais possível. O espectáculo da rádio é isso. Não é fazer espectáculo com a rádio. Quanto ao livro ele é uma auto-estrada cada vez mais nesse sentido.

A rádio dá-nos o imediatismo da informação...
Temos o imediatismo da informação, daquilo que precisamos de ouvir.

O jornalismo da maratona vai transferir-se para o livro?
Sim, porque queremos saber as coisas.

Significa que a grande reportagem tem os dias contados.
Sim, sim.

E qual é o futuro do jornalismo?
É esse: A grande reportagem – eu não acho que tenha os dias contados. "Gomorra", o livro, é uma grande reportagem. É uma reportagem de 500 páginas.

De acordo. Mas quando falo nisso, estou a falar no formato de jornal.
Isso eu penso que sim. Cada vez mais nós vamos querer saber mais.

Se queremos saber mais, por que é que os jornais não nos dão mais? Estão a ir contra os anseios, os interesses do público?
Por um lado estão. Agora não sei é se o número de leitores que quer isto...

Compensa...
Justifica.

Mas se eles são poucos pior o negócio para os livros – o livro é mais caro que o jornal.
É verdade. E também podemos dizer que o futuro do livro é complicado. Mas são estas coisas – incertezas – todas que acho fascinantes.

Se hoje tivesse de lançar um jornal, que jornal seria?
Não lançava. Hoje não lançava. Hoje era impossível lançar um jornal como lancei – sem dinheiro. Era impossível lançar um jornal, pagando-o.

Pondo as coisas noutros termos: que projecto jornalístico entende que hoje faz sentido lançar?

Qualquer coisa que tenha que ver com multimédia. Eu penso que o nosso futuro vai ser, não sei, talvez com mais uma falangeta nos polegares por causa dos sms [risos] e virados para uma parede. Eu já vivo assim, aqui. E é curioso porque o meu filho mais novo, quando vim viver para esta casa, que é no meio do mato – para esclarecer as pessoas – dizia: "Pois, eu que vivia a cinco minutos a pé do Chiado e a dez minutos das Amoreiras, trouxeste-me para o mato".

É verdade. De facto, quem não tenha locomoção fica aqui enterrado no mato. Mas olhe, a internet, gradualmente, que nós não tínhamos quando viemos para aqui, e, depois, o facto de ele também tirar a carta, mudou muito as coisas. E isto para lhe dizer que o que eu penso é que cada vez mais nós vamos querer saber mais, também não vamos querer ficar pela espuma da notícia do jornal. E repare que nós líamos no jornal e depois comprávamos o semanário que já reflectia sobre o jornal e ficávamos por ali, geralmente. Não havia mais nada. Hoje há e muito.

O "Gomorra", para voltar ao mesmo exemplo, é um excelente livro e, sobretudo, uma reportagem fantástica em que muitas coisas que a gente não percebe no filme, ali entende perfeitamente. E, portanto, e para responder mais concretamente à sua pergunta, eu acho que investiria em qualquer coisa que pudesse ser impresso em livros ou então em suporte digital. É para aí que eu me vejo cada vez mais virado – virado para a parede, contra a parede.

Contratando jornalistas multimédia?

Contratando e pagando. Uma coisa que me assusta muito são os meus antigos alunos queixarem-se que fazem estágios não pagos e que depois vão ganhar um pontapé nas costas como eu costumo dizer. Porque é uma vergonha aquilo que hoje se passa a esse nível na maior parte das redacções. Há jornais distintíssimos que nem as despesas pagam.

Há uma situação que eu acho que caracteriza muito aquilo que nós vivemos neste meio. Uma vez fui falar com um director de um jornal, não vou dizer nem um nem outro por razões que se percebem. Para chegar ao gabinete do director tive de atravessar a redacção e há um jovem que se aproxima de mim e diz: "Lembra-se de mim professor?" – era um antigo aluno meu. Este era um bom aluno. Estava a fazer um estágio naquele jornal. No fim da conversa com o director disse-lhe: "Olha tens aí um miúdo que foi meu aluno, trata-o bem porque não arranjas hoje muita gente com aquela qualidade". E ele respondeu: "Ó pá quero lá saber. Cada um que saia eu bato as palmas e aparecem dez mais baratos". E foi isto.

No meu tempo, naquele tempo por onde nós começamos a conversa, nós sabíamos que quando uma pessoa era boa, era aumentada, acarinhada, estimulada ou nós próprios dizíamos, porque conhecíamos os camaradas de profissão, que "agora está um gajo novo em tal sítio que vale a pena". Para ver se o nosso jornal o ia buscar. Portanto, estimulava-se a qualidade. Hoje, pelos vistos, nem sequer quem dirige, ou representa a administração, está interessado nisso. Daí, que me faça pena e muita impressão tudo isto.

Os meus contactos, actualmente, que ainda me vão convidando, Edimburgo, Berlim, algumas organizações para reflectir um pouco sobre aquilo que fazem e sobre o futuro costumam dizer que a qualidade de hoje é muito maior que a do meu tempo. Há gente muito bem preparada e excelentes jornalistas que são desperdiçados e mal tratados e às vezes nem sequer entram na profissão. E a gente nem sabe bem. Recentemente apareceu-me este, que lhe contei, na redacção do *Diário de Notícias*. Mas no outro dia, a subir as escadinhas de um avião da TAP, o jovem que estava ao lado, de canadiana azul, disse: "Ó professor, lembra-se de mim?" – "Aqui?". Eu não me lembrava dele. Penso que não se terá perdido um grande jornalista, mas não tinha o direito de estar ali a fazer aquilo porque não foi para isso que ele tirou um curso universitário. Estava ali a encaminhar passageiros para os aviões nos autocarros da TAP. Temporário. Isto é muito injusto para quem, pelo menos, tinha um sonho, ou tinha um desejo que era ser jornalista. Enfim, há outros que conseguem ser jornalistas e estavam melhor a andar de autocarro com os passageiros da TAP.

Emídio Rangel

*Vi muitas vezes 500 mil pessoas
mudarem de canal num segundo*

Mudou a forma de fazer jornalismo em rádio e televisão, em Portugal. Com a *TSF* acelerou o tempo da notícia, com a *SIC* introduziu um olhar novo no modo de mostrar e tratar a actualidade informativa. Corre-lhe nas veias o sangue do inconformismo, da insatisfação permanente, da necessidade de surpreender. Natural de Angola, iniciou-se na rádio aos 17 anos na Huíla, trabalhou em Luanda e a Guerra entre a UNITA e o MPLA trouxeram-no em 1975 para Portugal. Na RDP, onde entra por concurso, depois de andar a vender enciclopédias para garantir o sustento familiar, faz dois programas que marcaram os anos mais cinzentos do jornalismo português após Abril de 1974: "Praça Pública" e "Ver, Ouvir e Contar". O "velho leão", como alguns o chamam, está na reportagem como se continuasse na savana: o Prémio Gazeta e o Prémio Reis de Espanha distinguem a excelência do seu trabalho no terreno. Ganha a Guerra pela legalização das rádios locais, mas perde a batalha pela criação da Ordem dos Jornalistas.

No 13º andar de um prédio lisboeta próximo do Marquês, onde tem escritório, fala com a segurança que a experiência de 62 anos de vida lhe dão, deixando por vezes escapar um sorriso trocista – ou será de amagura? – quando diz que Portugal "tem de se libertar dos políticos da treta". Os espíritos livres recusam-se a maquilhar o próprio pensamento. Pode discordar-se do que dizem ou pensam, mas no caso de Emídio Rangel creio que a sua luta em prol da liberdade de informação e o seu trabalho no campo jornalístico, com os erros e excessos de percurso que ele não nega nem mitiga, nos tornaram a todos mais livres e mais bem informados.

Para que serve o jornalismo, Emídio Rangel?
[Risos] Bom, dir-se-ia que, em princípio, o jornalismo serve para fazer uma triagem daquilo que é importante. Ou devia servir, para

oferecer ao cidadão aquilo que é o resumo dos acontecimentos mais importantes a nível do país e a nível do mundo.

Por isso o jornalismo é diferente de país para país – há interesses distintos entre cada país, nós temos maior proximidade com o país A ou com o país B e isto vai variando de um lugar para o outro.

Em sentido universal, o que é marcante e decisivo é que o jornalismo tem uma lógica de mediação que, se for cumprida à regra, se for levada até às últimas consequências, serve para levar, de uma forma descodificada, aos cidadãos, aquilo que são os acontecimentos mais marcantes e mais importantes.

Num artigo publicado em 2006, José Mário Branco sustentava que os empregos dos jornalistas não são empregos como os outros. Concorda?

Sim, estou de acordo. Eu não acho que qualquer pessoa possa ser jornalista. Eu acho que podem ser jornalistas aqueles que têm a capacidade, o desejo de assumir que esta profissão é feita na base de um código ético e deontológico. Há gente que não está predisposta a respeitar os códigos de uma profissão.

Esta é uma profissão que tem códigos, uma profissão que tem regras, é uma profissão que tem normas e quem não for capaz de trabalhar desta maneira, evidentemente não deve ser jornalista. Devia ser outra coisa qualquer menos jornalista. Tenho uma grande pena que não haja uma Ordem dos Jornalistas em Portugal.

Porquê? Faz falta?

Ela não existiu porque, numa determinada fase da minha vida, estava confrontado com tantas responsabilidades a nível da *SIC* que não tive meios de a por de pé. Ela chegou a estar quase de pé. Tenho uma grande pena que tal não tivesse acontecido porque, evidentemente, o sindicato, com todo o respeito que me merece, é uma instituição que não tem nada que ver com questões deontológicas. Nem vejo como é que um sindicato pode ter intervenção em questões dessa natureza.

Mas vejo, sim, uma Ordem que viva só preocupada com questões de natureza deontológica porque aí acho que tudo se clarificaria de modo a que o jornalista percebesse que esta, como outras profissões – e não há muitas assim, mas há algumas, como os advogados, os médicos, etc – só pode ser exercida no respeito pelos códigos que pré-existem a cada uma dessas candidaturas.

Em 1993 houve um referendo justamente sobre esta matéria em que saiu derrotada a ideia da Ordem. Esmagadoramente derrotada.

Em Portugal temos, de facto, uma situação...diria desajustada do que acontece no mundo, em geral. Veja o caso da rádio. Nós tínhamos mais rádios no tempo da ditadura, dez ou doze rádios que tinham expressão, e depois de termos atingido a democracia, que era o que todos queríamos, nacionalizou-se.

Percebo o que diz, embora no tempo da ditadura houvesse censura. Mas ia falar das políticas que a rádio conheceu a seguir ao 25 de Abril.

Ficaram duas rádios – uma do Estado, outra da Igreja. E quando se tratou de abrir de novo esta realidade, de criar novos protagonistas no meio da rádio, o que nós constatámos é que havia dúvidas, mesmo de partidos progressistas, como o Partido Socialista, que teve, aliás, em relação à comunicação social, uma intervenção sempre desastrada ao longo do tempo.

Eu sou um independente, não milito em nenhum partido, mas considero-me um homem da esquerda democrática e, de algum modo, em muitas ocasiões, votei no Partido Socialista e, curiosamente, o Partido Socialista tem sido completamente desastrado na sua intervenção ao nível da comunicação social.

Desde o 25 de Abril que o PS dificilmente consegue acertar numa medida. Eu já disse isto ao Dr. [Mário] Soares, de quem sou amigo e por quem tenho um profundo respeito; mas já tive oportunidade de lhe dizer que, no governo dele, nada foi diferente desse ponto de vista. O olhar sobre a comunicação social é um olhar retrógrado, é um olhar voltado não para a nova realidade e os novos caminhos que a democracia abre. É um resultado muito contido.

Nós hoje não temos uma rádio privada nacional. Temos vários canais nacionais do Estado, vários canais nacionais da Igreja e não há um canal privado a nível nacional. Por que é que isto aconteceu? Aconteceu porque nessa ocasião foi decidido pelo PS que as rádios podiam ser locais e, eventualmente, regionais.

Há aquela famosa frase de Camus, feliz com mais uma edição do seu Combat*: "Vale a pena lutar por uma profissão como esta". Faz sentido dizer o mesmo, hoje? Como jornalista diria isto?*

Sem dúvida. Subscrevo sem nenhuma hesitação essa afirmação. O jornalismo é uma profissão apaixonante, é uma profissão em que, se as pessoas assumem, em plenitude, o exercício dessa profissão, assumem, por inerência, a necessidade de justiça, a necessidade de ser criterioso. Portanto, há um conjunto de obrigações e, sobretudo, há um enorme compromisso com a verdade, que é uma coisa que me fascina.

O jornalista tem, sobretudo, mais do que o compromisso com a sua entidade patronal, mais do que o compromisso com outras realidade e outras entidades, o jornalista tem um compromisso com a verdade. Tem que ser ele e a verdade.

É esse o principal combate?
É esse o principal combate. Hoje os jornalistas vivem despreocupados com esta realidade. A maior parte deles, os novos jornalistas, não foram preparados neste âmbito, não leram sequer o Código Deontológico dos Jornalistas.

E qual é o papel dos editores e dos directores?
O papel dos editores e dos directores é enquadrar todas estas coisas. É um papel orientador em termos técnicos, exclusivamente técnicos, mas em milhares de ocasiões o jornalista está sozinho confrontado com uma determinada situação e esse é que é o momento de plenitude deste exercício – ele está perante uma determinada realidade e tem de perceber que dali decorre uma grande responsabilidade, dali decorre uma grande necessidade de afirmar um compromisso rigoroso, um compromisso com a verdade, um compromisso com o esclarecimento das coisas.

A comunicação social e o jornalismo, em geral, até podem criar danos irreversíveis junto das pessoas. O jornalismo é feito para servir as pessoas, não é feito para liquidar as pessoas (este liquidar entre aspas). Portanto, é preciso ser cuidadoso e cauteloso em matéria que envolve, por exemplo, a honra e a dignidade das pessoas. Quem quer ser jornalista tem de perceber que nesta profissão não vale tudo.

Claro que os jornalistas estão cercados por muitos perigos, sem dúvida. Um deles, que tem sido muito discutido nos últimos tempos, tem a ver com as chamadas agências de comunicação. Não quero afirmar que todas as agências são assim, mas a verdade é que na maior parte das vezes nós sentimos que as notícias são rigorosamente iguais e vêm todas do mesmo sítio, percebe-se o sítio de onde vêm. O jornalista não pode deixar-se instrumentalizar, não pode deixar que estas entidades, que não têm valores, que tanto lhes faz se é para destruir uma pessoa ou se é para a alcandorar num lugar qualquer cimeiro, quando estão a trabalhar a imagem dela, falseando a realidade que têm à sua volta.

O jornalista não pode colaborar nesse sistema, tem de perceber que isto acontece e tem de ripostar sem hesitação.

Como ripostar, quando as redacções, genericamente, estão a reduzir os seus recursos humanos e, em contrapartida, as grandes agências de comunicação, a engrossar os seus quadros? Perante esta tendência acha que o jornalismo tem condições para cumprir o seu papel?

O jornalismo não está a cumprir o seu papel. Mais: às vezes tenho vergonha alheia, isto é, até os próprios proprietários dos meios de comunicação social não percebem que o jornalismo no dia em que perder credibilidade, no dia em que um órgão de comunicação social deixar de ser uma coisa credível, as pessoas deixam de acreditar e esse meio de comunicação morre.

Que fique claro: eu não defendo, nunca defendi e julgo que nunca defenderei que essas agências terminem. Acho que elas têm um papel a desempenhar, sobretudo no mundo de hoje. É um trabalho especializado que ajuda alguém que, inevitavelmente, tem de se envolver com a comunicação e percorrer esse caminho.

O problema é que elas hoje estão muito para além disso – são agências de comunicação que fazem combates surdos, que destroem pessoas ou que constroem realidades que não existem, que interferem a nível da estratégia das empresas.

Está a pensar em quê concretamente?

Em tantas coisas, meu Deus! Se eu tivesse as provas integrais na minha mão... Tomei contacto com essa realidade em muitas circunstâncias tendo os papéis na minha mão mas não puderam ser fotocopiados para estarem em meu poder. Mas se eu tivesse esses papéis na minha mão, denunciava-as uma a uma sem hesitar. Não tenho, não o vou fazer, não o posso fazer. Mas posso assegurar que, em termos gerais, de facto, esta é a realidade que ajuda a distorcer mas não é a única, há muitas coisas mais.

Hoje já não são só as empresas. São os próprios governos, são os partidos políticos, são os Ministérios. Portanto, há aqui uma doença que se agarrou a essa realidade pensando que é por aí que eles modificam o estado das coisas.

É cada vez mais difícil exercer o jornalismo?
Sim e por isso é que eu acho que ele devia ser exercido na base de fortes convicções. Daí estar contra todas as regras, contra todas as leis que desprotejam o jornalista relativamente ao exercício da sua profissão. Mas o jornalista tem de assumir a sua responsabilidade.

Ninguém pode exercer jornalismo sem ter em conta esta responsabilidade e a verdade é que o fazem. Vejo muitas vezes notícias nos jornais que dois dias depois são desmentidas de uma forma, eu diria... de uma forma vergonhosa, de uma forma que deixa em muito maus lençóis o jornalismo porque ninguém teve o cuidado de pesquisar, de aprofundar, de escavar a notícia. Ninguém teve a preocupação de ouvir a outra parte.

Há aqui uma ansiedade que eu diria que é terrível e que faz com que os jornalistas façam um trabalho medíocre e façam um trabalho que afecta as pessoas em termos gerais.

E onde entra a responsabilidade de quem dirige as empresas que prescindem de jornalistas seniores, experientes, com memória, em favor de jovens estagiários – mão-de-obra mais barata, mal paga, precária?
Por isso é que eu há pouco falava dos empresários e accionistas das empresas de comunicação social que deviam perceber que o meio de comunicação social é uma coisa importantíssima, com uma enorme riqueza, uma enorme capacidade de afirmação, de seriedade e que, portanto, não deve ser desvirtuado.

Quando há um órgão de comunicação social que cumpre o seu papel, essa áurea de prestígio arrasta-se naturalmente e abarca também os accionistas do próprio meio.

Normalmente os accionistas aceitam isso quando o meio está "em alta", mas depois parece quase incontornável aquela vontade de interferir.
Pois...

Passou por isso?
Não, não passei por isso. Com toda a franqueza e sem estar a querer pôr-me em bicos de pés.

Não aceitou?
Nunca e em nenhuma circunstância. Vou contar-lhe a minha experiência aquando da primeira greve geral, em Portugal. Eu tinha

um programa de informação e convidei para estar em estúdio – o programa ia para o ar no dia da greve – Kálidas Barreto, que era dirigente da CGTP Intersindical e o ministro ou o secretário de Estado, quem eles quisessem, enfim, um membro do Governo ligado à área em causa.

A CGTP disse imediatamente que sim e o Governo da altura foi arrastando a situação até chegar mais ou menos à véspera e eu, sistematicamente, a insistir para que eles indicassem qual era a pessoa que vinha ao programa. E, como era hábito, disseram na véspera: "nós não podemos participar nesse debate porque é um dia de muitos afazeres".

Estavam habituados a que o debate se não fizesse: não ia o ministro, não vinha o secretário de Estado, não havia debate. Obviamente que se enganaram na porta. É óbvio que eu mantive exactamente tudo o que tinha previsto. Não tinha, evidentemente, nem o ministro nem o secretário de Estado e, portanto, o tempo foi integralmente cumprido por uma entrevista que eu fiz ao Kálidas Barreto.

Obviamente que, duas semanas depois, o meu programa acabou. Não me incomodou nada. Tinha a minha consciência absolutamente tranquila – era aquilo que devia fazer.

Que programa era?
Era um dos primeiros programas que eu fiz numa coisa que se chamava o *Canal 3* da *RDP*. Houve a nacionalização...

Que depois vai dar origem à Rádio Comercial.
Exactamente. O programa acabou duas semanas depois. Os actos ficam com quem os pratica. Não é preciso ser herói, é preciso ser digno do exercício desta profissão e essa dignidade tem de ser afirmada quando exactamente nos atiram ou nos querem atirar para a lama.

O jornalista tem de ter a coragem de enfrentar essas situações sem se pôr em bicos de pés, sem se estar a armar em herói mas aquilo que são valores essenciais não podem ser pisados por ninguém.

Já voltaremos à RDP. Agora gostaria de ir ao princípio. O Emídio Rangel iniciou-se aos 18 anos no Rádio Clube de Huíla, em Angola, de onde é natural. O que o atraía: a rádio, enquanto dispositivo de comunicação ou o jornalismo?
Bom, no início era mesmo a rádio. Antes de me envolver numa actividade já remunerada comecei a colaborar no *Rádio Clube da*

Huíla porque um dia eles quiseram criar um programa para jovens, houve um *casting* e fui escolhido.

A rádio fascinava-me imenso. Quando acabei, salvo erro, o sétimo ano dos liceus e fui para a Universidade comecei a trabalhar na rádio, com um horário obviamente flexível, tendo uma remuneração mas podendo continuar a estudar, como é evidente.

Estamos a falar de uma rádio com meios assinaláveis ou de uma rádio com muita imaginação? A rádio era um dispositivo de comunicação muito forte quer em Angola quer em Moçambique. Não havia televisão.

É verdade... não havia televisão. Daí que o *prime-time* da rádio era exactamente à noite. As famílias juntavam-se para ouvir rádio. Depois dessa fase criei, mais tarde, um programa de excelência – éramos vinte e tal profissionais onde se incluía o Fernando Alves e muitos outros que hoje fazem uma carreira bem interessante em Portugal – em que era raríssimo encontrarmo-nos todos, porque havia sempre alguém em reportagem na Europa, Extremo Oriente. Era um programa de informação...

Ainda em Huíla ou já na Rádio Comercial de Luanda?

Este programa de que eu estou a falar foi já na *Rádio Comercial de Luanda*. Portanto, nós tínhamos dificuldade em encontrar um dia em que nos juntávamos todos.

Havia temas proibidos?

Não. A censura em Angola era... O censor da cidade onde eu vivia era o director dos CTT. Você está a ver, o senhor fazia aquilo por inerência de funções e tinha, necessariamente, dificuldade em exercer plenamente a função de censor. Portanto, alguém determinou que os directores dos Correios eram os censores e nós conseguíamos fazer passar milhões de coisas.

Isso era assim tanto em Huíla como em Luanda?

Em todo o lado, porque em Angola a PIDE vivia preocupada, de manhã até à noite, com a Guerra Colonial. A PIDE era um instrumento para o exercício da guerra. Era o serviço de informações que os exércitos precisam sempre que pretendem ganhar alguma coisa. A sua maior preocupação era essa. E cá está, um bom exemplo é este. O censor de todos os meios de comunicação social do sítio onde eu vivia era o director dos Correios. Nós levávamos lá os textos, ele via: umas vezes percebia o texto, outras vezes não percebia. Em regra, não havia especiais dificuldades.

Falavam sobre a Guerra Colonial na rádio?
Falávamos. É assim: até havia reportagens em algumas circunstâncias, em meios de comunicação social, sobre a Guerra. Repare, Angola é um território imenso. A guerra, tirando aquele início, em 1961, em que acontecem o assalto a uma esquadra na cidade de Luanda e mais umas acções terroristas no norte de Angola feitas pela UPA, tirando esse período que é de um, dois anos, a guerra faz-se na fronteira onde praticamente não habita ninguém.

É muito longe, a mil quilómetros de distância, e, portanto, as pessoas quase não tinham noção da existência da guerra.

É outra guerra, a do MPLA contra a UNITA, que o faz vir para Portugal, em Julho de 1975. Foram dois dias a fugir, o Emídio e os seus três irmãos revezando-se na condução de um Honda Civic até chegarem a Windoek, na África do Sul.
Sim, sim, é verdade. Saímos da minha cidade, da cidade onde eu vivia, debaixo de morteiros. Travou-se um grande combate entre o MPLA e a UNITA naquela cidade [Lubango] e eu tinha sido avisado, curiosamente, por uma pessoa que vive em Coimbra, que é um homem da rádio, Saraiva Coutinho, que tinha simpatia pela UNITA (e eu tinha simpatia pelo MPLA), que me disse: "eh pá, vai-te embora. Vai começar uma guerra e tu és um dos primeiros alvos!".

Eu escrevia todos os dias, cortavam as emissões, era preciso voltar a pôr a emissão no ar. Um período difícil e complicado. Dormia todos os dias num lugar diferente. Não foi nada fácil mas, enfim...

Em Agosto aterra em Lisboa, sem emprego nem dinheiro. Onde vivia e de que vivia?
Fui preso ainda na África do Sul pela PIDE sul-africana depois de ter, felizmente, conseguido trocar as passagens da TAG pelas passagens da Lufthansa. Se não tivesse tido essa possibilidade teria sido uma grande desgraça. Fui preso pela polícia sul-africana e fui declarado *persona non grata* e posto num avião a caminho de Frankfurt.

Em Lisboa fui vender enciclopédias da Colliers porque tinha mulher e uma filha com um ano e pouco de vida e tinha de resolver isso e foi o que comecei a fazer de imediato.

Lembra-se de quanto ganhava?
Aquilo era à percentagem. Era extraordinariamente difícil: enciclopédias em Inglês e em 1975... não era fácil.

A capacidade de luta, o inconformismo, se preferir, são a sua marca de água?
De algum modo, sim. Vivi em Angola muito bem. Conheci o mundo todo. Andava pelo mundo todo em reportagens e conhecia-o praticamente todo. Um dia confrontei-me com a situação de ter de abandonar tudo e abandonei.

Com franqueza, eu nunca fico a chorar pelo leite derramado. Nunca fico a olhar para trás mesmo que tenha tido um grande sucesso. No dia seguinte, aquilo apaga-se da minha cabeça e eu só penso no que vou fazer a seguir.

É um pouco na lógica de um comportamento desta natureza que, enfim, pude ter sido, de algum modo, a base da minha família – dos meus irmãos, dos meus pais. Pude segurá-los depois dessa catástrofe. Recomecei tudo de novo, do zero absoluto, e continuei a lutar por aí fora.

Que rádio veio encontrar, em Portugal?
Em Angola a rádio era mais viva, mais ousada, mais activa. É a melhor forma de a poder definir. E havia uma escola de rádio marcada por um conhecimento generalizado – as pessoas sabiam ter intervenção em diferentes áreas.

Eu adorava sonoplastia, por exemplo, e era um homem do microfone, mas fiz mil vezes sonoplastia das coisas todas. Eu gostava de fazer cortes, trabalhar com a fita magnética. (O que não sei é hoje trabalhar com o digital). Mas com a fita magnética aquilo eram cortes precisos. Não se notava. Sabia cortar, colar, etc. Tinha um bom conhecimento de todas essas áreas e quando aqui cheguei encontrei uma rádio mais tolhida nos seus movimentos.

Nós, em Angola, saíamos mais num mês em reportagem do que aqui se saía ao longo de um ano. Estivemos na maior parte dos acontecimentos mundiais.

E do ponto de vista do relacionamento com os sucessivos governos, estes utilizavam a RDP *como instrumento político?*
[Risos] Era uma interferência total. Na altura os governos sucediam-se a uma média de um por cada seis meses. De seis em seis

meses ia para a prateleira ou regressava. Portanto vivíamos um período inacreditável. Trágico. Sinistro. Sem nexo nenhum.

Havia dirigentes que pensavam que as coisas podiam ser assim. Muitas vezes ria-me deles, era talvez a melhor forma de olhar para aquilo. Eles achavam-se os donos da *RDP* e da *RTP*. Aquela conversa do telefone que toca no gabinete do director não é uma anedota, é uma verdade, é uma realidade. Portanto, o homem que comandava lá a comunicação social quando queria uma entrevista dizia: "olha hoje vai aí não sei quem para ser entrevistado. A que horas é que pode...". Estas coisas que são impensáveis...

Era assim que funcionava?
Tal e qual.

E quando dirigiu a SIC?
O Dr. Balsemão nunca interferiu. Eu próprio não permitiria que ele tivesse intervenção em matéria de conteúdos. E ele soube sempre respeitar isso.

Mesmo não gostando da forma como as coisas funcionavam e do jornalismo que se fazia na RDP, *o certo é que ganhou alguns prémios de reportagem enquanto ali trabalhou.*
Ganhei o prémio Reis de Espanha com uma reportagem sobre a lixeira da Bobadela, ganhei um prémio Gazeta sobre a Ereira – uma vila ali perto de Coimbra, junto ao Mondego – que no Inverno ficava completamente isolada e só se podia ir lá de barco.

É por essa altura que começa a pensar no projecto da TSF?
Repito: paguei sempre um preço elevado e, portanto, eu achei que, por um lado, não me importava de continuar esse combate na *RDP* mas, sobretudo, achei que era preciso lutar para fazer aparecer novas estações de rádio.

Nós vivíamos, na altura, uma situação absolutamente paupérrima, caótica – a *Renascença* não tinha nada para oferecer, a imaginação parecia que se tinha esgotado. A *RDP* era uma coisa lastimável, sobretudo, com esse controlo exercido sobre a comunicação social e com jornalistas que se prestavam a esse exercício e a esse papel.

Evidentemente que perante isso mais se tornava necessário, mais era evidente que era preciso fazer nascer outros meios, outras estações de rádio, e por isso iniciei um combate que demorou seis ou sete anos até que aparecesse uma nova Lei da Rádio.

Lutei, denodadamente, na Assembleia, junto de todos os grupos parlamentares, ajudei a redigir muitas das leis, dos projectos de lei, para uma Lei da Radiodifusão em Portugal e as coisas nunca iam por diante. Houve um dia em que foram. Foi um combate persistente, continuado, sistemático, feito com determinação para fazer surgir uma Lei da Rádio.

Na celebração dos 20 anos da TSF, o Emídio Rangel disse que ela era "a vitória do sonho. A vitória daqueles que acreditavam que o pântano em que vivíamos não era lugar de destino". Como é que começou o sonho?

Eu venho de outras paragens, como sabe, onde havia censura mas não era a mesma censura. Nós conseguíamos actuar jornalisticamente com alguma liberdade. A censura era muito mais exigente aqui do que em Angola, sem dúvida nenhuma. Os profissionais daqui estavam sujeitos a uma censura férrea. Nós não.

Como lhe disse antes, era o director dos Correios que, entre duas cartas, via um texto. Por isso, obviamente, tinha outros hábitos, tinha outra maneira de agir e também tinha presente um conjunto de questões que não queria perder.

Em Angola, pus de pé duas ou três estações e era óbvio que, aqui chegado, e depois de constatar a realidade que vim encontrar, na minha cabeça não havia outra coisa que não fosse a de fazer nascer uma rádio.

Tenho sobretudo em mente uma emissão pirata que nós fizemos na *TSF* [1981], que anunciámos em todos os jornais, a uma coluna. O título era "Uma emissão pirata" e depois começava: "Com: O Presidente da República, o Primeiro Ministro, o Presidente do Tribunal, os presidentes dos partidos todos".

Esta é uma emissão, só uma, que durou quatro horas e que era mais uma das coisas que nós fazíamos para mostrar que todos eles estavam de acordo: era preciso fazer aparecer mais estações de rádio. Emitimos a partir de dois sítios distintos: do edifício mais alto da Costa da Caparica e da Alameda das Linhas de Torres.

Claro que eles puseram em marcha aqueles carros para detecção dos serviços radioeléctricos. Não é difícil, nos tempos que correm, detectar o local da emissão. Quiseram entrar no prédio, mas não foram autorizados, porque não traziam mandado do tribunal. Hoje existe lá uma placa dizendo que foi lá feita a primeira emissão da *TSF*.

A que horas foi feita a emissão?
Entre as nove e as 14h, à volta disso. Depois, evidentemente, que eles empastelaram esse emissor e acharam que tinham anulado a emissão da *TSF*. Mas afinal ela estava, também, a ser emitida a partir de outro local, era uma emissão integralmente gravada, não podia ser em directo.

Ainda faltavam, no entanto, alguns anos para o aparecimento legal da TSF. *De que forma é que esse tempo foi preenchido: a amadurecer o projecto, a arranjar financiamento, em emissões pirata, como era o seu dia-a-dia?*
Ainda não tinha saído da *RDP*. Esse período é um período de batalha política. Batalha política em que sentido? Batalha política pelo aparecimento de uma lei que regulasse o espectro radioeléctrico, que regulasse o funcionamento da Rádio. Uma lei de Radiodifusão, em síntese, que permitisse o aparecimento de mais estações de rádio.

O país não podia continuar a viver, como eu dizia, nessas águas paradas que constituíam a *Renascença* e a *RDP*.

O capital social da empresa já estava definido?
Não, nada. A batalha era pela questão legal.

Batalha que se reforça com um movimento quase nacional de "rádios-piratas". Houve inclusivamente encontros em Abrantes e no Porto.
Sim, fomos nós que desencadeámos isso. Depois, felizmente, julgo que é sempre assim que acontece, e bem, houve gente que pôs as coisas em marcha.

Nós, que éramos todos profissionais de rádio, não queríamos emitir ilegalmente, queríamos emitir no contexto de uma lei de radiodifusão pré-existente. Eu achei que era essa a nossa postura. Fizemos apenas essa emissão de quatro horas de duração para mostrar – e mostrámos de forma inequívoca – que toda a gente que tinha responsabilidades no país estava de acordo, todos os líderes partidários achavam que era necessário aparecerem mais estações de rádio.

Em Maio de 1987 tem início o primeiro curso de formação de jovens jornalistas coordenado pelo Adelino Gomes. Todos os candidatos foram seleccionados por dois catedráticos de Psicologia. Porquê?

Eu sempre achei que o jornalismo tem de ser exercido por pessoas que tenham do ponto de vista físico e mental capacidade para estar em situações de grande stress. Por exemplo, um repórter que está numa guerra, está numa situação extraordinariamente difícil. Não é qualquer pessoa que consegue estar debaixo de fogo, não é qualquer pessoa que consegue viver situações extraordinariamente tocantes do ponto de vista humano. Era preciso despistar um conjunto de coisas.

Antes, ninguém tinha feito isto em Portugal. As pessoas eram profissionais de rádio porque tinham conseguido entrar nesta ou naquela rádio. Eu queria uma estação de rádio voltada para a informação em qualquer parte do mundo. Rapazes ou raparigas que podiam estar aqui ou na Guerra do Golfo, podiam estar aqui ou numa situação extremamente delicada e difícil. Precisavam de ter força mental, força física e ter capacidades e qualidades. Os testes de psicologia davam-nos isso.

As pessoas foram sujeitas a três dias de testes: um teste de cultura geral, um de Língua Portuguesa e depois fizeram durante dois dias testes psicotécnicos.

Havia pessoas aparentemente normais e eram esquizofrénicas. E uma pessoa esquizofrénica não pode ser jornalista. É triste e lamentável que essa situação aconteça, mas uma pessoa, nessas circunstâncias, entra em stress, perde controlo, perde capacidade e a determinada altura está a fazer *n* disparates e até pode pôr a sua vida em risco.

As emissões regulares, mas também ainda piratas, iniciam-se a 29 de Fevereiro de 1988. Às sete da manhã Sena Santos lê a primeira notícia: "Paz no fisco durante três meses". Mas segundo julgo saber foi uma informação sigilosa recebida pelo Emídio Rangel, segundo a qual estaria a ser preparada uma lei sobre as rádios que iria dar preferência às que já estivessem no ar, que o levou a avançar para as emissões pirata. Quer contar-nos o que realmente se passou?

É sempre assim. Quem está a agir de boa-fé, quem anuncia até: "Nós queremos entrar em emissão mas depois de haver um concurso público, queremos ganhar esse concurso público e queremos obviamente funcionar legalmente, somos profissionais, não somos amadores."

Pois bem, o que é que aconteceu? Éramos os únicos a produzir este discurso porque éramos também o único projecto eminentemente profissional que aparecia no contexto das rádios que se perfilava no horizonte. Serviu para começar a ser delineada, no contexto da Lei da Rádio, uma norma segundo a qual quem estivesse a emitir tinha privilégios em relação a quem não estava a emitir.

Já pode revelar o nome da pessoa que lhe deu a informação?
Não posso. É cedo para revelar.

É o seu "garganta funda"?
Ainda está no activo.

Era deputado?
Era.

Ainda é?
Ainda.

Partido do Governo?
Não posso dizer mais. Não quero comprometer essa pessoa.

O Emídio Rangel costuma dizer que a TSF *acelerou o tempo da notícia e mudou o estilo da informação. Quer explicar?*
O que é que a *TSF* traz de novo? É exactamente esse efeito. Os circuitos informacionais são circuitos que podem ter mais ou menos velocidade, mais ou menos rapidez, mas nós acelerámos completamente porque tínhamos serviços noticiosos de meia em meia hora e estávamos no ar a qualquer instante, em qualquer momento a que houvesse um acontecimento nacional ou internacional. Deixávamos de estar com a programação normal e entrávamos logo em emissão especial. Isto era uma coisa que estava no sangue, estava no ADN de todas as pessoas que por lá trabalhavam.

Eu estive um tempo como repórter parlamentar da *RDP*. Chegávamos ao pé dos deputados e perguntávamos: "olhe o que é que o senhor pensa do casamento entre pessoas do mesmo sexo?" – se fosse esse o tema – e ele respondia: "vou pensar nisso. Você venha daqui a dois dias, marcamos aqui às quatro e meia e eu dou-lhe a resposta." E era assim que a vida funcionava. Ou então às segundas-feiras tinha-se uma notícia, que era guardada para sair no *Expresso*, ao sábado.

Era este o o ritmo: as pessoas guardavam as notícias para sair no *Expresso*, cinco dias depois. As respostas, as reacções das pessoas aos acontecimentos tinham esta *décalage*. Nós estilhaçámos completamente essa realidade. O *Expresso* deixou de ter notícias que eram guardadas de segunda para sábado. As pessoas tinham de reagir imediatamente aos acontecimentos porque os acontecimentos não esperavam pelas reacções deles. O que é que isto produziu? Aqueles políticos que tinham qualidade e capacidade emergiram rapidamente. Os outros que não tinham essa capacidade...

Foi complicado nos primeiros tempos alimentar uma antena que precisava de tanta informação quando as pessoas, os protagonistas dos acontecimentos, estavam tão pouco preparados?

Não, porque nós estávamos muito actuantes e quando queríamos obter uma resposta tínhamos múltiplas formas de a obter: tentávamos com A, não dava com A era com B, se não dá com B com C e por aí fora. Toda a equipa da *TSF* viveu e foi formada neste espírito e quando iam para o exterior, para uma reportagem, já iam com esse espírito e acabaram-se os circuitos de subserviência em relação à *RTP*.

Quer explicar?

Por exemplo, havia uma conferência de imprensa e toda a gente já sabia que não abria a boca enquanto a *RTP* não fizesse perguntas. Depois dela ter feito perguntas, agora sim, façam favor, as rádios e os jornais, etc. Isso acabou no dia em que a *TSF* abriu, porque o nosso repórter estava ali para actuar imediatamente. Entrava logo em directo, porque nós íamos para esses sítios em directo. Não há cá conversas. Nós modificámos e acelerámos muito esta passada. Os políticos viveram com alguma dificuldade no início.

Esta aceleração provocou grandes dificuldades no mundo da política.

Era isso que eu estava a perguntar há pouco.

Uma vez chegou aí um cargueiro que trazia umas dez ou doze pessoas, negros, que tinham embarcado às escondidas, que vinham entre os contentores e conseguiram viver ali dez dias praticamente à fome até chegarem ao porto de Lisboa.

Quando chegaram ao porto de Lisboa e o comandante os vê, agarrou-os a todos e pô-los dentro de um contentor. Era Verão. Havia dias em que faziam lá dentro 50, 60 graus. Nós montamos um posto de reportagem naquele lugar e entrávamos de meia em meia hora. Ainda ouvíamos pessoas por telefone, de meia em meia hora. Às quatro da manhã, cinco, seis da manhã, em todos os serviços noticiosos nós entrávamos em directo. Não aceitávamos que aquilo estivesse a acontecer, era uma violação dos Direitos Humanos. Eles estavam ilegais, *ok*, tinham de pegar neles pô-los num determinado sítio e depois remetê-los aos seus países. Agora tratá-los assim, daquela forma desumana, era uma coisa impensável.

O Governo de então estava assustado porque em determinado momento eram milhares de pessoas à volta do contentor e toda a gente já protestava de todas as maneiras. O Ministro telefonou para mim: "oh Emídio Rangel você por favor pare isso. Eu vou resolver o problema mas você para com a emissão!". "Não, desculpe, está enganado, é ao contrário: o senhor pega naquelas pessoas, tira-as de dentro daquele contentor, coloca-as num sítio qualquer em que elas sejam tratadas como pessoas e nós paramos a nossa emissão".

Qual foi o ministro?
Não me recordo.

Essa história é no período da TSF *legalizada?*
Penso que não, ainda não estava legalizada. As datas é sempre uma complicação. Precisamente uma data: É na véspera de Natal de 1988, creio, que as rádios são obrigadas a um período de silenciamento antes de aparecerem legalizadas. Há uma emissão memorável, conduzida pelo António Macedo, em que ele chama as pessoas uma a uma ao estúdio e diz que elas estão despedidas – desde da empregada de limpeza até ao director.

Depois dessa emissão de fecho custou muito estar parado? As rádios ainda estiveram paradas quase meio ano...
Não, menos, menos. Claro que custou muito. É um enorme desgaste sob todos os pontos de vista. Até os salários das pessoas que lá estavam – eram todas profissionais. Portanto essa paragem é uma paragem terrível sob todos os pontos de vista: publicitário, orçamental, etc. Sobretudo para uma emissora profissional e que pretende abrir outros caminhos.

Toda a gente pensava que o projecto da *TSF* era impensável, na altura diziam que era um projecto megalómano porque uma emissora daquelas não podia existir num país como Portugal. Pois, é a única que existe desde a época...

Conta-se que um dia o David Borges partiu o rádio do carro como reacção às hesitações e erros de uma jornalista. Era o vício do rigor, do perfeccionismo?

Nós éramos muito escrupulosos e exigentes naquilo que oferecíamos aos públicos, e por isso estávamos todos muito atentos. Um deles era necessariamente o David Borges, que começou por ser director adjunto e é um profissional de mão-cheia, um grande jornalista, um homem que eu admiro imenso e um grande companheiro.

Mas também quer dizer que a TSF era uma rádio ouvida pelos seus directores, que intervinham de imediato se fosse preciso.

Sem dúvida nenhuma. Eu mal consigo imaginar: Eu director da minha estação, estou a ouvir uma asneira, ou um conjunto de asneiras e não faço nada? Não telefono a insultar ninguém? Nem pensar. Este insultar tem aspas, claro.

Em todo o caso, estávamos ainda perante uma rádio dirigida a minorias e, no início, circunscrita a Lisboa, visto que a TSF *tinha apenas uma frequência de rádio local e perdera a frequência regional para a* Correio da Manhã Rádio, *de Carlos Barbosa, com quem o Emídio se envolveu numa acesa polémica.*

Então, eles faziam parte do Júri! Foi um concurso completamente viciado. Então mas há alguém que pode decidir em causa própria nestas circunstâncias? É assim: a falta de bom senso e o atrevimento é tão grande que eu às vezes ponho-me a pensar: "alguma vez eu ia integrar um Júri que vai decidir algo que me diz directamente respeito?". Pintava a minha cara de verde às riscas e vermelha.

Por outro lado, como é que o Estado permite que uma coisa destas aconteça? Isto é uma vergonha para os cidadãos e para o Estado. Eu acho que o Estado sai tão mal nesta fotografia...

O poder político tinha medo da TSF *em Lisboa e da* Rádio Nova *no Porto, por exemplo?*

Eu acho que sim. Até nem queriam que a *TSF* nascesse. Por exemplo, a *TSF* de certeza que não teria nascido se nós não tivéssemos iniciado as emissões piratas porque estava a ser preparado uma artigo na Lei que privilegiava aqueles que já tinham começado a emitir.

Portanto é assim: Quem anda de cabeça levantada e tem a coluna direitinha, é um problema muito complicado neste país. [Risos]

Tem algum tipo de relacionamento hoje em dia com Carlos Barbosa?
Nenhum, nenhum. Nem sei quem é.

Na altura disse-lhe, numa resposta que fez publicar no Tal & Qual, *que o Emídio Rangel e os que o rodeavam eram figuras do passado e que jamais ficariam na história da Comunicação Social em Portugal.*
Ficou o Barbosa... [risos]

Quer falar-nos da estratégia de expansão da TSF *para ser escutada no País todo?*
Aqueles especialistas fizeram a Lei da Rádio e deram uma frequência à *TSF* e uma potência que não dá para cobrir Lisboa. É curioso, quando a gente analisa isto com alguma frieza. Portanto, 3KW foi a potência que foi dada à TSF e 5KW ao *Correio da Manhã Rádio*.

Em meu entender, nem 3KW nem 5 KW eram suficientes para cobrir Lisboa. Por trás do castelo, por exemplo, a *TSF* não podia ser ouvida. A comodidade de escuta é uma coisa decisiva em rádio. Isto é, eu não posso ir no carro a ouvir a *TSF* e depois ela desaparece. Desaparece e o que é que eu faço? Carrego no botão para ir ouvir outra estação. Ali não há nada. Isto não tem nenhum sentido, é uma coisa absurda.

No entanto, quando se olha para a *Renascença* e para a *RDP*, para cobrir Lisboa, usavam 100 KW. Que absurdo é este? É o medo. Eu não sei onde é que esta gente viveu e onde é que incorporou este medo. É o medo do novo, daquilo que vai aparecer. É o medo de que essas novas vozes tenham peso, tenham importância e que fujam depois ao seu controlo apertado.

Faz algum sentido que em Portugal não haja uma rádio, uma frequência nacional? Não houve uma rádio nacional. Houve duas rádios regionais: uma a Norte outra a Sul. No fundo é a tal nacional, partida ao meio. É dividir para reinar. Para quê? Para que a *Renascença* e a *RDP* persistam como dois monstros. Nós estamos marcados por coisas deste género.

Lembro-me tão bem quando um Secretário de Estado de nome Anselmo Rodrigues [na altura, Secretário de Estado da Comunicação Social] fez um despacho a um mês das eleições que dizia: "Em nome de uma lei que vai ser publicada concedo uma rede de 15 frequências à *Rádio Renascença*". São as frequências actuais da *RFM*.

Isto, em nome de uma lei que há-de vir a ser publicada. Onde é que a gente encontra leis feitas assim? No Burkina-Fasso? Falam do continente africano!... Às vezes aqui são mais boçais do que em qualquer outra parte do mundo.

Daí a criação da rede nacional de rádios...
Eles, coitadinhos, pensam muito mas têm poucos neurónios e aquilo começa tudo a bater e complica um pouco. A nossa forma para tentar chegar a todos os lugares foi precisamente essa. Criamos um serviço noticioso gratuito – que para nós também era importante do ponto de vista da nossa receita publicitária – para todas as rádios, de hora a hora.

Ninguém estava melhor informado do que nós, ninguém tinha mais sons que nós, ninguém tinha mais reportagens que nós. Era um serviço noticioso que servia claramente as rádios locais e, a determinada altura, tínhamos cento e tal estações de rádio em paralelo. Claro que depois começaram a proibir essas emissoras de transmitir isto, transmitir aquilo. Até que chegou um dia em que a *Renascença* começou a fazer o mesmo. Acabou a proibição.

A *Renascença*, que já tinha as suas redes nacionais, começou também a fazer cadeias de rádio [Associação de Rádios de Inspiração Cristã], claro, acabou a perseguição terrível. Portugal tem que se libertar dos políticos da treta que têm a cabeça tomada por, sei lá, teias de aranha. Pessoas que estão prisioneiras de esquemas pré-determinados, pré-feitos. Não sei onde é que eles viram estas coisas que faziam lembrar a União Soviética, e outras que não se assemelham a nada, são uma originalidade portuguesa.

E, contudo, a emissão não era só feita de notícias. Tinha também espaços de debate, entrevistas, reportagens. A TSF é, de resto, uma das primeiras rádios a entrar no Kwait durante a Guerra do Golfo (1990). É a primeira vez que usa a novidade do telefone por satélite?
Não foi a primeira vez. Nós usámos a primeira vez o telefone por satélite de uma forma engraçada. Foi quando o Dr. [Mário] Soares foi à Índia. Hoje os telefones satélite cabem numa mão; mas para aquele precisávamos de três pessoas, porque eram três caixotes enormes, uma parabólica daquelas enormes. Íamos para o túmulo do Gandhi, por exemplo, uma hora antes e o Soares já vinha direito à parabólica.

Nós estávamos em directo. Éramos os únicos que estávamos assim, até causava algum constrangimento, sem dúvida, porque, no fundo, os nossos colegas da *RDP*, da *Renascença*, quando iam passar o seu serviço para Lisboa nós já tínhamos inundado Lisboa e o país inteiro com tudo o que se tinha passado naquela ocasião e naquele lugar.

Era uma rádio que conquistara influência e prestígio, mas com custos de produção e exploração muito elevados.
Sim, mas a *TSF* deu sempre lucro...

Então porque é que houve necessidade de procurar outros parceiros, tendo sido mais tarde adquirida pelo Grupo Lusomundo?
Quando abrimos a rádio, sabíamos que a rádio precisava de tempo para se impor e não queríamos fazer um projecto vulgar ou um projecto deficiente e, portanto, constituímos uma sociedade anónima que tinha alguns accionistas de algum peso, como a FNAC Ar Condicionado. Eram uma série de accionistas que tinham importância e que tinham peso e que ajudaram a fazer nascer o projecto. No seio da *TSF* travou-se um conflito, que evidentemente complicou extraordinariamente e a FNAC, passado pouco tempo, veio a falir.

Caíram, portanto, algumas bases das entidades que tinham ajudado a erguer a *TSF*. Depois veio a ser comprada pelo Coronel Luís Silva, a parte que dizia respeito à Lusomundo. Entretanto, também as cotas e as acções dos cooperadores da *TSF* foram vendidas... a uma sociedade fantasma. O assunto está em Tribunal.

Quando o Coronel Luís Silva comprou a TSF, *o Emídio Rangel admitiu que isso era o fim do poder dos jornalistas. Foi o fechar de um ciclo?*
Foi o fechar de um ciclo, mas não foi o fim da forte dinâmica que os jornalistas imprimiam à *TSF*. Mas foi o fechar de um ciclo, sem dúvida.

Se não fossem estes factores que eu estou aqui a referir, acho que a *TSF* nunca mais tinha parado, porquanto foi sempre um projecto rentável, conseguiu sempre ir crescendo à conta dos seus próprios lucros. Foi tentando ultrapassar algumas estações que se prendiam com falta de cobertura, comprando esta ou aquela estação, ou associando-se com esta ou aquela estação, do Alentejo ou do Algarve, para tentar chegar a todos os sítios. E ainda não consegue chegar a todos os sítios, como se sabe.

Não houve loucuras como um ecrã gigante na Alameda, na final da Taça dos Campeões entre o Benfica e o Milan?

Não, não foi. Sempre que vêem as coisas feitas com determinado aparato as pessoas acham sempre que isso não dá, e que são loucuras. Não foi loucura nenhuma. Por acaso não foi das iniciativas com mais peso que a *TSF* fez.

Todos os meios de comunicação social precisam de agir, precisam de interagir com a sociedade, precisam de fazer coisas, é preciso surpreender, surpreender, fazer rupturas, eliminar as monotonias. A monotonia é uma desgraça para os meios comunicação social. É preciso saber quebrar essas coisas, é preciso saber fazer essas rupturas, é preciso reacender essas fogueiras. Quando isto se faz, há bons resultados.

Pelo meio houve o famigerado caso do berbequim. Tem consciência de que para muita gente essa continua a ser uma peripécia mal explicada?

Vai ser a vida inteira. Esse é um exemplo que eu costumo usar muito para explicar a forma com as pessoas, em muitas circunstâncias, se encontram sem defesa perante coisas ditas na comunicação social.

Enfim, isso é um episódio à parte da *TSF*. Não tem nada que ver com a Rádio, é um episódio que tem que ver com a cooperativa *TSF* onde estavam, como disse, uma maioria de cooperadores e de outro lado uma minoria.

As instalações da *TSF* cooperativa, friso, foram ocupadas por essa minoria e a maioria recorreu aos tribunais e, quando houve decisão dos tribunais, todos os cooperadores foram à *TSF* para, com o mandado na mão, entrarmos nas instalações. Não conseguimos. Depois de lá estarmos uma hora à espera um dos cooperadores resolveu ir a umas oficinas ali próximo pedir um berbequim ou qualquer coisa semelhante. E veio com o berbequim porque evidentemente tínhamos direito a entrar nas instalações da cooperativa: éramos sócios maioritários, tínhamos um mandado do tribunal para podermos entrar nas nossas instalações, estavam a impedir-nos essa entrada.

Primeiro fez-se uma atribuição a mim, de que eu fui lá com um berbequim para abrir a porta. Mentira. A história ficou sempre por contar. Eu devo dizer que já corrigi dezenas de vezes essa informação e essa notícia, pondo-a exactamente nos termos em que ocorreu, que foram aqueles que eu acabei agora de descrever. Enfim, dou-me completamente por vencido porque ela é sempre contada da mesma maneira.

Nessa altura já o Dr. Balsemão o tinha convidado para dirigir a SIC, *depois de um anterior convite a José Eduardo Moniz não ter sido aceite. Alguma vez pensou que o seu destino na* SIC, *tanto no início como no fim, estivesse tão intimamente ligado a Eduardo Moniz?*

Eu acho que não esteve. Francamente acho que não esteve. Nem no fim nem no inicio. Acho que o Dr. Balsemão terá feito diligências junto do Moniz – julgo até que ainda terão havido mais pessoas pelo meio – pelo que não vejo nenhuma conexão entre o Moniz e o convite feito a mim.

O Moniz terá sido contactado – isso também nunca ninguém explicitamente me disse –, mas acho perfeitamente normal que tivesse sido, porquanto ele era na altura director na *RTP* e só havia uma estação de televisão. Era natural que a primeira estação que ia abrir, quebrando o monopólio do Estado, tivesse pensado no Moniz.

Quando coloco a questão do fim é já com ele à frente da TVI, *que ultrapassa a* SIC *nas audiências e inicia a viragem na sua liderança absoluta.*

Não. Enquanto eu estive na *SIC*, nunca a ultrapassou. Quando saí ela continuava a ser líder. A *SIC* viu deteriorada, sem dúvida, a faixa do *prime time*, mas, ao longo do dia, terminava à frente da *TVI*, por seis ou sete pontos. E isso aconteceu por razões que o Dr. Balsemão pode explicar melhor que eu porque, pela primeira vez, não quis ouvir o que eu lhe disse a esse respeito.

Eu propus a compra do *Big Brother* para a *SIC*, não para transmitir mas para ficar sob nosso controlo. Já tinha feito isso em relação a um outro programa espanhol que se chamava *Esta Noche Sexo* que também ficou durante cinco anos em poder da *SIC* – eu percebi desde o início que o programa era perigosíssimo mas era um programa sinistro, eu não o que queria pôr no ar de nenhuma maneira.

Mas estávamos a meio do ano, o meu orçamento estava inteiramente consignado. Era preciso que a administração assumisse essa despesa extra que conduziria a um orçamento rectificativo. E a administração dizia: "Mas como é que você, que é o tipo que está sempre optimista..."

Em que é que o Big Brother *era muito mais chocante do que, por exemplo, o* Perdoa-me?

Mil vezes. O *Perdoa-me* não fere a sensibilidade de ninguém. O formato original do *Big Brother*, sim; não aquele que depois a *TVI* veio a pôr no ar (eu diria aligeirando muitos dos seus factores negativos) e fazendo-o ganhar até alguma componente familiar, o que achei francamente interessante.

Mas o formato que eu vi, que era o número zero da pessoa que tinha concebido o *Big Brother,* era um formato muito rude, onde se passavam coisas gravosas do ponto de vista humano.

O convite inicial foi para dirigir apenas a informação da SIC?

Certo.

É verdade que o projecto inicial da SIC, *antes de o Emídio Rangel ser convidado, previa apenas cinco jornalistas?*

Acho que não eram cinco mas sete, salvo erro. Não é possível fazer nada com sete jornalistas, numa emissora que transmite 24 horas e que tem que ter pelo menos dois grandes serviços informativos. Evidentemente que não é possível fazer rigorosamente nada.

Com a sua contratação tudo se alterou?

Automático. O projecto que a *SIC* apresentou a concurso era mais ou menos como este projecto que a ZON fez agora neste concurso para o quinto canal: era uma folha A4 e mais um bocadinho. Estava tudo pré-definido. Já se sabia que o Dr. Balsemão ia ter uma estação de televisão. E, todavia, era uma coisa ridícula. Não dava nem para montar uma estação de rádio quanto mais uma estação de televisão. Nem pensar.

Ficou logo claro, desde a primeira hora, que eu ia fazer um novo projecto. Aquilo nem era um projecto, eram meia dúzia de ideias postas numa folha A4.

E foi com essas ideias que foi aprovado o projecto SIC? *Isso é estranho.*

Nada de estranho. Ficou decidido que o Dr. Balsemão teria um canal de televisão e que a Igreja teria outro canal de televisão e que o excluído seria o Dr. Proença de Carvalho que era, esse sim, quem tinha um verdadeiro projecto de televisão.

Fale-nos da sua aprendizagem televisiva, uma vez que era um meio novo para si.
Não era um meio novo. Eu já tinha feito pelo menos três séries sobre museus para a *RTP*.

E também já tinha participado no programa do Jorge Cobanco, Venha Tomar Café Connosco, *onde fazia o texto da apresentação.*
E já tinha apresentado um programa que se chamava *Concordo ou Talvez Não*. Importa dizer o seguinte: Eu sempre fui um estudioso dos media em geral e, sobretudo, dos media electrónicos em particular; tenho, aliás, uma grande biblioteca sobre esse tema.
Quando ganhei o Prémio Reis de Espanha, além de uma estatueta, recebi uma verba de cinco mil contos (que na altura era uma verba muito alta, como sabe) e gastei-a quase toda em livros, que não havia editados em Portugal, e fui um mês para a Universidade de Columbia.
Sendo um homem da rádio, nunca me desliguei das duas realidades. Portanto, a rádio e a televisão foram coisas que eu sempre estudei.

Esteve na rede Globo *antes do lançamento da* SIC...
Quando fui à *Globo* já fui como director da *SIC*. Fui para trocar impressões, não para ver como funcionava. A *Globo*, por exemplo, era uma excelente estação a fazer novelas, mas era péssima a fazer informação. Quer dizer, se aquela informação fosse feita em qualquer país da Europa era um escândalo.

Apesar do Jornal Nacional, *que é uma instituição.*
Sim, é uma instituição no Brasil, mas tudo mudou. A situação no Brasil mudou muito. Eu fui lá nos dois primeiros anos da *SIC*, há 20 anos. Noventa e cinco por cento da informação era nacional. Só uma coisa muito extraordinária em termos internacionais é que podia entrar no *Jornal Nacional*.

Que mudanças introduziu ao projecto inicial da SIC?
Nem houve projecto inicial da *SIC*. Aquela folha A4 deitei-a fora. Não fiz nada dela. Comecei tudo do zero e até numa situação difícil porque a *SIC* teve grandes dificuldades no seu arranque. Quando começou, as suas emissões iam das 16.30h à meia-noite. Não tinha condições para emitir 24h por dia nem tinha sequer dinheiro para poder fazer esse investimento.

A *SIC* tinha o que tem hoje: um estúdio de informação, que é um estúdio de 170 m2, ou seja, sem condições para fazer entretenimento, com um pé direito muito baixo, sem hipóteses para fazer uma boa grelha de luz. Portanto, com muitas deficiências. É um estúdio preparado só para informação.

Os produtores independentes, praticamente não existiam em Portugal. E os que havia estavam nas mãos na *RTP*. Antes de nós abrirmos, a *RTP* contratou praticamente todos os actores portugueses, contratou as produtoras portuguesas, que eram três ou quatro, comprou todo o cinema que havia no mercado de Los Angeles. Quando a *SIC* começou, de facto, parecia que batíamos sempre numa parede.

Mas a SIC, apesar de tudo, trazia uma nova imagem, uma nova estética.

Trazíamos uma nova estética, trazíamos uma nova cor, trazíamos uma nova postura e trazíamos, sobretudo – e foi essa a grande aposta que fizemos de início – uma nova informação.

Que objectivos é que o Dr. Balsemão lhe colocou para os primeiros 12 meses de funcionamento da SIC?

Bom, não me colocou nenhum objectivo pré-determinado. Evidentemente, ele queria que a televisão vencesse. Ao fim do primeiro ano, eu era a única pessoa que acreditava no projecto da *SIC*. O próprio Dr. Balsemão achava que a *SIC* não conseguia vencer essa batalha. As dificuldades eram muitas, vinham de todo o lado. A *RTP* estava muito bem preparada. O Moniz gastou todo o dinheiro que quis para poder travar a primeira estação de televisão privada do país. Nós prosseguimos a nossa luta e esse nosso trabalho.

A informação começou a dar frutos e, um ano depois, começamos já a fazer alguns programas. Mesmo nesse estúdio, que não tinha nenhumas condições para fazer entretenimento, foram feitos muitos programas. Claro que não eram programas que reunissem todas as condições. Daí ter ido procurar fora do país: fui buscar a ENDEMOL e uma produtora espanhola; paralelamente estimulei o nascimento de duas ou três produtoras portuguesas e é aí que começamos a ter condições para produzir entretenimento capaz de competir com a *RTP*.

Internamente como é que conseguia contrariar o desânimo?

Nós sempre estabelecemos na *SIC* que o entretenimento era feito fora de casa e que a informação era feita dentro de casa e, portanto, a esmagadora maioria das pessoas ia trabalhar obviamente dentro de casa; eram pessoas ligadas ao mundo da informação: jornalistas, produtores ligados à informação, realizadores de informação e por aí fora.

Essa equipa estava unida. Os seniores e os juniores, chamemos-lhe assim, todos tinham participado nessa acção de formação que durou seis meses. Criámos ali um espírito de corpo muito forte. Nós estávamos capazes de vencer todas as dificuldades. Não havia desânimo naquela equipa.

O Emídio Rangel apostou de início numa estratégia de confrontação com a RTP: telejornal contra telejornal, novela contra novela, mas em breve acabou por mudar a hora do Jornal da Noite. Foi a táctica de recuar um passo para depois dar dois em frente?

Foi para provar que a minha estratégia de afrontamento estava exacta. Disse isso na sessão solene que foi feita no Hotel Ritz, dois dias antes do lançamento da *SIC*. Era olho por olho, dente por dente [risos]. Isso foi mal entendido. Foi entendido como uma atitude de grande arrogância, mas não era. Eu só acreditava no resultado se tivéssemos essa capacidade. Não tínhamos a nível de programação. A Elisa, que era a directora de programas, largou a produção a um mês de irmos para o ar.

É quando fica com a informação e com a programação?

Exacto. Eu já vinha a trabalhar na informação há muito tempo. A informação estava pronta para esse combate. A programação não estava. A nível da informação estávamos sem tabus.

Éramos uma estação de televisão, mas não estávamos nas mãos nem do poder económico nem do poder político. Tínhamos liberdade de acção, tinhas capacidade de fazer um bom exercício. Todos os jornalistas sabiam que da mesma forma que era um director exigente também os defendia com todas as minhas forças em qualquer circunstância e por isso agiram sempre com inteira liberdade. Foi isso que marcou a diferença entre a informação feita pela *SIC* e a informação feita pela *RTP*.

Quando nós começámos, a hierarquização da informação na *RTP* ainda era como antes do 25 de Abril – a primeira notícia era do Presidente da República, a segunda notícia tinha de ser a notícia do Primeiro-Ministro, a terceira notícia tinha de ser do Ministro dos Negócios Estrangeiros.

O alinhamento na *SIC* era de acordo com o critério jornalístico.

*Houve a definição de um perfil para o jornalista-*SIC, *como antes fizera para a* TSF?

Igualmente. Há um grupo que é constituído pelos jornalistas seniores e há outro grupo que é os jornalistas formados ao longo de seis meses, numa acção de formação que eu desencadeei e que fez nascer novos jornalistas tal como tinha já acontecido com a *TSF*.

Foi sempre, quer na *TSF* quer na *SIC*, uma experiência extremamente enriquecedora, muito importante porque agregou gente nova, com novas ideias mas que foi forjada dentro de um conjunto de valores que eram aqueles que eu tenho vindo a referir ao longo desta conversa que são os valores da ética e da deontologia e, portanto, de novo se mostrou extremamente frutuosa essa campanha, esse trabalho, com essas pessoas que tinham saído da Universidade para ir trabalhar para a *SIC*.

À semelhança do que se passara com a TSF, *a informação da* SIC *assume igualmente uma atitude agressiva. Por vezes de alguma sobranceria. Concorda com esta leitura?*

Não concordo. Francamente, não concordo. As pessoas acharam, mesmo antes da *SIC* abrir, que era uma posição de sobranceria. Era uma atitude muito... Perante uma *RTP* do alto dos seus 95 pontos de *share*, as pessoas achavam que era quase um acto de hostilidade mas não era. Nós tínhamos que ir buscar *share* onde ele existia. Se só havia uma estação, ele estava na *RTP*, logo, tínhamos de concorrer directamente com ela, sem a afrontar, no bom sentido. Foi o que fizemos. Claro que fomos sujeitos a críticas desse estilo e desse género, mas a História mostra quem teve razão.

Se nós não tivéssemos feito isso... Obviamente que ao fim de dois anos e meio, apesar destas dificuldades todas – e eu contei apenas uma milésima parte das dificuldades que tivemos nessa fase inicial – éramos líderes.

Quais foram os aspectos mais decisivos para chegar à liderança tão rapidamente?

A afirmação de uma informação que se distinguia completamente da informação da *RTP*, que ainda era uma informação muito estatizada, muito dominada pelo poder político. A nossa informação era uma informação livre desse tipo de coisas, sem tabus.

Se necessário abríamos o telejornal com futebol se isso fosse, de facto, ao encontro dos critérios jornalísticos, se fosse uma questão que merecia esse destaque. Era uma coisa impensável na *RTP*.

Abrimos também a estação a outras pessoas. Não se tem consciência disso, mas só meia dúzia de pessoas estavam autorizadas a ir à *RTP* produzir uma declaração, fazer um comentário. A *RTP* era uma estrutura muito fechada, nós abrimos completamente. E mais: definimos um princípio que foi o de estabelecer que não são só as elites que podem ter opinião sobre as coisas. Também os cidadãos comuns podem opinar sobre diferentes coisas e portanto começámos a dar voz aos cidadãos. Nós abrimos a televisão à população portuguesa.

No plano da imagem há também uma nova estética, uma linguagem visual nova a mostrar os acontecimentos. Em televisão a notícia tem de conter a dimensão do espectáculo?

Eu acho que, às vezes, a notícia dificilmente se liberta de alguma espectacularidade. Não acho que isso choque com os valores que sempre enunciei e que sempre defendi para o exercício jornalístico. Depende do conteúdo semântico da palavra "espectáculo" aqui usado. Há gente que o usa com uma carga negativa, como se, porventura, a informação fosse aquela coisa reverencial que a *RTP* apresentava e que excluía das notícias um milhão de coisas que são notícia e que têm que ver com o interesse do cidadão em geral.

Foi por isso que a SIC *mostrou os trabalhadores que morreram soterrados no aeroporto?*

Eu sei que foi controverso. Em primeiro lugar, aquilo foi em directo.

E o directo implica mais riscos ou responsabilidades acrescidas?

Implica riscos e por isso implica responsabilidades acrescidas. Não se esqueça nunca que não havia essa experiência. Nunca Portugal tinha vivido uma experiência do directo em televisão daquela maneira e daquele estilo.

Se nós quiséssemos ser muito contidos, aquela notícia era uma notícia que era dada depois de terem sido captadas as imagens, depois de terem sido trabalhadas em estúdio, depois de alguma ponderação por parte das pessoas que tinham na altura responsabilidade de edição, etc, etc. Não foi o caso. Evidentemente, não deixo de dizer que houve ali duas ou três coisas que deviam ter sido evitadas e certamente seriam evitadas se porventura as pessoas tivessem mais experiência. Enfim, acho que as pessoas não o fizeram com o intuito do espectáculo, isso asseguro com a maior convicção e certeza. Fizeram-no porque estava a acontecer uma coisa inaceitável que causou a morte de pessoas. A notícia tinha de aparecer. Claro que houve um ou outro excesso. Não era preciso mostrar as coisas todas. Era preciso ter alguma contenção.

Nunca isento a *SIC* dos erros que comete e cometeu. A experiência da *SIC* é muito rica. Muito importante. Foi muito decisiva para Portugal. Eu garanto-lhe que se hoje fosse possível olhar para este país antes e depois da *SIC* a diferença era assustadora. O país depois da *SIC* mudou muito. Nós quebrámos muitos tabus, muitas ideias feitas. Muitas convicções enquistadas como se fossem verdades intocáveis. Abalámos algumas dessas verdades e dessas questões. Claro que cometemos erros.

O clima de concorrência entre televisões e demais órgãos de comunicação influencia ou não as opções editoriais?

Com franqueza eu acho que pode influenciar. Em que sentido? Nós temos de cativar os nossos leitores, os nossos ouvintes, os nossos espectadores.

Os jornais que havia, por exemplo, na década de 40 e de 50, com textos de duas páginas inteiras! Evidentemente que hoje não se venderia um. Nem tinha o apoio de nenhum leitor. Os jornais mudaram, tiveram de mudar. Os hábitos das pessoas mudaram, o hábito de ler alterou-se, modificou-se.

Eu não digo que as pessoas deixaram de ler, eu até acho que as pessoas passaram a ler mais, ao contrário do que se diz – passaram foi a ter outra estratégia, a ter outro tempo. O jornalismo deixou de ser aquela enxurrada de coisas que se despeja num jornal e que depois é difícil de absorver, difícil de ler. Era uma coisa para minorias, escassíssimas minorias.

O que eu quero dizer é que tem de haver, sempre, mesmo na informação, uma estratégia de (espero que a palavra seja bem entendida) envolvimento. Eu ia dizer de aliciamento.

De sedução?

De sedução. Costumo dizer que há uma corrente afectiva que perpassa a ligação entre os meios de comunicação social e os públicos.

Sem essa ligação afectiva as coisas desaparecem, quebram-se, há uma ruptura. E quando há essa ruptura, os meios de comunicação social deixam de ter importância, não valem a pena, se forem jornais deixam de chegar aos seus leitores, se forem rádios deixam de chegar aos seus ouvintes. Portanto, eu acho que é preciso não perder de vista que, se hoje, a gente abre uma revista e encontra, sei lá, jogos de cores, a forma como se procura, no fundo, cativar o leitor para ler aquele assunto, para lê-lo com interesse, isso não é feito por acaso, é feito porque a partir de determinada altura as coisas implicaram esta estratégia.

Esse aliciamento em televisão chama-se alinhamento?
Também pode ser.

Refiro-me à informação, no sentido das opções editoriais.
O alinhamento é sempre importante. Quer o alinhamento de programação quer o alinhamento do jornal. Para mim o alinhamento subordina-se às regras da doutrina jornalística, isto é, de acordo com critérios jornalísticos.

É possível alterar o alinhamento ao longo do jornal?
Claro.

Não ser apenas e só determinado pela importância da notícia, mas por aquilo que o concorrente está a dar naquele momento?
Também pode acontecer isso, não digo que não.

"Eles foram para intervalo, vamos pôr o futebol agora", por exemplo?
Pode ser. Mas há muitas outras coisas. Eu por acaso acho que hoje nós vivemos com uma agenda informativa que é praticamente igual para os três jornais. Confesso que tenho uma leitura muito negativa sobre aquilo que se faz hoje em termos de...

Concorda que os telejornais sejam tão longos? São os mais longos de toda a Europa.
Concordo. Concordo porquê? A televisão é um fenómeno eminentemente nacional. É de acordo com a realidade de cada país que essas coisas se fazem.
Os portugueses – todos os estudos, e enquanto estive na *SIC* mandei fazer dezenas e depois de ter saído conheço mais não sei quantos – adoram informação. Os portugueses gostam de debates,

gostam das notícias. Portanto, se a realidade de Portugal é esta nós não temos que adoptar a realidade inglesa, nem a realidade francesa. Esta é a de Portugal. Os portugueses têm gosto na informação. Porquê? Não está estudado, nunca ninguém investigou, eu não conheço ninguém que tenha investigado. Julgo que se pode prender com o facto de termos estado mais de 50 anos sem uma informação verdadeira, aberta, livre. Não sei se é a isso que se deve. Eu desconfio que isso tenha alguma importância também.

Agora, a verdade inquestionável, indiscutível, é que os portugueses gostam de informação, os portugueses acolhem o noticiário, vêem uma hora de informação, os debates têm duas horas, os portugueses vêem duas horas de debate.

Recorda-se de ter dito, a propósito do acidente em Entre-os-Rios, que já não havia mais nada para mostrar, mas que não podia dizer aos seus jornalistas para fecharem as câmaras enquanto os canais concorrentes continuassem a emitir de lá?

Sim. Eu acho que, francamente, houve aí uma exploração de...lá está, com isso é que eu não estou de acordo. As coisas não têm de ser levadas até ao ponto de exaustão, até uma altura em que as pessoas já quase não conseguem olhar para o ecrã. Isso é muito mau para o próprio meio de comunicação social, é muito mau para as audiências, é muito mau para os espectadores.

Aquilo precisava de ser denunciado de todas as maneiras, aquilo foi uma tragédia que nunca devia ter acontecido em Portugal.

Por que não ordenou aos seus jornalistas para saírem de lá primeiro?

Nós fomos dos mais contidos e fomos os primeiros a abandonar aquela zona. Exactamente porque eu, a determinada altura, achei que era absolutamente insuportável continuar naquela tormenta. A angústia prolongava-se já sem objecto, é uma coisa extremamente dolorosa de acontecer.

Os órgãos de comunicação social não devem... (eu não estou isento de erros, eu próprio pratiquei erros dessa natureza, não estou aqui a eximir-me à prática desses erros); não há manuais onde isto esteja escrito. Não há nenhum manual que diga: " Pare aqui! Não vá até ali!" Isto tem de ser...

Bom senso.
Exactamente..

E sensibilidade.
E sensibilidade.

E um directo pode interferir com o acontecimento que se está a cobrir? Isto é, influenciar o rumo dos acontecimentos, por outras palavras, mostrar e relatar aquilo que está a acontecer e cujo destino o jornalista está, ele próprio, a determinar com as imagens que exibe?
Não, não. Impensável. O jornalista não tem de determinar rumos dos acontecimentos...

Mas com aquilo que o jornalista mostra, no directo, ele pode ou não pode influenciar as pessoas que estão a ser o centro do acontecimento?
Não.

Acredita no que está a dizer?
Eu acho que os espectadores, ao contrário daquilo que as pessoas pensam, em termos gerais – os telespectadores, ou os leitores, ou os ouvintes – mesmo quando são analfabetos sabem muito bem como agir e sabem defender-se dessas agressões.

Há limites para conquistar os públicos?
Os limites, de novo, do bom senso. Também devo dizer, se o bom senso não existir da parte dos meios de comunicação social, o bom senso existirá da parte dos espectadores que abandonam simplesmente esse meio de comunicação social. Vi muitas vezes 500 mil pessoas mudarem de canal de um segundo para o outro; desaparecerem da estação A e passarem para a estação B. Um segundo! Percebem que aquilo os agride, percebem que aquilo é uma coisa que não é real e desaparecem, passam de uma estação para outra com a maior das facilidades.

Como é que vê hoje a sua saída da SIC: acha que perdeu uma guerra com a administração, com o Nuno Santos?
Não, nem pensar. Não travei nenhuma guerra com o Nuno Santos. O Nuno Santos era um tipo que trabalhou comigo, desde os 19 ou 20 anos e que um dia fez coisas que... eu acho que uma pessoa não pode praticar. Não lhe desejo mal nenhum no mundo, mas ele nunca terá a oportunidade de me voltar a dirigir uma palavra em nenhuma circunstância.

Se for preciso dou a vida pelas minhas equipas, mas não aceito punhais nas costas de nenhuma maneira. Isso são coisas em que sou muito severo.

E depois a RTP. Porque é que ficou tão pouco tempo?
Por razões políticas. Fui saneado politicamente pelo Dr. Barroso. A primeira medida, a primeira decisão do Dr. Barroso, foi sanear-me.

Gostava de ter ficado mais tempo?
Claro que gostava.

O que é que esperava ter feito que não conseguiu fazer?
Um milhão de coisas. E comecei a fazer coisas a partir do primeiro dia em que entrei na *RTP*. O alinhamento que a *RTP* tem hoje fui eu que o fiz. Aquela construção, aquela arquitectura de programação fui eu que a fiz. Eles adoptam-na e faz sucesso, como se vê. Modifiquei muitas coisas na *RTP* que as pessoas não sabem.

Quando eu lá cheguei a *RTP* tinha uma fantástica rede de intranet que não era usada e portanto tínhamos para aí, nem me lembro, 100 paquetes que andavam de andar em andar, de secção em secção a levar os papéis de um lado para o outro. Quando eu disse: "O que é isto?", constatando que havia uma fantástica rede de intranet, dei uma semana. "Ah mas isto são pessoas que já têm não sei quantos anos, que não sabem nada destas coisas...", não sabem, vão aprender. Uma semana aqui, de formação.

Em duas semanas todas as comunicações entre todas as secções da casa começaram a ser feitas por computadores. Havia secções onde trabalhavam 60 pessoas e só eram precisas três, que faziam o mesmo o trabalho sem nenhum minuto a mais. Evidente: 50 e tal foram para a secção de recursos humanos para serem colocados noutros lugares. Se com três resolvia mais eficazmente!...fiz muitas coisas desse estilo. Claro que estava muito longe do fim.

Como vê hoje o sucesso e a liderança da TVI?
Enfim, é um sucesso e uma liderança sem grande rasgo. O que é que faz a *TVI*? Tem novelas portuguesas mais ou menos entre as cinco e tal da tarde até à meia-noite e meia. Quer dizer, quem põe sete horas de novelas diárias, agora até aos fins-de-semana, tem pouca imaginação, tem poucas saídas.

A *TVI* tem as audiências que tem porque não tem concorrência, é muito simples. A *SIC* está no chão, não se consegue erguer, perdeu o Norte, não sabe qual é o caminho, está sem sentido, está sem rumo. Se a *TVI* tivesse um concorrente sério...

Como vê a televisão daqui a uma década?
Evidentemente acho que a televisão vai continuar a ser generalista. A televisão que se dirige aos públicos todos é uma televisão que vai continuar a existir daqui a uma década. Estaremos com televisões generalistas a par de canais segmentados, sem dúvida nenhuma.

É engraçado: quando a rádio apareceu, os jornais achavam que iam morrer, não haveria mais jornais. Pois bem, depois verificou-se que os jornais cresceram. Aconteceu exactamente o mesmo quando a televisão apareceu. Recordo-me de relatos de cenas de pancadaria em Nova Iorque entre profissionais da rádio e da televisão porque a televisão apareceu e ia matar a rádio – foi exactamente quando a televisão apareceu que a rádio cresceu mais.

Quais devem ser as linhas de força da televisão generalista?
A televisão generalista destina-se aos grandes públicos, às pessoas que já passaram quatro horas nos transportes, mais oito horas no emprego e que não podem ou não têm de ser especialistas de cinema, de séries e dos temas mais variados. Após um dia assim estas pessoas não dizem: "*Ok*, eu agora chego a casa e vou demorar uma hora a fazer a minha grelha de programas para esta noite". Isso não existe.

Não vai acontecer?
Nunca, obviamente. A tendência é exactamente o contrário. A lógica comodista, a lógica ociosa dos públicos é uma coisa que se vai afirmar mais.

As pessoas têm parques de estacionamento, hoje, dentro dos centros comerciais e instalam lá um guichet; uns tipos recebem as chaves do carro, que vão estacionar, e depois quando a pessoa sai pede o seu carro. Esses tipos fazem sucesso. Ou seja, as pessoas querem, nestas circunstâncias, ter menos trabalho. Querem que alguém trabalhe para elas, querem que alguém programe para elas.

Foi dentro desses parâmetros que tentou desenvolver as suas ideias para a ZON, no concurso para o quinto canal? O que é que correu mal para ter saído do projecto?
Simples. A ZON pediu-me para fazer um projecto, eu fiz um projecto.

Demasiado ambicioso para aquilo que eles queriam?
Não. Como é que se vê a ambição desse projecto? Muito simples. A grelha de programas que eu fiz para esse projecto custava 30 milhões de euros, em 2008, e é uma grelha de programas para final de 2010. A grelha de programas da *SIC*, que é a última estação do ranking, custou 60 milhões de euros. A *TVI* gastou, em 2008, 90 milhões de euros. A *RTP* gastou mais e a *RTP2* gastou 28 milhões de euros e é o canal que gasta menos. O meu projecto previa gastar 30 milhões.

O problema da ZON foi: quis uma estação de televisão, eu fiz uma estação de televisão; depois percebeu que tinha possibilidade de ter um alvará, uma estação digital em alta definição sem fazer nada, ou quase nada, ou muito pouco, e, portanto, achou que ganharia de qualquer maneira, era o único concorrente, como eles diziam, e portanto...

O Emídio Rangel saiu.
Saí no mesmo dia em que me foi apresentada uma..., chamemos-lhe por benefício de discussão, uma grelha com dois pressupostos básicos: não fazer concorrência à *SIC* e à *TVI*, e promover os canais do cabo.

Quer dizer, nós usamos o veículo mais sofisticado que Portugal já teve na sua história – uma difusão digital em alta definição – para promover os canais do cabo e sem fazer concorrência à *SIC* e à *TVI* que é uma concorrência inevitável porque só cinco canais vão estar no *Multiplexer* A, mais ninguém. Portanto, era o absurdo e...

Não estava lá a fazer nada.
Rigorosamente nada.

Quais os erros mais graves que um jornalista pode cometer?
Faltar à verdade, sem dúvida nenhuma. Esse é o mais grave de todos. Sobretudo tendo consciência de que falta à verdade. Não ter noção de que usa uma arma e essa arma tem de ser usada com cuidado e que é necessário prevenir questões de grande injustiça como

as que aqui referi. É preciso ouvir as partes, e não as meter numa fogueira, como eu já vi.

Já vi pessoas destroçadas para a vida inteira, nunca mais apareceram em público, desapareceram completamente e continuam a viver afastadas e vão viver até ao fim muita amargura porque um dia viram a sua cara estampada na primeira página de um jornal, eram acusadas de uma coisa gravíssima e depois provava-se que não era assim. Estas questões são questões de uma enorme delicadeza.

Eu defendo que os jornalistas aí devem ser severamente punidos.

Qual a principal aprendizagem que fez como jornalista?
Esta que, no fundo, resulta da... acho que a mais importante tem a ver com o aprofundamento daquilo que são os valores do jornalismo. Hoje até se tem dúvidas disso...

Agustina Bessa-Luís disse numa entrevista que "quase não há jornalismo, só há comunicação social". Quer comentar?
Não estou de acordo. A comunicação social é uma coisa que, como sabe, começou no seio da Igreja. Nem sequer me parece que seja a melhor definição para... Jornalismo é uma coisa bem definida, muito clara, muito bem definida. Comunicação social é uma expressão que não define com exactidão...enfim, essa definição pertence aos circuitos da Igreja. Não é uma má expressão, mas é uma expressão insuficiente face à realidade.

O jornalismo tem futuro como profissão?
Estou convicto que sim. A não ser que os jornalistas se eximam às suas responsabilidades. Mas acho que não pode haver jornais sem jornalistas.

A rádio ainda é "o ministério da palavra", como diz Eduardo Lourenço?
Acho que sim. Por um lado acho que sim, mas acho que há um encantamento que vai para além de... a comunicação, a voz como instrumento de comunicação, que chega ao ouvido das pessoas e que permite que as pessoas estejam permanentemente em elaboração mental e a reflectir sobre isto e sobre aquilo que está a ser dito e a imaginar isto e mais aquilo e mais aqueloutro. É, de facto, uma coisa fascinante. É, de facto, o aspecto mais fascinante da rádio.

Lembro-me de ter lido num artigo muito antigo que um dos seus filmes preferidos é Rumble Fish.
É verdade, grande filme.

A rádio ainda precisa de uma "juventude inquieta"? A rádio e o jornalismo de uma forma geral?
Eu acho que sim. Eu costumo dizer: "Tem de vigorar aqui o princípio da insatisfação permanente", tão nítido também no *Rumble Fish*. Essa insatisfação permanente tem de continuar a existir porque a rádio morre, a televisão morre quando se entra nessa rotina. Todos os dias é preciso pensar se os espectadores já perceberam que agora é o programa A, que a seguir vem o programa B e depois vem o programa C e aquilo é...como dizer?, é um circuito completamente...

Previsível.
Previsível. Mas não é só isso. Quando a rádio ou a televisão se tornam uma coisa completamente abúlica e sem nenhuma capacidade de surpreender, evidentemente que estão a caminho do fim. Todos os dias os profissionais da rádio e da televisão têm de se questionar sobre o que há para fazer, como é que vamos fazer e como vamos surpreender.
Sem alterar nenhuma das regras que são decisivas para se fazer rádio e televisão, é preciso chegar a esse objectivo.

E a televisão ainda serve para vender Presidentes da República como quem vende sabonetes?
[Risos] Essa é outra que eu não consegui desfazer. Nem os actos de boa-fé me salvam. Autorizei a senhora a gravar tudo e depois ficaram assim. Enfim, eu acho que os Presidentes da República e os sabonetes, no que diz respeito a índices de notoriedade, não divergem nada.
Acho que quando há uma pessoa que quer ser Presidente da República e tem um grau de notoriedade elevado, que era aquilo que se estava a discutir na altura e que foi suprimido nessa ocasião, aliado aos 50 pontos de share que a *SIC* tinha, propicia a um sabonete, a uma máquina de barbear ou a um Presidente da República ou a um líder político um grau de notoriedade tão grande e tão elevado que tanto dá para ele se tornar num ícone como para... o matar.
Eu já vi pessoas que quase não aparecem na comunicação social que são brilhantes e, de repente, deixam-se envolver no ciclo da

comunicação e começam a participar em debates e são liquidadas em poucas semanas. Portanto, a notoriedade é um valor indiscutível que uma estação com aqueles índices de audiência podia propiciar. Mas essa notoriedade dá para matar ou morrer, porque as pessoas mostram-se, ficam completamente expostas e a apreciação de que são alvo, por parte dos outros, é sempre severa.

Dirigir uma televisão foi muito diferente de dirigir uma rádio?
Não. Confesso que me sentia como peixe na água.

Vicente Jorge Silva

*Um jornal é um trabalho
que se faz em comunidade*

Começou cedo "a vocação de contra-poder" que afirma ter. Ainda adolescente publicou uma crónica cinematográfica no *Jornal da Madeira* que motivou a intervenção do bispo e o fim da sua colaboração cinéfila. Ainda a procissão ia no adro.

Madeirense, família de fotógrafos, Vicente Jorge Silva incomodou a PIDE no liceu, foi para França e Inglaterra, lavou pratos, foi jardineiro e no regresso tomou conta do *Comércio do Funchal*, que alugou por 900 escudos mensais. Leitura obrigatória e regular das esquerdas e dos universitários do Continente, o jornal rosa, como era conhecido, é um caso sério da imprensa da época. Com o 25 de Abril vem para Lisboa à procura de emprego num jornal. Entra à experiência para o *Expresso* e fica lá os 15 anos seguintes. Pelo meio cria e é o ideólogo do *Expresso Revista*, espaço de alargamento de públicos com um travo cultural muito forte e onde vão surgir jovens talentosos como Miguel Esteves Cardoso, Augusto M. Seabra, Clara Ferreira Alves, Nuno Pacheco.

Mas a ambição de Vicente Jorge Silva, a sua utopia, era a criação de um jornal diário. Depois de muitas reuniões conspirativas, como lhes chama, em conjunto com um grupo restrito de amigos jornalistas surge o projecto *Público* e o eng. Belmiro de Azevedo que vai garantir o investimento. A imprensa portuguesa passa a ter, então, um diário como nunca tivera e, daí, em diante, jamais será a mesma.

Agora, voltou ao território da crónica, fará sempre que puder uma incursão pelo cinema e vive entre o Funchal e a sua casa em Lisboa, a dois passos do Rato, onde nos recebeu e continua a sonhar – desta vez com um semanário, "porque a internet não substitui a reportagem e a reflexão".

Hoje em dia é este [casa de Lisboa] o seu "Porto Santo"?
Não... Eu tenho uma vida um pouco bizarra porque divido-me entre Lisboa e o Funchal. Não conseguiria viver no Funchal, permanentemente. Como actualmente não tenho ligação a nenhuma empresa, escrevo num jornal, que é o *Sol*, até podia fazê-lo do Funchal, simplesmente tenho uma dificuldade em viver na Madeira.

É pequena demais?
Eu acho que há um certo ambiente claustrofóbico no Funchal. Penso que é pior, já o disse – e isto às vezes escandaliza as pessoas – do que no tempo da ditadura, em que discutia com os tipos da União Nacional (com o tio do Alberto João Jardim, por exemplo, Agostinho Cardoso, que era o chefe da União Nacional), coisa que não consigo fazer com o sobrinho!

Não consigo viver lá em permanência, embora não tenha problemas nenhuns, tirando o facto – que eu assumo – de não ter relações pessoais com o Alberto João Jardim. É uma pessoa com quem eu convivi, enfim, não muito, mas na altura do *Comércio do Funchal* encontrava-o até na gráfica, onde o jornal do tio dele, *Voz da Madeira*, era impresso, que era o órgão oficioso da União Nacional, onde ele colaborava. Embora ele hoje fale muito do fascismo, do salazarismo e não sei quê.

Para que serve o jornalismo, Vicente Jorge Silva?
Quando as pessoas perguntam assim: "Para que é que serve a Ciência?", por exemplo. E a gente diz: "A Ciência serve para o progresso, para abrir as perspectivas da Humanidade, para melhorar as condições de vida das pessoas, a todos os níveis".

Ora, o jornalismo é um serviço, devia ser um serviço – um serviço público que creio que se tem vindo a degradar. Ou seja, a imagem romântica do jornalismo, não é a imagem romântica, é que o jornalismo tinha essa função, é verdade, só que o jornalismo actualmente tornou-se sobretudo... um comércio; se calhar foi sempre um comércio, uma actividade de onde se pretendia tirar lucros.

E poderia ser de outra forma?
Eu acho que um jornal para ser independente tem de se vender. Falando do jornal, ou de qualquer outro órgão de comunicação, tem de ter audiência, tem de encontrar o seu público. Um público qualquer, mas tem de ter, é a única forma.

Em Portugal nós temos o problema de os jornais ditos de referência não serem economicamente rentáveis. Temos um mercado muito pequeno. Eu estou a falar sobretudo na imprensa diária.

Na semanal já é diferente. Aliás o caso é parecido com o caso francês, curiosamente. Embora a França tenha uma escala que Portugal não tem e, no entanto, é a mesma coisa. O *Le Monde*, o *Libération*, o *Le Fígaro*, são jornais em situações económicas muito difíceis. O *Le Monde* tem um buraco financeiro enorme. O *Libération* sobrevive também...

Mas têm uma imprensa regional muito forte.
Exactamente. A França tem esse fenómeno. Aliás, os jornais regionais é que vendem mais, como são os casos do *Ouest-France*, que é líder nacional, do *Dauphine Libéré* e *Nice-Matin*. É um fenómeno francês. Penso que em Portugal também havia um bocadinho isso com o *Jornal de Notícias* mas foi-se diluindo um pouco.

Com as novas tecnologias isso está-se a alterar muito. Nem a rádio nem a televisão tiveram um impacto no papel da imprensa como está a ter a internet. É a informação imediata. Se quero saber o que se está a passar, não vou esperar pelo jornal de amanhã. Para já tenho rádio, depois posso ter a televisão mas também posso ir à internet, e vou, e vejo a edição electrónica que está a ser actualizada e faço uma pesquisa.

As novas gerações não têm aquela ligação que nós tínhamos ao papel. A mim, por exemplo, faz-me muita impressão essa ideia dos jornais desaparecerem. Parece-me impensável. Acho que isso pode vir a acontecer, sobretudo nos jornais diários.

Quando nós fizemos o *Público*, a ideia era: "Como é que em Portugal vivemos ao ritmo das notícias semanais?" O *Diário de Notícias* era um jornal oficioso, o *Jornal de Notícias* era um jornal regional, havia o *Correio da Manhã* que era um *tabloide*, um jornal de *fait-divers* e também regional da parte Sul do país. A nossa reflexão foi: "Não podemos esperar uma semana para que saia uma notícia", era irritante – e eu ainda era do *Expresso*, estive lá 15 anos! E continua a ser assim. Ainda hoje. Mas nessa altura foi um pouco para reagir contra isso. Não havia internet, isto em 1989. Começámos a conspirar em 1988, o jornal saiu em 1990.

Lá iremos ao Público. *Agora gostaria de o ouvir sobre o seguinte: Num artigo publicado em 2006, José Mário Branco sustentava que os empregos dos jornalistas não são empregos como os outros. Concorda?*

Não sei em que sentido é que ele disse isso. Posso interpretar de várias maneiras. Empregos como os outros? Bom, há muitas profissões de que se pode dizer que não são empregos como os outros. Eu pessoalmente acho que não se pode fazer jornalismo sem paixão. Acho que é impensável fazer jornalismo como um emprego burocrático, um trabalho burocrático.

Há uma coisa que me irritava imenso: colegas meus que eram uns bonzos, estavam instalados ali no telefone, faziam tudo por telefone, sentados ali na cadeira, sem nenhuma espécie de... Bom, eu acho que há o lado de paixão no jornalismo e o lado quixotesco. O lado quixotesco de ter esse sentido de serviço público.

Há aquela famosa frase de Camus, feliz com mais uma edição do seu Combat*: "Vale a pena lutar por uma profissão como esta". Faz sentido dizer o mesmo, hoje? Se fosse jornalista diria isto?*

Eu acho que sim, embora eu esteja um bocado desiludido. Eu já tenho 63 anos e penso que o tempo que me resta de vida útil talvez o vá utilizar noutras coisas, embora continue a escrever.

Há anos que arrasto um projecto, que seria um semanário... Apesar de tudo acho que há espaço para isso. Está tudo muito *tabloidizado*. Falta em Portugal uma publicação, para facilitar as comparações dava o exemplo do *Le Nouvel Observateur* em França, uma *news magazine* com um lado de reflexão sobre as coisas.

Penso que aí a internet ainda não substitui a imprensa.

Quais são os combates que os jornalistas devem hoje travar?

Eu gostava de acreditar nisso. Simplesmente, o problema é o seguinte: Portugal tem um mercado muito escasso. Ainda por cima é o país com o mais baixo nível de literacia pelo menos da Europa Ocidental.

O cenário actual é muito diferente das lutas e dos idealismos de 1967, quando agarrou no Comércio do Funchal.

Para ganharmos dinheiro e independência em relação aos nossos pais criámos uma agência de publicidade. Éramos um grupo de rapazes. Arranjámos uma carteira de clientes e foi a partir da FOCO, assim se chamava a empresa, que juntámos algum dinheiro.

Um dos elementos dessa agência, que ao mesmo tempo tocava contrabaixo no casino, um dia, falando com um senhor que era proprietário, por herança, de um jornal chamado *Comércio do Funchal* – que ele apenas mantinha por fidelidade à memória do pai – disse-lhe que não sabia como publicar o jornal. Então esse colega meu propôs-lhe: "E se tu nos alugasses o título?" Tínhamos consciência de que não conseguiríamos fazer um jornal de raiz, porque a censura não permitiria. Na Madeira era impossível aparecer um jornal novo, com um nome novo.

Decidimos alugar o título, mantendo o mesmo director: José Carlos Veiga Pestana.

E alugaram por quanto?
900 escudos.

Mensais?
Ainda era algum dinheiro.

Só depois de terem adquirido o jornal é que o grupo que estava consigo se começou a questionar para que é que ele servia?

Nós achávamos é que a imprensa regional era muito má e, nomeadamente, lá, na Madeira. Depois começámos a pensar: "Porque é que não se faz um jornal com um espírito menos provinciano, menos pacóvio?".

Olhe os Açores, por exemplo: faz-me impressão não haver ali um jornal, que eu me lembre – não quero estar a ofender os açorianos –, feito com algum profissionalismo. Ainda por cima nos Açores lê-se mais do que na Madeira. Pelo menos tenho essa convicção, não tenho nenhum dado estatístico que o confirme, mas tenho a certeza disso. Na Madeira, no entanto, há um jornal regional que é o *Diário de Notícias do Funchal*, actualmente, que vende para aí 15 mil exemplares que é muito bom.

O Comércio do Funchal...
O objectivo do *Comércio do Funchal*, era... bom, nós pensávamos fazer um jornal que tivesse um aspecto mais moderno, que discutisse os problemas locais, os problemas nacionais na medida do possível – nós tínhamos perfeita consciência da censura – e também que se preocupasse com as questões internacionais.

Era uma pecha na imprensa portuguesa, ninguém falava. Davam-se aquelas notícias tipo telegramas. Ninguém pensava sobre política internacional. Havia a Guerra do Vietname; era uma coisa que nos tocava, uma vez que era impossível falar da Guerra Colonial.

Ora, a Guerra do Vietname, embora não fosse uma reprodução, apresentava elementos semelhantes e, nesse aspecto, era uma forma de falar de nós próprios também. Portanto, a ideia era fazer um jornal regional na Madeira que não fosse um jornal pacóvio.

Qual era a tiragem?
Chegou a tirar 15 mil exemplares. Mas isso porque entrou aqui no Continente. Na Madeira vendiam-se quatro mil, o que não era mau. Os outros 11 mil vendiam-se cá, sobretudo junto dos estudantes. Não nos vamos iludir, havia pessoas que diziam: "Há malta das fábricas que compra o jornal..." mas isso era uma faixa muito minoritária. Era sobretudo junto da juventude universitária que ele circulava.

De esquerda?
Sim. Embora o jornal no princípio tivesse uma vocação mais regional.

Pensavam nele como um projecto político?
Não. Mas todos nós éramos contra o regime, tínhamos essa consciência, que o jornal era ...bom, nós éramos todos um bocado esquerdistas.

Quem era esse grupo de aventureiros? Podemos chamar-lhes assim?
Olhe, uma pessoa hoje que é muito conservadora, o ex-Presidente da Administração da Agência Lusa, José Manuel Barroso. Estava a fazer a tropa no Funchal e foi muito importante no nascimento do jornal, porque ele era a pessoa mais politizada do grupo, escrevia sobre política internacional, e não só, e tinha ligações à área do Partido Socialista. O José António Saraiva também.

É extraordinário ler hoje o que ele... É que o Saraiva tornou-se uma pessoa hiper-conservadora e ele era um...nós até éramos parecidos: eu era um bocadinho mais *esquerdizóide,* mas ele identificava-se muito com aquela sensibilidade auto-gestionária. Eu também me identificava, até porque sempre me considerei um socialista libertário, tinha uma costela anarquista, de um anarquismo intelectual, se quiser.

Com essas convicções deve estar muito arrependido de ter sido deputado do PS.

Foi um dos disparates, um dos equívocos da minha vida. Claramente. Eu não sou uma pessoa de partidos, nunca fui, nunca tinha estado inscrito num partido. Tinha feito uma espécie de aposta com o Manuel Alegre, de quem eu, em Lisboa, era colega de lista. Dei-me muito bem com o Alegre na campanha eleitoral. E eu disse assim: "Espero que a gente não ganhe". O poder sempre foi uma coisa que me afligiu. Eu tenho, de facto, uma vocação de contra-poder

Quem é que o convenceu a entrar nessa aventura?

Eu estava disponível na altura. Estava na Madeira e estava louco para sair de lá. Tinha regressado, estava a tentar...e depois tive uma conversa com o António Costa pelo telefone. Eles queriam que eu fosse candidato por lá, mas eu não me dava nada com o PS da Madeira, aliás criticava-os imenso. Daí ter dito ao Ferro Rodrigues que só se fosse por Lisboa e assim foi. E eu disse: "Se a gente não ganhar eu inscrevo-me". "Você tem de se inscrever agora, então andou a militar nesta coisa e não se inscreve?". Curioso ver agora o Alegre, numa fase de increve-se, desinscreve-se, vai sair, não vai sair. Também não percebo o Alegre, não há paciência...

Só para terminarmos este capítulo: falou de dois nomes. Que outros nomes estavam ligados ao jornal?

O jornal era feito por muito pouca gente.

Ninguém tinha experiência de jornais?

Eu tinha colaborado em muitas páginas literárias e juvenis, escrevi sobre filmes basicamente, fiz várias páginas...

É verdade que foi uma crónica sobre um filme sueco "Ela só dançou num Verão" que levou a que o cónego...

É verdade mas eu era muito miúdo. Devia ter para aí 15 anos. É verdade, é verdade. Era um filme de que gostava, nunca mais o voltei a ver. Era de um realizador anterior ao Bergman, qualquer coisa Mattsson [Arne Mattsson].

Foi acusado de defender o amor livre e, com isso, acabaram as suas crónicas cinematográficas.

É verdade: tinha uma página de espectáculos no *Jornal da Madeira*, órgão da diocese, que escrevia com um amigo meu, o Paquete de Oliveira, então chefe de redacção, creio, e nessa altura padre. O director era deputado da Nação e, daí, a ligação promíscua que havia.

Mas foi nesse jornal que escreveu o tal artigo.
Sim, sim. E depois havia o Cónego Fulgêncio que era, como o nome indica, um homem muito sério. Ele lia aquelas coisas e devia achar que aquilo era um escândalo.

Esse filme narra o caso amoroso de uma rapariga que, se bem me lembro, é uma história de amor não convencional. Eu valorizava o aspecto da verdade dos sentimentos, em detrimento da hipocrisia das convenções. E o Cónego Fulgêncio dizia que eu defendia o amor livre: "Não pode ser, a defesa do amor livre, não pode ser, o amor livre" – como se houvesse o amor preso, ou o amor acorrentado; e então eles disseram que eu não podia continuar a escrever. O bispo mandou dar ordens ao *Jornal da Madeira* a dizer que eu não podia continuar a escrever na página.

Regressemos ao CF. Inspiravam-se em algum modelo?
Não creio que se inspirasse em algum modelo. Não tenho ideia. Tinha o papel cor-de-rosa.

Porquê essa cor?
Olhe, porque a gente, para já, queria mudar completamente o aspecto do jornal. Eu sempre gostei muito da parte gráfica dos jornais. É uma das coisas que me apaixona, o grafismo, a imagem. Havia um amigo meu que dizia que eu enquanto paginava estava a fazer enquadramentos, que era uma forma no fundo de eu sublimar a minha dificuldade em fazer filmes – fazia filmes paginando.

Mas porquê o cor-de-rosa?
Nós queríamos distanciar-nos completamente do jornal *Comércio do Funchal* que existia até então. E havia um amigo nosso, que era professor, que tinha estado nos Açores, onde havia um jornal, não sei se era o *Diário Regular*, que nessa altura era impresso num papel salmão. Não tinha originalidade nenhuma, já havia o modelo *Financial Times*. Só que como não havia papel salmão, e havia papel cor-de-rosa, ficou assim.

Depois o jornal passou a ser conhecido pelo jornal cor-de-rosa. Nós aliás tentámos diluir um pouco o nome *Comércio do Funchal*, destacando as letras *CF*. Mas estávamos de tal maneira complexados com o nome *Comércio do Funchal* que, no princípio, apesar do jornal ser muito pequenino, tínhamos uma página dedicada à informação comercial, coisas relacionadas com o comércio, só para justificar o título porque achávamos que tínhamos essa responsabilidade por um jornal se chamar *Comércio do Funchal*.

Foi o seu primeiro ordenado como jornalista profissional?
Não, o primeiro salário foi na FOCO. Então... salário? Mas eu quando trabalhei em Inglaterra e na França...

Como jornalista...
Ah, como jornalista sim.

Ainda se lembra quanto era?
No princípio não me lembro, quando saí eram quatro contos. Vim ganhar nove contos para o *Expresso*.

Com o 25 de Abril vem para Lisboa e, logo, para o Expresso. *Como foi esse salto?*
Bom, é preciso ver que quando se dá o 25 de Abril, o *Comércio do Funchal* era a única instituição, se assim se pode dizer, que existia na Madeira onde se agregavam pessoas com posições contra o regime. Até o próprio José Manuel Barroso chegou a concorrer numa lista de deputados, ele que não era da Madeira, mas chegou a concorrer nas eleições de 1969. Depois também ainda houve em 1972 mas isso aí já era o fim, era o estrebuchar do marcelismo, já ninguém acreditava. Em 69 ainda havia uma crença que podia acontecer qualquer coisa, em 72 já não. Você estava a perguntar-me do ordenado...

Do salto para o Expresso.
Ah, sim, do salto. Eu acho que o jornal, a páginas tantas, se tornou uma coisa muito militante e foi perdendo o carácter. Gosto mais do *Comércio do Funchal* no início, curiosamente. Menos politizado, no sentido *hard* do termo. A partir do momento em que começámos a receber colaborações de pessoas ligadas à Universidade de Lisboa, ao Movimento Estudantil, e de jornalistas que também colaboravam connosco.
O Mega Ferreira começou a escrever também no *Comércio do Funchal,* estou-me a lembrar agora, com o pseudónimo Paulo Soeiro. Bom, havia essa nebulosa de gente que se foi criando e, de certa

maneira, o jornal ficou demasiado esquerdista. Por exemplo, havia reuniões a que eu vinha a Lisboa onde havia tipos do MRPP, da UDP, de não-sei-quê, que se insultavam uns aos outros, e eu, como um provinciano, desatava a rir.

Vem encontrar, portanto, um ambiente completamente diferente quando chega a Lisboa.
Sim, completamente. Quando se dá o 25 de Abril eu torno-me minoritário no meio dessa grande confusão. Eles queriam tornar o *Comércio do Funchal* numa coisa puramente militante, num produto puramente militante ao serviço do que viria dar mais tarde o UPM, um movimento a que eu também me associei, a União do Povo da Madeira, que é um nome muito piroso, diga-se de passagem.
Era a coisa mais à esquerda que lá havia, que é responsável, em grande parte, pela ascensão do Alberto João Jardim porque assustaram tanto as pessoas que o Jardim surge, em parte, como reacção aos calafrios provocados por esses malucos. E eu não concordava nada.

O Comércio *vai durar mais um ano e o Vicente, em Agosto de 74, desembarca em Lisboa. Como é que entra para o* Expresso?
Eu conhecia o Balsemão há muito tempo, cheguei a ser correspondente na Madeira do *Diário Popular* e, às vezes, quando vinha a Lisboa ia lá ao jornal falar com ele. Mas não sei porquê, o *Expresso* parecia-me assim... não sei, talvez porque diziam que o jornal tinha os quadros preenchidos.
A verdade é que fui falar com o Balsemão e ele: "De facto os quadros estão cheios e tal, mas se você quer ficar aqui uns tempos enquanto vê a hipótese de...". Ele não me queria era meter nos quadros.
O Balsemão sempre foi assim, um forreta de primeira apanha. (É verdade, isso está assumido, até por ele próprio. A famosa história dos fatos – tinha três fatos – sempre o mesmo cinto e um casaco todo coçado). E fiquei no *Expresso*. Éramos nove. Você acredita que a redacção do *Expresso* eram nove pessoas, incluindo o Balsemão e o Marcelo? Éramos nove! Nove, em 1974. (Eu por acaso, hoje, até acho que faz muito sentido uma redacção pequena e depois com muito *outsourcing,* pessoas muito bem pagas para fazer coisas...).
Passei lá um mês e depois disso o Augusto Carvalho veio perguntar-me: "Tu queres ficar cá?", e eu: "gostava de ficar cá mas parece que...", "as pessoas gostam de ti, toda a gente gosta muito de ti, ele

[Pinto Balsemão] diz que nos quadros não gostava muito mas a gente vai convencê-lo". E pronto, foi assim. Fiquei lá 15 anos.

Foi chefe de redacção...
O *Expresso* era um jornal que tinha a particularidade de não ter chefe de redacção no sentido...

Tradicional.
Exactamente. O Augusto Carvalho, que era o chefe de redacção, dizia que estava ali para esvaziar o cargo. O jornal era muito democrático na sua forma de ser feito.

Porque era assim na sua génese ou porque os tempos eram assim?
Tinha aquela direcção que era do PSD, que a gente já sabia, os editoriais, os artigos do Marcelo, mas era muito aberto.
Curiosamente, os jornais que vendiam mais, num determinado momento, eram aqueles mais polarizados politicamente: *O Tempo* à direita e *O Jornal* à esquerda. O *Expresso* era mais antigo. Numa dada altura era o terceiro mais vendido, precisamente porque era o jornal menos alinhado.
Nessa altura as pessoas viviam obcecadas atrás de um jornal que estivesse alinhado para se identificarem. Veja um jornal como *O Tempo*, que era jornalisticamente uma anedota, mas as pessoas de direita reviam-se ali.

Pinto Balsemão e M. Rebelo de Sousa eram a direcção do jornal e deputados do PPD. Como é que via á época essa duplicidade de funções?
Tínhamos uma reunião à segunda-feira onde se planeava o jornal. O *Expresso* foi a minha escola, o *Comércio do Funchal* foi a minha iniciação se assim se pode dizer.

Ou, para utilizar uma expressão cara ao dr. Balsemão, foi a passagem de um veleiro para um navio-almirante. Como era feita essa planificação?
Era feita à segunda-feira. Reuníamos à volta de uma mesa, também éramos poucos, com as secretárias da redacção que eram duas ou três, mais a telefonista. Nós ocupávamos um andar. E depois o jornal ficou com o prédio todo. Um andar na Duque de Palmela. Naquele prédio que agora é de um banco.

Portanto era uma coisa muito familiar e era muito divertido. O Marcelo era um tipo divertidíssimo. Fazia umas maluqueiras, às vezes punha-se em cima da mesa, coisas de loucura pura. Havia um ambiente extremamente distendido, agradável. Eu sempre fui um tipo um bocadinho rebelde e o Balsemão nunca apreciou muito a minha rebeldia. Estimava-me mas eu era demasiado rebelde para o gosto dele. Aí eu entendia-me melhor com o Marcelo. O Marcelo era mais maluco.

Como é que era a discussão dos temas?
"Então o que é que vai esta semana na agenda?" Tínhamos uma agenda, não é? Para já havia uma parte que tinha a ver com a própria agenda dos acontecimentos. Depois havia outra parte que tinha a ver com as ideias que as pessoas tinham para fazer isto ou aquilo. Uma entrevista com alguém, um trabalho sobre não sei o quê... As ideias iam surgindo ali, eram reuniões muito participadas e muito vivas, muito vivas mesmo.

Sempre à segunda-feira
À segunda de manhã.

Nas reuniões discutia-se mais política que jornalismo?
Não. Eu acho que se falava de tudo um pouco. Havia uma coisa que no princípio era muito subalternizada no jornal e que depois foi ganhando expressão, sobretudo na altura em que fizemos a *Revista*, que era a Cultura. Mas a Helena Vaz da Silva, que era minha colega na altura, era a pessoa que se ocupava mais das coisas culturais.

O Balsemão achava que eram assim uma coisa decorativa, para dar boa consciência ao jornal. Era mais, de facto, política. Até porque o jornal era pequeno.

As notícias principais, as cachas, a obsessão pela cacha, vinham muito através do Balsemão e do Marcelo. Quer dizer, eles tinham mais influência do que nós. O Marcelo movimentava-se como peixe na água dentro daquele mundo dos bastidores políticos de que eles próprios faziam parte. Isso é uma coisa que a gente hoje põe totalmente em questão. Naquela altura... Eu acho completamente incompatível um tipo ser deputado e director do jornal.

Se bem que, no plano ideológico, a redacção do Expresso *era muito plural: ia do PPD ao MRPP. O próprio Vicente navegava, então, nas águas da esquerda que banhavam o Trotskismo...*

Não, não, não. Nunca. Isso talvez por ser anti-estalinista. Mas isto há muitos que pagam a...

Mas a redacção do Expresso *era um pouco isso, uma redacção pluralista, mas esquerdista.*

Era! Era! Havia uns tipos do MRPP: o João Isidro, que morreu há pouco tempo, o [Almeida] Perucho que também morreu. Eu embirrava imenso com o MRPP porque achava que eles eram uns tipos... mas havia um lado fanático, iluminado. Lembro-me do Saldanha Sanches, que às vezes aparecia na redacção do *Expresso* "com os olhos assim"... aqueles olhos... – Você foi do MRPP por acaso?

Não.

Eu não digo que você tenha os olhos assim, mas como estava a olhar para mim fixamente. Repare, ao mesmo tempo, eu dava-me com toda a gente. Era muito pluralista e a redacção era muito à esquerda. Eu não estava ligado a nada, mas talvez tivesse uma identificação com o MES.

E depois tem um patrão que vem a ser Primeiro-Ministro. É verdade que o Dr. Pinto Balsemão nunca tentou influenciar a linha editorial do jornal tendo em conta as suas funções?

Não, nós não deixávamos.

Tentou e vocês não deixavam?

Lembro-me de uma vez que fomos a São Bento, precisamente porque constava que eu tinha uma grande influência na redacção. Era para me domar, o Balsemão, um almoço e tal. Disse que o jornal estava com uma linha eanista de esquerda. Quando ele disse isto... "Desculpe lá, eanista de esquerda?".

O Eanes era um tipo que me parecia demasiado patibular, aquela cara de pau...E então eanista de esquerda, enfim. O certo é que se o jornal não tivesse tido uma atitude crítica em relação ao poder político é óbvio que tinha ficado completamente desacreditado e, eventualmente, o *Expresso* teria desaparecido de cena e o Dr. Balsemão não teria construído nenhum império mediático.

Ele deve-me a mim, pessoalmente, coisa que ...eu nem posso escrever no *Expresso*. Não me deixam escrever. Porque o Dr. Balsemão é assim, julga-se com direitos feudais sobre as pessoas que estiveram lá; tirando algumas excepções que ele lá saberá porquê, há uns que regressam. Mas eu desafiei-o quando foi para fazer o *Público*, fui muito leal com ele. Eu disse que achava que fazia todo o sentido haver um jornal diário com determinadas características, o Balsemão é que disse que não havia mercado.

Entre 5 de Novembro de 1975 e 7 de Janeiro de 1976, o jornal, através da sua edição Expresso Extra, *é um bi-semanário.*
Eu fazia essa edição com a Helena . Não vendia mal: 50 e tal mil exemplares. Hoje seria uma maravilha...

Porquê essa edição?
Precisamente para acompanhar mais a actualidade, estavam sempre a acontecer coisas. Nós devíamos era ter transformado o *Expresso* num diário, teria feito mais sentido, mas o Balsemão sempre com aquelas coisas...Depois, a uma dada altura, quando acho que aquilo estava a escapar-lhe um bocado da mão decidiu acabar com essa edição. Nunca percebi isso.

Durou dois meses e pouco numa época de grande intensidade política.
É verdade. Bem, não podíamos aguentar fisicamente aquilo por muito tempo ou então tínhamos de alargar a redacção. Entretanto, já tinha entrado o Mega [Ferreira] e mais duas pessoas. A edição extra tinha, em parte por causa da Helena – e como eu e ela nos entendíamos bem –, uma componente cultural que começou a emergir aí nessa edição...

Mas era a questão política que obrigava a agenda...
Absolutamente, absolutamente.

Marcelo Rebelo de Sousa, no livro "A Revolução e o nascimento do PPD", fala do papel do "Expresso – instrumento essencial para o PPD". Que memórias guarda do jornal dessa época?
Instrumento essencial para o PPD ele lá saberá no que escrevia e nas notícias que conseguia. O Balsemão diz uma coisa ao contrário,

que tinha problemas com o partido por causa do jornal. Isto é o que o Balsemão diz. Portanto, como vê, para cada cabeça sua sentença.

Não estou a ver que o jornal tivesse sido alguma vez instrumentalizado. Não estou a dizer que não tenha publicado coisas que não eram óbvias, nomeadamente as coisas que o Marcelo e que o Balsemão escreviam e que traduziam aquilo que eles pensavam e que queriam influenciar, num determinado sentido, a agenda política.

Foi complicado, como escreve, ainda MRS, trabalhar num jornal "isolado no meio da aceleração revolucionária" que se vivia?
Houve situações muito, muito perigosas até. O Vasco Gonçalves apontou o *Expresso* como inimigo a abater, chamou-lhe um pasquim anti-revolucionário. Aquele homem, agora não me lembro do nome dele, um tipo de bigode, que é uma espécie de mordomo do PSD – como é que ele se chama? – um tipo que aparece sempre, ele chegou a ser porteiro e segurança, nessa altura ainda não havia agências de segurança, aparece sempre nas fotografias...

Zeca Mendonça?
Exactamente. O Zeca Mendonça estava à porta e nós ficávamos a dormir no jornal porque havia histórias várias e havia um colega meu um bocado maluco, o Benjamim Formigo, que tinha por trás dele o mapa de Portugal com uns alfinetes com as forças militares. Havia uma guerra surda ali à volta do *Expresso* entre o COPCON e o PC, a ala militar do PC, se assim se pode dizer, a quinta divisão. O Formigo depois telefonava para o Otelo para dizer que havia uns rumores, mas nunca houve um assalto. Nunca. Mas havia muitos rumores de que a todo o momento os gajos iam entrar por ali adentro. E ficávamos lá, à espera; "Vamos ficar aqui a dormir" e dormíamos lá! Nesse período mais...

Mais quente.
Mais quente, sim. E curiosamente éramos todos esquerdistas, tirando o Balsemão e o Marcelo *[risos]*. Era uma redacção de esquerdistas. O Augusto Carvalho era um africanista, não sabia muito bem para onde é que pendia, andava entre o General Spínola e o Samora Machel, fazia ali uma ponte. Ainda há dias o Marcelo esteve a falar-me do Augusto, encontrou-o em Moçambique...

Sim, ele vive lá, dá aulas na Universidade. Entretanto, em 1981 passa a dirigir a Revista do Expresso, *projecto esse que, segundo julgo saber, até nem colheu o apoio do Dr. Balsemão.*

Exactamente, exactamente. E o Marcelo – aquelas espertezas do Marcelo – como achava que eu era um bocadinho incómodo apoiou logo: "vamos alargar isto". Havia a possibilidade de juntar o Mega e assim avançarmos para uma revista que ainda era feita em papel de jornal.

O curioso é que o José Carlos Vasconcelos, numa entrevista ao Balsemão, diz mal da revista. Isto, numa entrevista que ele faz para *O Jornal*: "Que era uma coisa muito para intelectuais". E o Balsemão também achava. Resumindo: o Marcelo dominava o Primeiro Caderno, a *hard politics* e eu ficava com a revista e assim também não estava sempre a perguntar: "Ó Marcelo oiça lá, esta notícia tem fundamento, como é que é isto?", não tinha tempo! Ou bem que me entretinha com a *Revista* ou então andava a servir ali de espírito...

De provedor...
Não era bem provedor.

Era mais provocador...
"Então como é que isto...? isso não tem consistência, isto não tem fundamento". Eu discutia, as coisas eram discutidas, havia essa cultura democrática. Aí o Marcelo, grande esperteza! – ainda há pouco tempo falámos disso –, "Ó Vicente, eu não fiz isso para afastá-lo"; "Não! Cá por mim, escantado da vida". Porque com o Balsemão nunca existiria a *Revista* do *Expresso*.

O Balsemão é uma pessoa bem formada, mas sem criatividade jornalística. Fez o *Expresso*, é verdade, mas o *Expresso* era um jornal imitado dos jornais ingleses.

Foi a Revista *que deu a volta ao* Expresso?
O *Expresso* era lido pela classe política ou por pessoas que se interessavam por politica.

A Revista *democratizou o* Expresso? *Alargou os públicos?*
Alargou, sobretudo para a malta mais nova. Houve uma abertura. E depois houve pessoas que começaram a escrever lá, como o Miguel Esteves Cardoso e o Augusto Seabra.

Entretanto, o Balsemão tinha voltado à administração, a *Revista* já estava consolidada e ele reconheceu que se tinha enganado, pois era muito conservador nos seus gostos jornalísticos. Depois também havia outra coisa, que era o lado snob. Eu ia à Costa da Caparica dar uns mergulhos e as pessoas andavam com a *Revista* do *Expresso* debaixo do braço para se distinguirem dos outros.

Nunca mais folheei. Por ironia, quando eu já tinha decidido ir embora, para o *Público*, é que a *Revista* começou a ser impressa em papel de revista e a cores, que até aí era um papel de jornal, era um suplemento em *tabloid* e o *Expresso* era *broadsheet*.

Como era pensado cada número? No fundo, a Revista *era um projecto que tinha uma linguagem diferente do corpo principal do jornal. Era quase um outro semanário dentro de um semanário.*

A própria reunião de segunda-feira também servia...

E tinha também uma equipa de jornalistas completamente autónoma, certo?

Tinha e não tinha. Às vezes pedia ao Marcelo, que estava muito bem informado sobre uns temas, arranjava-se um pseudónimo...

A certa altura houve uma coisa sobre questões agrícolas, uma intriga qualquer de que ele estava a par e sobre a qual deu uma grande pancada no Casqueiro. Fui ter com o Marcelo, ele era o director, e disse-lhe: "Ó Marcelo desculpe lá mas eu não posso publicar isto, a não ser que você ponha o seu nome, você é o director, agora Duarte Fernandes, com estas coisas aqui, eu sou responsável editorial por isto...", "Pronto, vamos tirar isto então". Toda a gente participava.

Foi também um espaço de oportunidades para uma série de gente muita nova que se iniciou ali no jornalismo.

Era sobretudo gente de fora. Eu tinha um orçamento próprio indexado à publicidade. Foi isso que eu combinei com o Balsemão. No princípio, com o Marcelo, já não me lembro, não estava tão formalizado, mas orçamento era fixo. Depois, a determinada altura: "Não, não! O jornal está a crescer à nossa custa." Eu para mim não pedia nada, queria era um orçamento para poder pagar bem às pessoas de fora. Foi assim que apareceu lá o José Manuel Fernandes, o Nuno Pacheco.

As pessoas iam bater-me à porta. Traziam trabalho. Eu lia. Era tão simples como isto. Mas a *Revista* era planeada, falava-se dos temas também na reunião de segunda-feira, como se falava do jornal inteiro. E depois eu tinha reuniões com os colaboradores. Havia secções fixas, como a secção do Miguel – *A Causa das Coisas; Os Meus Problemas*. Eles muito bem pagos. O Miguel e o Seabra recebiam 500 a 600 contos por mês. Já viu o que era naquela altura? Ganhavam muito mais que eu!

Claro que eu tinha a estabilidade do emprego, eles não estavam no quadro. Mas era assim. Eu pagava muito bem as colaborações. Eu tinha um orçamento para gerir e era assim que as coisas funcionavam.

Hoje nenhum jornal tem uma revista com uma marca cultural tão forte. Porquê? O Público *também é um exemplo até certo ponto. Mas porque é que deixou de haver espaço para a cultura nos jornais como havia nessa altura?*

No *Público* havia bastante. E hoje há o *Ípsilon* que até acho demais, é uma overdose. Eu preferia ter suplementos mais vocacionados para uma coisa ou para outra, não juntar tudo no mesmo saco. Mas tem aí um exemplo de uma revista semanal com o tamanho que tinha a revista do *Expresso*, só cultural e que talvez seja caso único.

Eu creio que as pessoas não percebem, por incultura dos patrões das empresas. Imagino o Sr. Oliveira do *Diário de Notícias*... deve achar que o Marcelino é uma espécie de treinador mágico. Está a enganar-se! O *Diário de Notícias* caiu. Querem juntar o *tabloid* com o jornal de referência. Não funciona. Essas coisas anulam-se uma à outra. Portanto, nem os leitores dos *tabloids* gostam, nem os dos jornais de referência gostam. Pensam que misturam uma coisa com outra e que é a grande ideia. Não funciona.

Quando é que pela primeira vez lhe ocorreu a ideia de se lançar na feitura de um jornal diário?

Era a tal história de que vínhamos sentindo progressivamente....

Começaram a conspirar em 1988.

Sim, sim. Mas há umas coisas que eu tenho de lhe dizer para que se perceba tudo muito bem.

Vamos a isso.

A páginas tantas vai o Saraiva para director. Ele tinha entrado no *Expresso* por meu intermédio, mas eu acho que ele sobe um bocadinho – e eu digo isto sem nenhuma espécie de espírito conspirativo –

para me controlar. O Augusto faz-lhe um convite para coordenador da secção Nacional de que eu tinha sido já coordenador em tempos. O Saraiva disse-lhe: "Olhe eu trabalho num atelier de arquitectura" (ele trabalhava com o Manuel Tainha) "e só saio para um posto de direcção".

E assim foi. Entrou como subdirector do *Expresso* quando o Augusto Carvalho era director. Portanto, deu-me o salto por cima, o que foi uma coisa conveniente porque o Augusto tinha uma relação comigo muito complicada. Tanto se dava muito bem como receava os meus excessos de rebeldia, ou os meus excessos temperamentais, se quiser. E o Marcelo, oh, o Marcelo já tinha ido para o *Semanário*.

Portanto, há uma direcção, o Saraiva, que depois vai para director, quando sai o Augusto Carvalho na sequência de um problema complicadíssimo em que estou envolvido porque causa de uma entrevista com o Samora Machel que ele tinha feito, para a *Revista*. Eu tinha uma entrevista com o Mário Soares e achava que a capa devia ser as duas entrevistas.

Bem, a do Augusto ao Samora Machel era uma entrevista totalmente subserviente em que ele, Samora, chegava a dizer "Ó Augusto, não percebes nada. Põe aí...". A entrevista com o Mário Soares era uma entrevista muito oficiosa, feita por escrito, que era uma coisa que eu era contra, mas que nós dávamos a possibilidade – e no *Público* mantivemos isso até certa altura – de o Presidente da República e o Primeiro-Ministro poderem ler as entrevistas antes de publicadas. Não deixávamos é que eles corrigissem.

O Soares abusava que se fartava nisso. Emendava, emendava... "Ó Sr. Presidente – ou Sr. Primeiro-Ministro conforme a altura – mas o Sr. agora alterou completamente isto! Agora tenho de lhe fazer outra pergunta. Ele respondia: "Você também põe-se com essas esquisitices..."; "Então o Sr. mudou o sentido da sua resposta, é óbvio tenho de reagir, senão pareço um parvo". Eram negociações em série, depois a gente tinha de gravar outra vez, entretanto ele emendava, isto só para dizer...

A demissão do Augusto Carvalho e a decisão de avançar para um jornal diário?

Decidi fazer uma coisa salomónica, dividir a capa ao meio, uma parte era o Samora, outra o Soares. Quando o Augusto chega de Moçambique – tinha mandado o texto por telex – vê aquilo, mas não me vem dizer. Quer dizer, o Augusto tinha esse problema, o gajo era cobarde. Antes, na reunião de redacção, factor muito democrático, tínhamos combinado: "Temos aqui estas entrevistas; eu acho que a solução é...". E toda a gente achou bem. Eu tinha isso a meu favor: toda a gente sabia. Isso tinha sido discutido, era um critério que era público. Isto é para dizer que houve uma pega enorme, violentíssima com o Augusto, que depois saiu de cena e acabou por se ir embora.

Entretanto, vai o Saraiva para director. Passado algum tempo ele sentia-se muito desconfortável nas reuniões de redacção, porque o Jorge Wemans e eu às vezes colocávamos questões. Ele sentia que precisava de nos colocar debaixo da mesma... bom, lá vou para director adjunto e o Wemans vai para subdirector. Mas a verdade é que, a páginas tantas, a gente estava um bocado fartos daquilo. (Eu sou amigo do José António Saraiva, não o escondo, seria hipócrita escondê-lo, e agora devo-lhe a simpatia de poder escrever no jornal dele).

Bem, um dia tínhamos ido a casa do Balsemão – aquelas reuniões em casa dele, bebia-se muito, porque o Balsemão punha uma garrafa de whisky em cima da mesa e passávamos a noite a fumar e a beber, não sei como é a gente não tinha um desastre depois na estrada. Enfim, na sequência de mais uma reunião de conversa mole, eu e o Wemans sentimos que estávamos fartos do Balsemão e do Saraiva e decidimos que teríamos de fazer uma coisa nova. A ideia do diário...

Mas o Dr. Balsemão nunca admitiu a hipótese de avançar com um diário?
Não, o Balsemão não.

E o Eng. Belmiro foi logo receptivo à ideia?
Eu fui falar com o Belmiro porque me constou que o Belmiro estava interessado numa coisa dessas, demasiado interessado. Porque depois, mais tarde, como sabe, eu estive no *Público* seis anos, eu e o Jorge saímos, numa altura em que o Belmiro queria tomar mesmo conta do jornal, ou através de uns escoceses...

À reunião com o Eng. Belmiro foi só o Vicente ou foi também o Jorge Wemans?
Eu não queria dirigir-me directamente ao Belmiro, ir bater-lhe à porta directamente. Por isso arranjaram alguém que funcionasse como... como é que se diz aqui? Um pendura? Não é um pendura é o tipo que vai com os namorados para não os comprometer.

Pau-de-cabeleira?
Exactamente. Uma espécie de pau-de-cabeleira. Um tipo chamado Acácio Gomes conhecia o irmão do Belmiro, tinha andado com ele na tropa. Eu, por uma circunstância qualquer, falei com o Acácio e ele disse: "Se quiseres eu faço o contacto, falo com o irmão dele". E depois o Acácio foi também lá comigo.

É engraçado, porque a reunião ocorreu no dia em que o Belmiro tinha tido um problema na bolsa, já não me lembro exactamente o quê. E eu chego lá ao gabinete e ele estava de camisa aberta e blusão de cabedal, não era aquela coisa do homem engravatado. Eu fitei-o e disse-lhe: "estou a ver que isto não é um dia muito bom para si.". E ele: "Porquê?"; "As notícias desta manhã..." e ele deu logo um ar de "cá estou eu e tal, para todos os combates ao mesmo tempo", e respondeu "vamos falar, com certeza".

Perguntei-lhe logo assim: "Ó Sr. engenheiro diga-me uma coisa: num jornal do qual o Sr. fosse proprietário ou sócio maioritário como é que acha que se devia tratar este assunto esta manhã nos jornais? E ele: "Eu sei onde é que o senhor quer chegar mas só se eu fosse parvo é que interferiria, porque ninguém acreditaria num jornal que trouxesse coisas que se via que eram um sermão encomendado por mim". Eu achei que a resposta era a melhor possível, embora não me desse garantia absoluta. Era um risco, eu sabia que era um risco que eu corria com ele. O Belmiro é uma pessoa muito..., muito afirmativa, muito senhor do seu nariz, um homem convencido que é um génio.

Foi fácil convencê-lo? Ele aderiu logo à ideia?
Aderiu. Só que, precisamente por causa dessa cena da bolsa, deixei passar uns meses. Um dia o Belmiro encontrou-me no Pabe, aquele famoso restaurante debaixo do *Expresso*, e perguntou-me por que é nunca mais dissera nada. "Ó Sr. engenheiro para lhe ser sincero, como achei que os tempos estavam muito... havia uma grande agitação, não me senti muito à vontade, até podia parecer mal"; e ele: " Ó homem, por amor de Deus, olhe que eu continuo interessado" e, pronto, a conversa retomou.

Entretanto, falei ao Balsemão e disse-lhe: "Se o Sr. quiser avançar eu avanço consigo. Embora tenha falado com o Belmiro, amanhã digo-lhe que o Sr. quer fazer também e, pronto, já o conheço a si"; "Não. Já fizemos um estudo, o *El País* e nós e não há espaço"; "Eu acho que se engana mas, enfim, sendo assim...".

Continuei a conspirar com o Belmiro e criei uma equipa base que era constituída pelo Wemans, o Augusto Seabra, o José Vítor Malheiros, o José Manuel Fernandes, o Nuno Pacheco e, no Porto, o Joaquim Fidalgo e o José Queiroz. Eram basicamente estas pessoas, espero não me estar a esquecer de nenhum. Ah, e o Henrique Cayatte, claro, para desenhar o...

O jornal.
Exacto. Entretanto o Belmiro tinha destacado o Carlos Moreira da Silva para coordenador do projecto na parte empresarial. Com a passagem do tempo comecei a ter muitas dúvidas. Dúvidas que tinham basicamente a ver com o receio da interferência e que se revelariam fundadas. Ou seja, a tentativa do Belmiro mandar directamente no jornal.

Isso aconteceu?
Aconteceu. Houve uma tentativa tão clara que eu me vim embora. Eu e o Jorge Wemans. Mas acho que isso de, alguma maneira, salvou um pouco o jornal porque nessa altura eles recuaram. Depois houve dois erros de *casting*...

Foi para evitar despedimentos?
Também. O Belmiro queria fazer uma grande purga no *Público* e queria, com base num estudo de uns escoceses que não percebiam nada daquilo, que o *Público* passasse a ter a forma do jornal *The Scotsman* que foi um jornal que esteve em falência há pouco tempo. Ainda lhe disse: "Ó Sr. engenheiro mas já reparou, o *The Scotsman* é um jornal para um país que lê muito mais, além de que não faz sentido esta fórmula de um jornal regional escocês". Não faz qualquer sentido.

Mas no princípio as coisas correram bem.
Sim, no princípio correram bem. Mas como o tempo passava, ainda antes do lançamento do jornal, eu manifestei intenção de sair, enquanto os meus colegas continuaram a conspirar...

A trabalhar no projecto.
Eu não queria saber. Vinham dizer-me e eu: "Não quero saber!" E houve uma coisa gira, isso é que me decidiu. Foi o Belmiro ter vindo a Lisboa com "Estado-Maior". Fiquei, confesso, com o meu ego um pouco, um pouco, assim...

Inchado.
Isso mesmo. O Belmiro acompanhado dos outros administradores da altura: Jaime Teixeira, Joaquim Reis e o Moreira da Silva. Na Avenida da Liberdade, onde funcionava o representante da *Macintosh*, o Belmiro diz-me assim: "Estamos aqui para lhe dizer o seguinte: nós avançamos se você entrar. Se você não entrar, acaba o projecto aqui". E eu disse: "Mas porquê? Vocês podem continuar sem mim...". Resposta dele: "Você pensa durante dois dias, a responsabilidade é sua. O projecto avança mas só avança consigo. Se você disser que não, acabou".

Fui falar novamente com o Balsemão. Ele pensava que eu tinha desistido, porque nunca mais lhe tinha falado. Falei-lhe na altura mas depois não sei se entretanto ele me terá perguntado e eu disse: "Olhe não há novas conversas". E era verdade, do meu lado. Eu não ia denunciar que os outros. Era o que mais faltava! Eu era a única pessoa exposta, daí o problema que eu tinha também. Eu era olhado assim como um traidor.

Esclareça-me uma coisa: a outra equipa continuava a trabalhar?
Continuava a trabalhar.

Qual é a sua participação na concepção do projecto?
No princípio a gente definiu o projecto. Quando estou a falar que a equipa continuava a trabalhar, é verdade, mas repare que não se passou muito tempo, passou-se meia dúzia de meses; reuniam-se de vez em quando a pensar...

Em nomes, em pessoas?
Sim. Mas note, depois de eu ter saído, o jornal só saiu...

Um ano e tal depois.
Eu saí em 88.

É quando o projecto começa a ganhar força?
Eles faziam algumas coisas. Basicamente, algumas pesquisas, porque continuavam a trabalhar no *Expresso* e por isso também não tinham muito tempo. Eu é que não queria saber que conversas eles tinham tido com o Moreira da Silva. E depois, naquele momento, o Balsemão até me perguntou assim: "Você vai trabalhar com aquele peneirento?", como se o Balsemão não fosse também um peneirento!

Ele achava que o outro era um tipo..., enfim, como ele tem a mania que é um abrasonado. Não é que ele exibisse, mas o Balsemão é de uma linha bastarda de D. Pedro IV, lá uma coisa "Balsemão" da Guarda.

E depois consegue protagonizar uma situação invejável que é estar quase um ano, à volta disso, a fazer números zeros com o Público...
Mas, oiça, o problema não era só por causa de estar a fazer um projecto jornalístico, é que nós tínhamos a parte logística...

Foi tudo a partir do zero...
Para arranjar a casa..., houve uma altura em que eu estive para me demitir. Nunca mais conseguíamos arranjar o prédio. O Belmiro também não estava para fazer grandes investimentos.

Até que encontramos a Quinta do Lambert. E havia um homem da administração da Sonae que achava que aquilo era um preço magnífico – e era! Os tipos estavam falidos. Depois, à última hora, vem-me com uma conversa que era um péssimo negócio, que o prédio não estava em condições e não sei o quê. Aquilo cheirou-me a esturro. Quer dizer, havia ali um negócio por trás que não se estava a fazer. E eu aí disse ao Moreira da Silva: "Você diga ao Eng. Belmiro que se na segunda-feira isto não estiver resolvido eu vou-me embora".

Enfim, tivemos um problema terrível com as instalações, tivemos um problema com a instalação de equipamentos, os tipos que estavam à frente da *Macintosh* conceberam um modelo que nem dava para fazer o anuário comercial de Portugal. Uma página a sair através desse processo levava duas horas, o que torna impossível fazer um jornal diário assim.

Era impraticável?
Depois chegámos à conclusão que tínhamos de comprar um equipamento noutro sítio: mais 300 e tal mil contos. Lembro-me que quando alguém comunicou ao Moreira da Silva que eram 300 mil contos, a cadeira dele caiu para trás [risos]. Era uma pipa de massa. Mas tinha de ser, agora já não podíamos recuar. E não havia alternativa.

Actualmente essas coisas são muito mais baratas. Hoje é muito mais barato fazer um jornal do ponto de vista tecnológico. Depois os computadores *Macintosh* todos também era um absurdo. Por isso é que ficámos logo endividados de uma forma brutal. Eu sei que eram da Sonae, a Sonae é que estava interessada mas nós não precisávamos, na redacção, de computadores *Macintosh*. Precisávamos para os gráficos, sim, porque os *Macintosh* tinham um grau de sofisticação superior. Mas para a parte mais básica do trabalho jornalístico, para escrever os textos, não precisávamos de computadores tão sofisticados. E era a redacção toda, uma maravilha, com aqueles computadores todos branquinhos...

O que é que o Público *trouxe de novo ao jornalismo português?*
Em relação à imprensa diária acho que o principal contributo do *Público* foi desprovincianizar a imprensa diária. Nós tínhamos uma imprensa diária hiper-provinciana. Aí nós tínhamos um jornal que tinha um espírito cosmopolita, em sintonia com a imprensa internacional.

Quando fiz visitas a redacções de jornais europeus, antes do jornal sair, para ver como eles se reuniam, as reuniões deles eram muito burocráticas: havia uma coisa de manhã, depois numa reunião às seis da tarde estavam à volta de uma mesa e cada um dizia o que é que tinha para pôr nas páginas e o que é que vai para a primeira página.

No *Público*, a gente fazia uma reunião às onze e meia da manhã, inspirada nas reuniões do *Expresso*, que ia até à uma da tarde, só a partir pedra – a discutir o jornal do dia anterior, a planear a edição desse dia e a planear outras coisas ao longo da semana. Discutíamos muito, era muito participada. Eram as reuniões do *Expresso,* mas mais alargadas. Qualquer pessoa podia ir às reuniões da redacção. Aquilo era basicamente com os editores, mas qualquer pessoa podia ir desde que houvesse lugar.

Ter uma redacção no Porto, coisa inédita até então, era um compromisso por causa de o patrão ser do Porto?
Não, não. Nós sentíamos que havia essa ideia de o jornal ter duas edições diferenciadas. No Porto havia o *Jornal de Notícias*, e nós tínhamos a consciência nítida que não o podíamos ultrapassar só no Porto, tal como em Lisboa não ultrapassaríamos o *Correio da Manhã*. Mas ultrapassarmos os outros, também não era muito difícil. O sítio onde nós vendemos sempre mais, e o sítio onde era o jornal mais vendido nessa cidade, era Coimbra.

Deixe-me precisar um aspecto de que há pouco falámos de raspão: os números zeros que fizeram durante muito tempo foi para testar tudo isso?
Não. Foi porque nós não tínhamos ainda as máquinas para imprimir o jornal. Oiça, não tínhamos o sistema Lisboa-Porto ainda a funcionar, o sistema de ligação...

Serviu para ir...
Não! Nós fomos obrigados e ainda bem.

Não foi só para afinar a máquina.
Oiça, foi um constrangimento. Nós fizemos os números zeros antes e depois, mas era suposto sairmos em Janeiro. Eu já tinha dito ao Moreira da Silva: "Nós não estamos em condições, isto não funciona, não há condições técnicas para nós podermos ir para a rua". E não havia. Houve os números zeros e depois a gente dizia: "Ó pá, não pode ser. Amanhã a gente não vai publicar o jornal".

O facto de muitos dos jornalistas virem de um semanário, onde o ritmo de trabalho é diferente, teve alguma influência nessa adaptação?
Havia muita gente com experiência de diário. Nós não tivemos culpa nenhuma, não nos pode ser atribuída qualquer responsabilidade. Nada. Houve erros de planeamento. No fundo, ninguém teve culpa, porque a gente também estava a tentar uma coisa que nunca tinha sido feita: a história da ligação entre as redacções de Lisboa e do Porto.
Olhe, veja por exemplo, este jornal do grupo Lena: também está há tanto tempo encalhado aí. Nem sei quando é que vai sair. Era para sair em Setembro do ano passado. Eu até disse: "Vocês podiam aprender connosco".

E, todavia, corrija-me se estiver errado, o Vicente dizia que não havia em Portugal 50 jornalistas à altura das exigências do Público.
Às vezes dizem-me isso. Se eu dissesse isso não tinha feito o jornal, não é?

Claro que há aí uma contradição, mas podia ser uma forma de expressar a exigência do jornal.
Sim, oiça, para ser preciso: 50 jornalistas topo de gama não devia haver, de facto. Mas se eu tivesse dito a sério... eu não me lembro de

ter dito mas é verdade que já vi essa frase citada. O que é totalmente novo é uma referência que você fez ao Mário Sá-Carneiro.

Na minha pesquisa vi que era uma frase que utilizavam na publicidade ao Comércio do Funchal *que dizia: "Comércio do Funchal, extraordinário e miraculoso". Não tem ideia nenhuma?*
É um bocado pedante essa frase.

Como queira. Entretanto, o Público *saiu para as bancas na data de nascimento de Pasolini. Foi pura coincidência ou fruto da vontade do director que nunca escondeu que gostaria de ter sido realizador de cinema?*
Ai é? Isso não me lembrava.

5 de Março.
Foi em Março, sim. Eu não sou muito Pasoliniano. Gosto mais do Antonioni. Ou do Fellini. Mas não foi...

Foi só coincidência.
Estávamos dois meses atrasados. E mesmo assim, tivemos de sair sem ter ainda a máquina montada.

Demorou muito?
Só no Verão é que tivemos a máquina. Finalmente foi montada.

Meio ano depois é que sentiu que estava tudo estabilizado em termos de máquina e de produção diária do jornal?
Sim, sim. E depois havia aquele problema das comunicações. Ou seja, nós tínhamos vários *handycaps*. Primeiro: as comunicações não estavam afinadas, o pessoal não estava treinado com o equipamento comprado a Israel, o SITEX. Não é em uma semana que se treina.
Esse equipamento entrou só em fins de Novembro, de 89, nas instalações do jornal em Lisboa e tinha também de ser montado no Porto porque havia uma ligação entre as duas redacções, não é? E depois havia os técnicos que mostravam às pessoas como é que se trabalhava com aquele equipamento. Bom, portanto, isto estava atrasado. Estavam atrasadas as comunicações, o sinal não passava. Isto hoje parece ridículo mas, nessa altura, era uma coisa pioneira. Fomos dos primeiros na transmissão Lisboa – Porto. Fomos uma cobaia. E depois havia a máquina da tipografia: o Belmiro comprou

25% da Lisgráfica nessa altura, para ter o poder. E os tipos da Lisgráfica privilegiavam o *Correio da Manhã*. Era uma coisa irritantíssima! O Belmiro ficava possesso. Aí o Belmiro bateu-se. Disso não tenho nenhuma...

Razão de queixa.
Exacto. De facto foi uma luta enorme. O que nos salvou foi a Guerra do Golfo, que foi uma experiência muito importante para nós. Lembre-se que não havia ainda as televisões privadas. Portanto, nós podíamos fazer um folhetim diário dos acontecimentos. Como se recordará aquilo levou muito tempo até os americanos chegarem lá. Portanto, todos os dias, com os nossos enviados, fazíamos uma série de páginas sobre a evolução da crise internacional.
Nessa altura ultrapassámos a imprensa toda em tiragem. Chegámos a vender 90 mil exemplares ou mais. Ultrapassámos até o *Correio da Manhã*.

Como era a reunião de fecho? A escolha da manchete, a selecção das chamadas à primeira página?
O fecho..., nós fechávamos tarde. Eu tinha a noção que o jornal devia sair tão actualizado quando possível.

A escolha da manchete era complicada? Era muito discutida? Era pacífico?
Era, era pacífico. Não era sempre o mesmo a fechar, nós dividíamo-nos entre os elementos da direcção.

Era um director com mau feitio, precipitado nos juízos?
As pessoas dizem que eu sou uma pessoa muito colérica. Mas o que eu ouço dizer é que as pessoas têm todas saudades de mim. Eu falava com toda a gente. O problema é o seguinte: eu era excessivamente democrático.

Alguém me disse que um dia, em plena redacção, até porque não usava gabinete, pegou num texto e gritou: "Este texto da fulana X está uma merda!" e rasgou o texto.
Rasgar textos não. Confundem coisas minhas com coisas de outros directores de jornais...

São mitos que se criam?
Não. Era capaz de discutir com um jornalista, claro. Havia coisas que me irritavam solenemente: falhas graves do ponto de vista deontológico.

Houve uma pessoa, que eu não vou dizer quem é, que fez um texto completamente desonesto e que era um jornalista experiente, mas obcecado com as suas coisas e inventou uma... Aquilo sai, era falso, era uma história inventada e eu disse perante a redacção que ele nos tinha envergonhado a todos, que não se envergonhara só a ele, que todos nós ficámos envergonhados.

Ele depois saiu do Público.
Saiu, na sequência disso. Mas eu não o despedi.

Eu sei, foi ele que saiu.
Mas a única coisa que me lembro..., você sabe, eu falo um bocado alto, sou um bocadinho colérico. Mas acho que tenho boas relações humanas com as pessoas. E depois havia esse espírito de discutir as coisas. Tínhamos essa tal delegação de competências, que era o facto de eu poder fechar uns dias – ser director de fecho – e eu cheguei, numa dada altura, para dar o exemplo, a editar a Sociedade. Não conseguia encontrar um editor de Sociedade que funcionasse. Fui para lá eu.

A Sociedade era a secção mais complicada. Actualmente já não há, porque era uma secção transversal, sem fronteiras demarcadas. Nenhum editor orientava aquela coisa. E eu, numa dada altura, fui para lá e respondia perante o director de fecho. A situação pode parecer absurda, mas a verdade é que foi assim que funcionou e durante aquele tempo eu não exerci funções de direcção.

Respondia perante o director de fecho?
Dizia-lhe o que é que eu tinha. Ele perguntava-me e eu respondia. Na discussão da manhã aí a coisa já era um pouco diferente, mas na execução do jornal ao longo do dia eu era apenas editor de Sociedade. Isto só para dizer que nós, de facto, éramos muito *sui generis* e acho que esse espírito se perdeu completamente.

Outros aspectos em que o jornal apostou forte foi no grafismo e na fotografia. Quer falar sobre os critérios dessas opções?
Isso já vinha talvez de trás, se for ver bem a *Revista* do *Expresso*. Talvez não tanto, porque não tínhamos muitos fotógrafos.

Olhando para o panorama dos jornais diários da época, o Público *concorria com quem?*

Claramente com o *Diário de Notícias*, aqui em Lisboa. Porque no Porto a gente queria, no fundo, era criar um espaço novo também. Eu pensava que nós íamos também fazer com que uma parte dos leitores do *Expresso* decidissem: "Não vale a pena estar a comprar o *Expresso* todas as semanas porque temos o *Público* todos os dias".

Era um semanário feito diariamente?

Um semanário todos os dias, sim, havia essa ideia. As pessoas diziam: "O *Público* tráz muita coisa". Não. O *Público*, se você for ver os primeiros números, é pequeno, é um jornal pequeno.

Mas tinha os suplementos diários.

Em relação ao que havia, de facto, é verdade. Eu aliás acho que os jornais devem ser cada vez mais pequenos.

Numa entrevista que deu em Novembro de 1993, à revista Valor, *o VJS dizia o seguinte: "Somos um jornal para quadros, o que tem maior influência junto à camada mais qualificada da população". Por que é que esta gente, passado poucos anos, começou a deixar de comprar e ler o* Público?

Nem sei se o *Público* perdeu muitos leitores. Eu não tenho os dados. Actualmente há também mais oferta. Eu penso que a história da internet tem um papel muito importante. Quando você me cita a propósito dos quadros, é preciso ver que estou a falar deles num determinado contexto histórico. Hoje com a internet e com a maior especialização da imprensa, há mais publicações especializadas. Ou seja, os jornais diários perdem público. Por acaso não perderam no último ano. Em situações de crise não perdem. Perdem é publicidade. Mas vendem mais, é sempre assim. A crise faz os jornais vender.

Mas há, de facto, uma tendência geral, que é muito parecida com o caso francês, que é as publicações periódicas semanais ou mesmo mensais estabilizarem ou terem um crescimento muito melhor que a imprensa diária. Porquê? Precisamente, quanto a mim, e isso está a discutir-se agora e é uma situação mundial, porque a informação online começa a substituir a informação em papel.

O papel vai ser uma coisa para *happy few*. Para pessoas da minha geração, por exemplo. Mas agora, o meu filho, é um bom exemplo. Eu tenho um filho de 38 anos que tem uma ligação aos jornais mas vai muito à internet. Ele neste momento não vive em Portugal, não sei agora os hábitos dele lá fora, está na Dinamarca, não o estou a ver a comprar o *Politiken*.

Mas o seu filho que é repórter fotográfico...
Sim, sim. Mas o meu filho que está a fazer o Mestrado de Economia, quando o vejo comprar – e ele é um rapaz esperto, informado – compra o *Record* ou a *Bola*, "Ó pá por amor de Deus, não compras o jornal?". Não compra. Vê na internet.

Acha que as possibilidades que a Internet oferece constituem um desafio para o jornalismo ou é um problema?
Olhe, é como a crise internacional. Eu acho a crise internacional uma grande oportunidade para o mundo mudar para melhor. Não quer dizer que vá acontecer. A internet é uma coisa fabulosa. Mas, pronto, eu acho que não vale a pena sermos moralistas em relação às coisas. É como a globalização da economia: é irreversível. Claro que vai ter de se lidar com isso de outra maneira, como vamos ter de lidar com a história da internet. Mas não podemos tapar o sol com uma peneira. Eu acho que o problema... como é que eu hei-de explicar isto? Eu tenho uma relação com a internet, quer dizer, vou lá por necessidade, não sou um...

Viciado?
Um consumidor, um viciado. Vou por necessidade: porque preciso de ver uma coisa, porque preciso de fazer uma pesquisa, enfim, mais não. Sou um homem que lê jornais em papel. E tenho pena que os jornais em papel tendam a desaparecer porque também é um empobrecimento. A internet tem para mim duas vantagens: dar as coisas na hora, ou funcionar como arquivo.

Que opinião tem sobre o actual panorama da imprensa, em Portugal, e sobre o jornalismo que se pratica?
Olhe, eu acho que tem havido uma degradação. Não me sinto muito bem a falar nisso porque podem pensar: "No meu tempo é que era bom".

E por que é que tem havido essa degradação?
Tem a ver com uma certa proletarização da classe jornalística. Eu não gosto de utilizar o termo 'proletarização' mas é. Ou seja, o jor-

nalismo, como é caro, começou a cortar em algumas áreas. Nomeadamente: os jornalistas que são mais bem pagos, às vezes, é melhor deixá-los sair, ou dá-se um subsídio para eles se reformarem. Arranja-se meia dúzia de estagiários que não têm memória. Não têm culpa. Ainda não têm treino. Não são enquadrados. São deixados à solta, coitados. Não são enquadrados, não são acompanhados.

Depois não há nos jornais, começou a deixar de haver completamente, filtros da qualidade editorial. Uma coisa que eu já no *Expresso* tinha criado foi uma equipa de *copy-desk*. Não era a revisão da página, que também havia, mas era a filtragem por uma equipa – acho que isto é fundamental. Claro, o ideal seria que o próprio jornalista lesse cinco vezes os seus textos, mesmo assim as coisas passam.

Eu leio os meus textos cinco vezes e passam coisas. E isso desapareceu, esse departamento desapareceu no *Público*. Você vê a história das gralhas. O Provedor do Leitor do *Público* a maior parte do tempo fala sobre os erros que o jornal comete. Há dias, por exemplo, no aniversário do *Público*, vinha uma coisa muito parva: o jornal fazia uma revisitação dos disparates. Quer dizer, eu acho que essas coisas não são muito para brincar. Acho que não se deve brincar com isso porque isso é sério. Eu sou um comerciante que vende comida estragada e depois vou divertir-me a exibir a comida estragada que apresentei durante um certo tempo. Não acho graça nenhuma. Acho uma tontice, uma patetice, uma infantilidade. Um lado de frivolidade e de brincadeira com essas coisas não.

O *Diário de Notícias* também é muito mal revisto.

Sendo assim, como avalia o Público *desde a sua saída?*

Também não gosto muito de falar, mas há uma coisa que eu tenho escrito publicamente, já disse isso duas ou três vezes, mesmo correndo o risco de ser mal interpretado: eu recomendei ao Belmiro de Azevedo o José Manuel Fernandes para director, porque ele era a pessoa tecnicamente mais bem preparada para me suceder na direcção, quando o Jorge Wemans e eu decidimos sair.

Em segundo lugar considero que a informação piorou de qualidade, o jornal é muito mais burocrático e tenta disfarçar as suas fragilidades com um certo fogo-de-artifício gráfico como a criação daquele *Caderno2*; são facilidades.

O *Público* arranjou facilidades. Desapareceu a secção Sociedade, passou a haver uma secção do País e do Mundo, que é um saco sem fundo onde cabe tudo. Portanto, o jornal empobreceu muito a sua diversidade. Depois há um problema que me parece que é mais grave: é um jornal que não tem coerência editorial.

Quando eu estava no jornal, os editoriais é verdade que eram assinados e as nossas opiniões não eram forçosamente coincidentes, mas eu tinha a preocupação de discutir com os meus colegas de direcção e até de tentar perceber a sensibilidade média da redacção. Isso é fundamental. É fundamental haver um espírito de corpo quando se está a fazer uma coisa comum. Um jornal é um trabalho que se faz em comunidade.

Agora, quando um director de jornal, manifestamente, escreve editoriais inflamados e identificados com uma determinada linha política, no caso, um neoconservadorismo americano, claramente inspirado por textos muitas vezes panfletários, textos de carácter doutrinário a que ele chama editorial e que se vê que as opiniões do director estão em conflito com a sensibilidade média do jornal que transparece nas suas próprias páginas e com as opiniões dos colegas (Nuno Pacheco e José Vítor Malheiros) que, muitas vezes, ao lado, no dia seguinte, vêm escrever textos a desmentir, não é a desmentir, é a contrariar as opiniões de José Manuel Fernandes, isto não é saudável.

Não há jornal nenhum do mundo que eu conheça onde isso se passe. Nenhum jornal respeitado. Não conheço, não conheço. Diga-me um só: um jornal do mundo onde as opiniões do director, os seus editoriais, estão manifestamente em dessintonia com a atmosfera, com o resto do jornal? Não faz sentido. E isto é sentido pelas pessoas.

Havia cordões, uma ligação afectiva das pessoas ao jornal que se perdeu. Eu continuo a comprar o *Público* pois considero-o, ainda hoje, o melhor jornal português. Mas é por defeito, é porque os outros são piores. E há outros jornais que não leio, nunca li, como os *tabloids* de *fait divers*, chamem-me snob, o que quiserem.

O jornal tinha com os leitores uma ligação apaixonada e hoje em dia tem uma relação desgastada?

É. Uma relação desencantada, pelo menos. Quando eu falo com pessoas, e acho que não é por falarem comigo, há um sentimento generalizado de que o *Público* perdeu qualidade.

Aceita a ideia de que abandonou o jornal cedo de mais? Já disse que não o deixam escrever nos seus antigos jornais. Gostava de voltar a escrever no Público*?*

Você sabe que a gente tem sempre aquela nostalgia. Há uma frase do Pavese que eu gosto muito, que é um bocado o contrário daquilo que eu vou dizer agora mas, enfim: "Nada é mais inabitável do que o lugar onde se foi feliz" que é uma frase do romance "A Praia". Bom, a verdade é que a gente tem sempre uma nostalgia do sítio, é sempre essa história do Ulisses: voltar a Ítaca. Aquele projecto de que eu falei há bocado, sobre uma publicação semanal chegou a passar pelas mãos do Paulo Azevedo por indicação do Moreira da Silva. O Paulo Azevedo ficou muito entusiasmado. E eu cheguei a reunir nessa altura, com os meus antigos colegas do *Público*.

Isso foi quando?
Há um ano e tal. Simplesmente depois os resultados do *Público*... Um dos problemas do jornal para mim era, e eu sempre disse isso ao Belmiro de Azevedo, o facto de o *Público* estar sozinho. Era importante ter um grupo de comunicação à volta do jornal.

Enfim, o projecto não foi por diante, eu nunca fui informado, um colega meu é que me disse que eles tinham desistido do projecto, aparentemente porque os resultados do *Público* estavam a ser demasiado maus, em termos financeiros.

Depois levantou-se a hipótese de voltar escrever no *Público*, mas também nunca mais me voltaram a falar sobre isso. Daí ter tomado a liberdade de manifestar a minha perplexidade sobre este tipo de cenas ao próprio Eng. Belmiro de Azevedo a quem escrevi uma carta. A resposta dele é como se não me conhecesse de parte nenhuma.

Ficou surpreendido?
Evidentemente.

Em que termos é que foi a resposta?
Eu dizia assim: "Ainda me lembro dos tempos, apesar de ter saído..." e dele não havia o menor traço, nada, zero de...

Afectividade?
Afectividade. Nada. Eu deixava trair alguma afectividade, que era genuína. E pensava que do lado dele também havia, pareceu que tinha havido. Hoje isso faz-me pensar que talvez nunca tenha existido.

Provavelmente as pessoas que sobem na vida a fazer dinheiro têm uma couraça que os impermeabiliza em relação aos sentimentos.

Penso eu. Mas falando comigo não faz sentido nenhum. O homem podia ter-me dito: "Ó Vicente Jorge Silva lamento muito mas agora...". Nada. É como se ele estivesse a falar de um planeta distante. Eu lembrava os tempos do jornal e depois é como se eu não tivesse existido. Como se lhe estivesse a falar pela primeira vez. Isto só é importante por causa da história do *Público*.

Quais os erros mais graves que um jornalista pode cometer?
Olhe, os dois mais graves: um é ser parcial, desonesto, fabricar deliberadamente, utilizar o seu ofício para, no fundo, faltar à verdade, mentir. No fundo penso que tem a ver com mentir e fabricar, ou contrabandear a informação. O outro é escrever mal. Hoje está-se a vulgarizar um bocado isso. As pessoas hoje já são um bocado insensíveis.

Aliás a gente vê que isso já se banalizou a tal ponto que um computador que é posto ao serviço das crianças tem erros de Português de palmatória que ninguém entende.

Mas pronto: banalizou-se esta história de escrever mal. Escreve-se pior, de facto. É verdade que isso tem a ver um pouco com a linguagem visual, audiovisual. Isso é uma das coisas – a escrita qualquer dia pode ser uma... é como as fontes ou como as árvores, se não tivermos cuidado, podem desaparecer.

Qual a principal aprendizagem que fez como jornalista?
Eu acho que, no fundo, foi aprender a trabalhar em comunidade com outras pessoas e o prazer que isso me dava independentemente dos momentos de stress.

Eu às vezes não tenho muitas saudades do tempo em que trabalhava nos jornais porque me lembro também do stress terrível que isso provocava. Agora, era um prazer imenso com uma equipa em que as pessoas se estimavam. E quando as coisas saíam mesmo bem, era um prazer enorme mesmo que fosse uma coisa precária como um jornal. O jornal é uma coisa muito precária que acaba no próprio momento em que sai para a rua, porque já estamos a fazer outro, ao contrário de um livro ou de um filme. A beleza disso é o carácter fugaz mas ao mesmo tempo o prazer que dá.

Ter podido partilhar esse prazer com as pessoas acho que foi aquilo que eu aprendi.

Agustina Bessa-Luís disse numa entrevista que "quase não há jornalismo, só há comunicação social". Quer comentar?

Acho uma coisa semântica. A que é que ela chama "comunicação social"? Também não gosto do termo "comunicação social". Eu preferia o termo imprensa. Não sei se até quem inventou essa designação não foi a Maria de Lourdes Pintasilgo.

A gente não dizia "comunicação social". É uma coisa pós-25 de Abril. E lá fora o que é que se diz? "Press", ou os *media*, ou *a media*, como dizem os brasileiros. Mas tanto quanto posso perceber, isso da Agustina, é que, de facto, o jornalismo, naquilo que ele tem de mais nobre, como a reportagem, por exemplo, já quase não se faz. Ou faz-se muito pouco porque é caro.

E, no entanto, aquilo que pode justificar a existência dos jornais é a reportagem. Porque a notícia já não o justifica, talvez. À notícia eu posso apanhá-la através das ondas hertzianas ou vou à internet. Uma reportagem na internet, não quer dizer que não possa aparecer, mas não é o sítio adequado. Depois a paginação na internet...

A meu ver a reportagem é aquilo que faz mais falta. Nesse aspecto, o jornalismo, com a decadência, com o desaparecimento progressivo da reportagem, talvez seja o próprio jornalismo que está em causa. Há notícias, há artigos mas não há a essência do jornalismo que é a reportagem.

O futuro do jornalismo como profissão passa por aí?

Não tenho a menor dúvida. Se há um papel que o jornalismo escrito ainda tem é o de narrar. Você vai ver os grandes clássicos do jornalismo ou aqueles até que passaram do jornalismo à literatura ou que andaram no cruzamento, como o Hemingway ou García Márquez. Tiveram esse trânsito. E por falar de dois casos em que há um trânsito na própria escrita de um lado para o outro, no fundo, você vai ler um jornal pelo texto, pelo prazer do texto. E também das imagens. Quando o jornal ou jornalismo está reduzido apenas aquilo que é puramente notícia...

Para isso há as agências.

Repare, eu quando falo da reportagem falo no sentido da interpretação, por exemplo. Há duas coisas que eu acho que internet não substitui: a reportagem e a reflexão. Quando eu falo de reflexão, quero dizer reflexão como interpretação, análise.

Mas a internet também tem espaço para isso.
Claro. Como tem para a reportagem. Estou a falar do sítio onde você pode, mais confortavelmente, usufruir. Olhe, por exemplo, uma revista que eu acho que é muito bem feita, a *Time*, é um bom exemplo disso. Tem textos muito bem escritos e alia esses dois lados. Não tem tanta reportagem como eu gostaria, é verdade, é mais reflexão e interpretação. Portanto o jornalismo interpretativo, reflexivo, e a reportagem acho que continuam a justificar a existência de jornais. Embora, talvez a imprensa diária seja mais vulnerável devido ao facto de ser diária e estar mais atropelada pela velocidade das coisas.

Sei que esteve recentemente no novo jornal, I, o que é que lhes foi dizer?
Fui lá falar da experiência do *Público*. Mas eu disse lá que tinha as minhas perplexidades sobre o espaço que um jornal diário pode ter hoje, em Portugal. Um novo jornal diário? eu acho que não há espaço. Para mim é um mistério. Gostaria muito que aparecesse um bom jornal, mas há desde logo uma coisa neste que eu não gosto...

O nome?
Um jornal chamado *I* não sei o que isso quer dizer, não percebo.

Lamenta que muita gente apenas o reconheça pelo famoso editorial da "Geração rasca"?
[Risos] Sim, sim. Confesso que me irrita um bocado até porque penso que fui mal entendido, mas pronto já me conformei a viver com isso. Acho que é um pouco redutor tal como é redutor o artigo que eu escrevi.

Já expliquei 50 vezes que escrevi aquele artigo como se escreve num jornal diário, sobre a pressão do fecho, chocado com imagens de uma boçalidade horrorosa, em que uns rapazolas bêbedos exibiam os órgãos genitais e uns cartazes contra a Ministra da Educação da altura, que era a Manuela Ferreira Leite, a dizer: "Quem foi a puta que deu este leite?". Claro que depois, a generalização fez o resto, embora aquilo tivesse uma interrogação: Geração Rasca?

Agora, há uma coisa que eu digo sempre, apesar dos exageros, por que é que as pessoas falam tanto disso? Quer dizer, se aquilo fosse uma tontice apenas, não fosse uma coisa que provocasse nas pessoas algum incómodo de qualquer natureza...

Mas aí os factores podem ser vários, a começar pela importância que o Público *tinha na altura.*

Não, não. Aquilo era um editorial meu numa coluna ao lado de um texto. Não vinha na primeira página.

Mas vinha a fotografia na primeira página.

Vinha uma fotografia na primeira página mas não falava em geração rasca – só o editorial. Era uma coluna a que nós chamávamos de "tripa" – "Geração Rasca?". Um editorial a acompanhar a coisa nas páginas interiores. Na primeira página vinha, obviamente, uma dessas fotografias simpáticas dessa geração rasca, a mostrar as...

"Geração Rasca" ponto de interrogação.

No editorial, era uma interrogação. As pessoas ficaram incomodadas com isso e das duas uma: ou nós vivemos num regime de *talibans*, ou no Irão, onde não se pode por a cara do profeta, ou então, por que é que se fala tanto disso? "O homem é um disparatado. Um asneirão." Pronto. Mas tanto tempo depois... Faz-me pensar que as pessoas, no fundo, estão incomodadas porque aquilo podia corresponder a alguma coisa, a um mal-estar que na sociedade também se sentia em relação aos comportamentos dessa geração. Não é uma geração inteira. Eu acho isso muito estranho e as pessoas pensam pouco nisso.

Já aqui falámos de cinema. Realizou recentemente a série Ilhas Desconhecidas, *antes o* Porto Santo. *Para si, o audiovisual tem sido como um regresso às raízes?*

Não, isso é por causa da minha família, eu nunca fui fotógrafo. Não tive sorte com o filme *Porto Santo*. Fui muito mal tratado pela crítica. Acredito que o filme não é uma obra-prima, mas também não é o que alguns pintaram. Enfim, acho que fui objecto de um certo ajuste de contas, alguns tipos que queriam mostrar independência em relação a mim, para mostrar distância, que não há cumplicidades corporativas. Seja como for, considero que o filme foi muito mal tratado, mas também não me armo em vítima, que não é o meu género.

Mas a pergunta ia neste sentido: o seu objecto no cinema tem sido as ilhas. No início da conversa dizia que não consegue viver sem o Continente.

Eu tenho um problema: não sei se não conseguia viver na Madeira se não tivesse aquele regime asfixiante que depois se transporta para a sociedade.

Quer dizer, a irresponsabilização social que existe na Madeira, com as pessoas completamente conformadas, instaladas naquela ficção perigosa. Quando deixar de haver a possibilidade de alimentar aquela ficção as pessoas vão ver-se muito à rasca. Não está muito longe esse dia, o dia da verdade.

Henrique Cayatte

*Hoje interessa desenhar, estar na moda
andar rápido e despachar*

COM ELE APRENDEMOS A VER MELHOR e por isso a gostar mais de ler os jornais e as revistas. Autor do design global do *Público*, onde desempenhou as funções de editor gráfico e ilustrador durante os primeiros dois anos de vida do jornal, Henrique Cayatte mostra a importância estratégica que os designers têm para a construção de uma informação mais legível e mais atractiva.

O *Diário de Notícias*, *O Jogo*, a *TV Guia* e as revistas *Ler* e *Egoísta* são outras publicações que tiveram a sua assinatura, embora entenda que o designer só é grande "quando é invisível".

Possuidor de inúmeros prémios e distinções como designer e ilustrador, Henrique Cayatte reclama hoje mais tempo para pensar, escrever e desenhar, porque o seu movimento "é inverso" à "náusea desta comunicação" apressada e preocupada com as modas. E com o mercado. Daí recusar trabalhos que colidam com os seus princípios éticos.

Os pares chamam-lhe "o senhor design", mas ele é mais do que isso – é um pensador do design, cuja disciplina não a percebe se despojada de responsabilidade social.

Costuma ser apresentado como designer e ilustrador; que área é a mais dominante no seu trabalho, Henrique Cayatte?
Designer.

Para que serve um designer?
O designer hoje tem, na minha opinião, uma responsabilidade social muito grande. O design é uma disciplina eminentemente social, porque há questões por resolver na sociedade e essas questões devem ser resolvidas por um conjunto alargado de especialistas, entre os quais os designers.

Não é expectável que o design de um jornal não seja feito por um designer, assim como não é expectável que no desenho de um avião não haja designers a trabalhar com um vasto conjunto de especialistas. No desenho de uma caneta, um designer é fundamental e assim sucessivamente. Ou seja, um designer trabalha com um projecto, com um programa, e esse programa vai obrigá-lo a investigar, a estudar, cruzar experiências, perceber o que é que já se fez parecido ou igual, para depois começar a construir uma proposta de resolução dessa questão, onde terá de envolver um conjunto de variáveis: calendário, matérias-primas, ciclos de produção, pessoas, orçamentos, um discurso funcional, um discurso formal, um discurso que seja completo do ponto de vista ergonómico, antropométrico, etc.

Hoje, na minha opinião, esse discurso tem algumas responsabilidades acrescidas, visto que tem de estar preocupado com a sustentabilidade ambiental: usar materiais que estejam integrados em ciclos de reciclagem, materiais reciclados e recicláveis.

Os designers têm, ainda, de estar muito atentos àquilo que se passa à volta deles, sob pena de desenharem apenas para o luxo. E muita gente, infelizmente, pensa que o design é um aparato de luxo.

O Henrique costuma dizer que o design não é sinónimo de bonito nem feio.

Não, claro que não. Nem é sinónimo de países ricos. Nem é sinónimo de capital ou litoral *versus* interior.

Mas nós só conhecemos o design de países ricos.

É verdade: só conhecemos o design de países ricos. Infelizmente. Os projectos têm ou não têm um projecto consistente de design. Claro que na pele desse projecto pode haver variáveis estéticas que agradam ou não agradam a determinadas pessoas.

Corre hoje na net uma polémica muito grande sobre a adequabilidade do símbolo dos Jogos Olímpicos de Londres, de 2012. Inclusive com alguns especialistas em psico-motricidade que dizem que aquela marca quando apresentada na sua versão dinâmica pode provocar ataques epilépticos às pessoas. Ou seja, a discussão já vai aí.

E pode?

Há uns especialistas que dizem que sim. Não sei, não sou especialista, não vi com atenção esse problema. Mas isto para dizer que o design está a aproximar-se do centro do discurso mediático, porque faz muito parte da moda, de algum discurso desta contemporaneidade que nós hoje vivemos.

De qualquer forma, eu enquanto designer num país rico – porque Portugal é um país rico, se o compararmos com todos os outros países do mundo – recuso-me a pensar que o design seja apenas precisamente um paradigma de países ricos ou das cidades capitais que pretendem desenhar objectos de luxo. Não, não.

Só os especialistas é que conhecem o design dos país pobres?
Sim, é verdade. E devo dizer-lhe uma coisa. Não são só os designers dos países pobres que é necessário conhecer, mas é necessário que os designers dos países ricos trabalhem para os países pobres, sem neo-colonialismo. Sem formas encapotadas de colonialismo, nem sob formas de permitir às grandes companhias dos países ricos irem explorar os recursos dos países pobres.

É a tal responsabilidade social de que estava há pouco a falar?
É, absolutamente. É uma das partes.

E esse trabalho dos designers para os países pobres que estava a referir é para ensinarem ou para aprenderem?
As duas coisas. Eu falo com conhecimento de causa, porque trabalhei em África num dos países mais pobres do mundo, Guiné-Bissau, e enquanto professor eu não tinha nem uma sebenta nem um caderno para dar aos meus alunos. E os meus alunos pertenciam, se quisermos, à *elite* da sociedade da Guiné-Bissau, que era as Forças Armadas.

Daí que eu enquanto designer – e dava Língua Portuguesa – tive de fazer um raciocínio que foi medir a largura que um estudante, homem ou mulher, tinha de ombro a ombro, qual era o espaço vital quando estava sentado numa cadeira, perceber que essa era a primeira unidade de trabalho; a segunda unidade de trabalho era a mesa, a terceira unidade de trabalho era um A4.

Estávamos em que ano?
1980/81. Pois bem: deitávamos as duas folhas A4 na horizontal, porque elas depois de fechadas são um A4 e, quando deitadas, davam no fundo quatro módulos de leitura do problema: o texto, numa primeira coluna; em segundo lugar, uma ilustração; na terceira coluna

a exploração do vocabulário e gramática; e na quarta coluna uma pauta para que eles pudessem escrever.

É um trabalho de design puro.
Precisamente. Este é um trabalho de design. Não fiz este trabalho sozinho, mas é um trabalho em que um conjunto de variáveis se completam. O que é facto é que eu pude pôr isto em cima da mesa dos alunos.

E funcionou?
Funcionou na perfeição.

Com resultados?
Claro que tive o cuidado, ao fazer o texto em máquina de escrever, de ampliar em fotocópia os caracteres, porque as pessoas tinham muito pouco domínio da língua, da palavra e da leitura. Da mesma forma que as pautas tinham de ter intervalos maiores entre as linhas, precisamente porque eles escrevem com caracteres muito grandes – eu estava a dar quinta e sexta classe a homens e mulheres que tinham feito a guerra e que eram todos adultos.

Este foi o momento fundador da minha actividade como designer, ainda nem sequer tinha entrado em Belas Artes.

Iniciou esta conversa colocando uma questão sobre o ilustrador e o designer. Pois bem: o exemplo que referi mostra a junção dessas duas variáveis. O mesmo sucede quando um designer desenha um capote em plástico com bolsas abertas por fora: quando um homem ou uma mulher andarem com ele vestido, se chover as bolsas recolhem água, que é um bem escasso. Ou como o caso do arquitecto japonês Shigeru Ban, que depois de a Cruz Vermelha ter falhado na resolução do problema dos refugiados do Ruanda – apesar de ter feito o melhor que sabia – eram dois milhões – percebeu que ele podia utilizar a tecnologia de papel e de cartão que estava a investigar e com ela construiu casas que pôs ao serviço desses refugiados.

Isto é um trabalho notabilíssimo. Como hoje através das energias solares se podem criar postos no meio do nada para recolher água, para ter um posto de saúde e para poder ajudar as populações. Na minha opinião, tem de haver um envolvimento muito grande.

O design serve sempre uma finalidade?
Tem de servir. Claro que o design é um corredor de investigação que pode não levar a nada. Claro que o design é um corredor de

divertimento, no sentido da música clássica, que também não tem de levar a nada, em que se fazem exercícios de estilo, mas que não têm de levar a nada.

A arte não serve para nada?
Não. Só no sentido em que aqueles exercícios tornam o design mais rico, ainda que a experiência falhe.

No caso do design há o conceito industrial do objecto.
Não tem de ser produzido do ponto de vista industrial. Aliás, hoje há um debate que atravessa o design, porque durante muito tempo foi muito fácil, de alguma forma, arrumar o design. Era claramente o momento em que se passava das *arts et métiers* ou dos *arts and crafts* para a produção industrial.

Isto é, eu tenho de ter meios de quantificação para que uma dada peça de tecido, quando acabar, permita que o tear faça uma peça de tecido exactamente igual, e que toda a impressão que estou a fazer na primeira peça de tecido continue na segunda exactamente igual.

Um óptimo paradigma é o Ford T, que era montado numa cadeia de montagem: todos os carros eram iguais entre si, como hoje são, independentemente de os particularizarmos com mais ou menos extras.

Sente que a ideia, a consciência do design, nunca esteve tão presente no nosso quotidiano?
Hoje, curiosamente, fruto desta enorme crise de abundância nunca se desenharam tantos candeeiros, tantas laminagens, tantas cadeiras, tantas peças..., quer dizer, todos os dias são feitas peças de design. Porque nós, entretanto, temos ferramentas nas mãos que permitem fazer isso com grande facilidade.

Actualmente, temos uma plêiade de designers tipográficos em Portugal de grande qualidade que nascem por causa de um conhecimento que têm desta matéria, mas também porque entretanto têm ferramentas informáticas que lhes permitem desenhar e tornar mais rápido aquilo que eles têm no seu próprio conceito até à sua materialização. Então, o design hoje está em muitas circunstâncias a abandonar as grandes séries industriais e de alguma forma a retrair-se em séries limitadas que quase não têm diferença do que são as séries dos *arts and crafts*, a ideia do artesanato.

A ideia do artesanato é que eu faço 20 objectos e o charme dessas peças é que não há duas iguais.

De acordo. Mas aí o conceito de mercado também é outro.
Hoje o design está em muitos dos casos a desdobrar-se para séries limitadas, ainda em sectores ligados ao luxo, a uma ideia de fashion, de moda do design, séries limitadas muito mediatizadas, designers muito mediatizados.

Todavia, começa a haver sinais – o caso dos irmãos Campana, no Brasil, é extraordinário –, através da reciclagem e da proposta de novos desenhos para velhas funções com novos materiais, que mostram que o design está a abrir territórios antes impensáveis.

Um professor de design teria de dizer sempre: o design é a reprodução industrial, é a industrialização de um determinado modelo. Pois bem, é um projecto, é uma maneira de pensar e fazer, é pegar nestas variáveis que já falámos: dinheiro, orçamento, matéria-prima, as pessoas que vão estar envolvidas, outras especialidades, etc,etc, forma-função, função-forma. Há muitos destes paradigmas, neste momento, que a própria vida está a pôr em causa.

É sempre uma forma de comunicação?
É sempre uma forma de comunicação, falemos de design de comunicação ou de design de equipamento. Uma cadeira comunica, um avião comunica, um cinzeiro comunica, uma lâmpada comunica, um candeeiro comunica. Como um cartaz, um logótipo, um jornal, uma revista, um alfabeto.

Nós vivemos rodeados por um sistema de objectos cada vez mais complexo e cada vez mais com a ideia de que temos cada vez menos tempo para fruir das coisas com que somos bombardeados diariamente.

Eu costumo dar este exemplo aos meus alunos: com a vossa idade eu tinha um panorama restritíssimo de canais de televisão em Portugal, de rádios, de jornais e de revistas. Não havia computadores, telemóveis e Internet. E portanto isto fragmentou, abriu, explodiu.

Há dias li um texto interessantíssimo de um cientista americano que mostrava que tinha havido um alargamento da capacidade do cérebro dos jovens que lhes permite fazer mais coisas ao mesmo tempo e mais rapidamente, coisa que a minha geração – eu tenho 51 anos – não consegue. Eu não posso falar ao telefone, estar na net a fazer um trabalho para a escola, ao mesmo tempo no MSN, e ainda a falar com o meu irmão, com a minha minha mãe ou com o meu pai... É impossível.

Nós biologicamente somos iguais. Podemos ter áreas que não estavam suficientemente exploradas, no cérebro, na parte motora, e que a utilização destes jogos desenvolveu. É por isso que os miúdos ganham sempre aos adultos quando vão fazer um jogo de vídeo. Isso significa que está aqui a haver uma mutação. O nosso corpo continua aparentemente a ser igual, continuamos a ouvir e a ver da mesma maneira, estamos menos vezes doentes, temos melhor saúde, melhor alimentação, em princípio, nos países ricos. E portanto, neste quadro de comparação, estamos a perceber que estes novos equipamentos estão a provocar novos desenvolvimentos nas pessoas. Agora...

E a concentração?
Está a perder-se. Mesmo. Os níveis de concentração estão a perder-se de uma forma dramática.

O design deve ter algum papel neste contexto?
O design deve reflectir sobre isso e infelizmente tem tido um discurso bastante acrítico. Os designers estão a crescer exponencialmente. Neste momento, em Portugal, temos 33 escolas de design, de nível superior.

É muito?
Bastante. Profissional, politécnico, universitário, público, privado, de norte a sul, ilhas, para formaturas diferenciadas, mas que apontam – estamos a começar a estudar isso no Centro Português de Design – para, no mínimo, 1200/1300 novos profissionais por ano. Um país de 10 milhões e meio de habitantes não aguenta isto.

É como os cursos de jornalismo: não há mercado.
Não, não há, apesar de hoje haver mais encomendas de design. Só que o universo dos alunos cresceu muito mais do que o mercado. E esta desadequação todos os anos cresce, porque o mercado continua a não crescer tanto como as formaturas que se estão a dar. E há alguns dados preocupantes: hoje os designers estão no 3º lugar da desempregabilidade em Portugal, nas licenciaturas.

Por outro lado, e voltando ao discurso social, nós não temos hoje uma cadeira instituída, a não ser por interesse de meia dúzia de professores, que mostre que os designers são incontornáveis no espaço público e na definição do espaço público, no que diz respeito à acessibilidade de cidadãos portadores de deficiência. É uma área quase virgem em Portugal.

A utilização de novos materiais e a introdução de novos raciocínios para a reciclagem, que é uma coisa muito sensível para as jovens gerações, ainda não têm a sua componente suficientemente sedimentada no ensino universitário. Como é que estes jovens saem para o mercado de trabalho e depois pensam com essas variáveis?

O problema dos países ricos *versus* países pobres, é pensar que nós não temos de desenhar apenas para o nosso umbigo, mas que o design é uma ferramenta centralíssima fundamental para ajudar outras latitudes culturais, geográficas, políticas.

Bem, se for fazer uma entrevista a outro designer, ele dir-lhe-á coisas completamente diferentes e isso é interessante, porque é esta diversidade que torna o design fascinante.

Se bem interpreto aquilo que diz, o design tem de assumir preocupações sociais, uma atitude ideológica, quando na maior parte das vezes é visto como uma disciplina que tem sobretudo a ver com a estética.

Eu não prescindo dessa visão ideológica, que é uma visão de cidadania.

Visão essa que não está na moda...
Não, não está.

Deixe-me colocar a questão noutros termos. Por que é que essa visão, essa leitura ideológica em torno do design não está na primeira linha dos discursos dos designers?

Não sei se não está. Há muitos designers de uma determinada geração que têm este discurso muito bem sustentado. E ainda bem. Por outro lado, cruzo-me com muitos colegas e amigos pelo país e no estrangeiro, em conferências, e vejo que há uma grande preocupação de passar isto às audiências. E as audiências são constituídas por estudantes de fim de licenciatura, de mestrado, ou de doutoramento.

Quer dizer que essa é uma visão geracional?
É mais geracional, sim.

São as pessoas que viveram o 25 de Abril numa idade adulta ou quase adulta?

Em Portugal, creio que sim. No estrangeiro, esse é um discurso que existe há muito tempo. Eu penso que isso é bom, porque esta visão ideológica é uma visão muito democrática, é uma visão muito aberta que admite todas as leituras do design. Não é uma visão exclusiva, mas inclusiva. E portanto, a série limitada, a grande produção industrial, a grande mediatização, a pouca mediatização, o design mais mediático, vamos chamar-lhe assim, porque mais promovido, tem lugar ao lado do design mais social e, portanto, pode haver aqui uma sã convivência.

Daí entender que o esforço a fazer seja no sentido em que os diversos discursos do design não se anulem, mas que se completem. E completando-se, não fecham. Abrem a leitura possível sobre esta disciplina.

Essa abertura aceita o relacionamento do design com outras formas de comunicação?

Em 1995, quando se organizou o Congresso Internacional de Design em Lisboa e a assembleia-geral da organização do Icograda (que é a Organização Internacional de Design), no Porto, nós já tínhamos como tópico de reflexão, "As fronteiras em movimento".

Tínhamos os computadores em cima da nossa mesa a fazer design há cinco anos. É zero na vida das sociedades. Cinco anos é zero, 20 anos é zero. E portanto, essas fronteiras em movimento eram fronteiras que já se tinham sentido noutras áreas. O começo da miscigenação entre o urbanista, o paisagista, o arquitecto. A miscigenação entre a performance, a escultura, a pintura, o desenho. Entre o cinema, o teatro, o vídeo, a televisão.

Como é que posso definir as fronteiras do trabalho de um designer e de um artista plástico?

A miscigenação que eu referia abrange, evidentemente, o design, isto é, nós não conseguimos definir ou desenhar uma fronteira – e ainda bem que não conseguimos, na minha opinião – entre o trabalho de um artista plástico e de um designer.

Claro que quando o artista plástico está no seu atelier a produzir para uma galeria, para uma exposição, para uma venda no seu próprio atelier ou para seu gozo pessoal, ele controla todas as variáveis do seu processo. Ele escolhe os materiais, escolhe as séries, tem as ideias, ele trabalha, ele faz. E depois expõe ou não expõe. Se vive disso ou não, é outro problema.

Mas quando esse mesmo artista plástico é convidado por um arquitecto para trabalhar num painel, num material qualquer, numa estação de metro ou de comboio e tem de se cruzar com um designer, porque isso envolve a utilização do espaço público e a colocação de mobiliário urbano, esse artista está a entrar num território de confluência com o arquitecto e com o designer. E os três, com o engenheiro, por causa da estrutura da parede, entendem-se às mil maravilhas e isso é que é fascinante. Todos eles estão a trabalhar em áreas de fronteira, mas todos eles estão a trabalhar para um projecto comum.

Há quem diga que numa peça de design o que importa é que seja muito boa e que funcione. Nós não precisamos de saber qual é o autor dela. E eu defendo isto. Claro que há designers que são *stars* no mundo. Portugal não tem calibre para ter designers *stars*.

Ou Starcks *(risos).*

Ou *Starcks*. Aliás, o próprio Starck diz que há o chamado *Starck System*. Eu vi uma grande exposição dele, em Paris, e aquilo é um discurso muito auto-centrado, independentemente da mais-valia ou menos-valia das peças que ele faz. É um designer muito polémico e eu acho que ele gosta de ser polémico, de acordo com aquela máxima: "não importa se falam bem ou mal do meu trabalho ou de mim, importa é que falem".

Na primeira aula, digo sempre aos meus alunos: "Vocês vão ouvir uma leitura. Por favor, vejam outras". E portanto, o que eu acho é que há alguns sectores no design que são bastante radicais no sentido em que estão, na minha opinião, muito auto-centrados. Há discursos bastante egoístas no design internacional.

Em Portugal, não temos muito essa tradição e não há grandes afloramentos disso. Mas no design internacional temos assistido muito a esse fenómeno. E essas pessoas, normalmente, são bastante intolerantes e acham que um design de discurso social é uma coisa completamente ultrapassada. Ora, eu coloco-me no diâmetro completamente oposto. E portanto, acho que o design tem de ter uma visão integradora e também tem de ter lugar para essas pessoas, ter lugar para os *Starcks* da vida, com certeza.

Referiu há pouco o desemprego nos designers licenciados. Há profissionais desta área a afirmarem-se lá fora?

Vemos despontar na área do design de equipamento, na área do design de comunicação, multimédia também, na área da ilustração, valores topo de gama do mundo. E não é um nem dois. São muitos. Nós temos hoje designers a trabalhar no estrangeiro, em organizações de ponta, do ponto de vista da investigação. Até no lado mediático, não propriamente em media, mas no lado mediático, mas trabalhos que têm grande impacto. E eu sinto-me muito contente com isso.

A geração anterior à minha, não só em Portugal, tinha uma lógica um bocadinho proteccionista, do género "eu sou francês, o que é que vem aqui um inglês fazer?". Mas esta ideia da livre circulação de pessoas e bens num espaço europeu, apesar de tudo, implantou-se mais rapidamente do que eu estava à espera. E há pessoas dessa geração que mudaram de opinião, felizmente, assim como muitas dessas pessoas tiveram de se adaptar ao computador. E não foi fácil, porque eles já eram profissionais feitos.

O próprio Henrique também reaprendeu a sua forma de desenhar?

Sim, claro. Mas repare, tenho 30 anos – em números redondos – de vida profissional, sendo que apenas passei os primeiros 10 sem computador – mentira, os primeiros oito, porque é quando arrancamos com o processo do *Público* que, em Portugal, se trabalha pela primeira vez de uma forma integrada a fazer design assistido por computador.

Foi um momento marcante na sua vida profissional?

Absolutamente. Eu saí do *Público* em 2000, ou seja, dois anos depois do seu nascimento, momento este que teve precisamente lugar no meu atelier, com quatro pessoas. Fui convidado pelo Vicente Jorge Silva para alinhar na equipa fundadora do jornal.

Na altura era colaborador do Expresso.

Era colaborador do *Expresso*, sim. Quanto ao nascimento do *Público*, de que lhe estava a falar, começámos por ser quatro pessoas: o Vicente, Nuno Pacheco, Augusto M. Seabra, e eu. E nós os quatro, grupo que depois foi alargado e passou a nove, é o núcleo de fundadores do jornal. Ainda não havia sequer Sonae, nem Eng. Belmiro de Azevedo. Foi o tempo em que discutimos, analisámos e projectámos o que era e seria, a breve prazo, o panorama da comunicação social. Discutíamos sobre tudo: quais os critérios de independência dos jornalistas, dos fotógrafos, dos designers, de toda a gente.

Panorama esse que seria profundamente alterado com a entrada em cena dos computadores nas redacções e, posteriormente, com a existência da Internet.

Exactamente. A chegada do computador é um dado novo importante. Outro dado igualmente relevante era a possibilidade de trabalharmos em rede: Porto-Lisboa, Lisboa-Porto: duas redacções em contacto permanente, através de uma linha telefónica dedicada.

O objectivo era fazermos migrar as páginas de uma cidade para a outra e ainda mudarmos a informação à chegada, o que era muito importante. Por exemplo: mandávamos 10 páginas, mas naqueles minutos podia ter acontecido algo que obrigava a que num determinado artigo se acrescentasse qualquer coisa. Isso era possível, à chegada do lado de lá. Pegava-se no telefone – ainda não havia Internet – e dizia-se: "Cuidado, no artigo da página três houve este desenvolvimento...". Por outro lado, permitiu-nos trabalhar a imagem dentro de casa, pelas mais poderosas ferramentas que, no fundo, já eram o paradigma daquilo que nós hoje usamos, desde os programas de desenho aos programas de tratamento de imagem.

Isto ainda sem saber quem seria o proprietário do jornal?

Exacto. Com a entrada da Sonae começou a estruturar-se o jornal para sair no dia 1 de Janeiro (depois acabou por sair no dia 5 de Março). Mas o facto de haver um designer na equipa de quatro fundadores fez toda a diferença. Porque nós discutimos a construção da informação e a maneira de passá-la entre os dados recolhidos pelo jornalista e a maneira de eles chegarem ao leitor, em moldes completamente distintos.

Já não era só ler o jornal, mas também ver o jornal.

Absolutamente. E não é por acaso que no desenho original do *Público* as fotografias rompiam para a esquerda e para a direita, as próprias colunas. Não atacando a legibilidade da coluna de texto, a fotografia quase que fazia um zoom à frente. Porque havia um dente em que a fotografia ia queimar um bocadinho da coluna, de um lado e de outro. E, portanto, o *Público* deu um grande destaque à fotografia. Na altura, de resto, havia um jornal em Portugal que também dava, que era *O Independente*.

O panorama também não era famoso, na altura, a imprensa ainda estava estatizada...

É verdade. *O Independente* construiu um modelo muito à luz do *Libération*, até do ponto de vista do layout... Teve um naipe de fotógrafos de primeiríssima linha. Mas penso que o *Público* também teve, embora os fotógrafos do *Público* fossem mais fotojornalistas de raiz e os fotógrafos de *O Independente* tivessem um flirt muito maior com a fotografia artística, com grandes influências das fotografias de muitos sítios.

Vale a pena falar um pouco dessas influências. Como as viu?

Eu leio como uma das mais importantes referências dos fotógrafos de *O Independente*, Rodchenko, designadamente na altura da revolução russa, antes de passar para o período estalinista, quando ele faz um trabalho verdadeiramente *avant-garde*, para a época.

Ora, em *O Independente*, a utilização do preto e branco, o tombar o enquadramento – nós vemos a fotografia direita, mas a imagem está ligeiramente tombada –, os grandes planos e o zoom à frente, é uma lógica muito expressionista de construção dos contrastes, dos claros-escuros.

Quando lançámos o *Público*, com Luís Vasconcelos, que foi um dos editores juntamente com o Alfredo Cunha, discutimos muito, falámos muito, lemos muitas coisas sobre teoria da fotografia.

O perfil editorial do jornal tem muito a ver com as opções gráficas, de design.

Tem muito a ver com isso. Absolutamente. Eu sempre defendi que o designer é um grande designer quando é invisível. E portanto, o trabalho dele pode de repente atingir grande notoriedade, mas não tanto por ele, mas pelo confronto com outras peças.

Se nós temos nove cartazes que são maus e há um cartaz de grande qualidade que se destaca – isto é válido para a capa de um livro, é válido para um site, é válido para um carro –, muitas vezes é por demérito dos outros, porque mesmo os saltos de paradigma, as mudanças de paradigma desse projecto, porque usou um alfabeto tipográfico diferente, ou vários, usou tramas trabalhadas de uma determinada forma, usou um determinado tipo de papel, um determinado tipo de revestimento, não importa, que são processos de investigação e processos de inovação desse designer, eles ficam muito mais em evidência quando depois são comparados.

Portanto, *O Independente*, na altura, e o *Público* rompem com um determinado tipo de fazer as coisas, tentando equilibrar – eu não gosto de falar em causa própria – a relação entre informação textual e informação iconográfica. A ideia da foto-legenda, em que uma imagem fala por si e é apenas enquadrada por cinco, seis linhas ou um título; a ideia de menos texto, de maior fragmentação da informação: um ante-título, um título, um lead curto, uma capitular, subtítulos, destaques, caixas... Tudo isto para ajudar a construir um determinado universo de leituras de tipo diferente, numa altura em que nós não corríamos como corremos hoje. A construção da informação em qualquer jornal do mundo, em papel, é completamente distinta da construção da informação do mesmo jornal quando tem de passar pelo universo multimédia, para ser visto num PDA, para ser visto num computador, para ser visto em cima de uma mesa ou em movimento.

O Henrique e a sua equipa protagonizam o primeiro grande exemplo na imprensa diária portuguesa da passagem do analógico ao digital. Quer falar-nos dessa experiência?

Também por isso e na sequência do que estava a dizer, houve um trabalho, uma procura. Depois, de facto, do ponto de vista tecnológico, houve um conjunto de coisas que ajudaram nesta confluência: a transmissão, o computador ele próprio, a possibilidade de termos, de repente, um espectro tipográfico enorme aberto à nossa frente do ponto de vista dos alfabetos a usar, o tratamento da imagem que trabalhávamos na porta ao lado, dentro do mesmo piso, com especialistas que calibravam, que retocavam a imagem, que a preparavam para a edição, em função das redes que se ia usar, do tipo de papel, do tipo de impressão, etc, etc, etc.

E, curiosamente, era muito interessante ver como é que a mesma página – porque ela estava também no jornal do Porto e vice-versa – muitas vezes era bem impressa no Porto e mal impressa em Lisboa ou ao contrário. Nós percebíamos onde é que a coisa estava a correr mal ou bem, porque o ficheiro do ponto de vista digital era igual, tinham sido gerados os dois da mesma maneira.

Essa é a grande revolução: a passagem do analógico ao digital. E o *Público* é o grande jornal da passagem do analógico ao digital, porque *O Independente* era feito pelo processo analógico, montagem em papel. O *Público* não: é completamente escrito e montado dentro do computador; a única coisa que não era integralmente digital era a fotografia.

Há pouco o Henrique falou no Rodchenko. Ocorre-me referir outro russo, Eisenstein, e um filme dele, "A Linha Geral", que é o nome de uma antiga publicação da UEC. Chegou a colaborar nela?

Colaborei apenas uma vez ou duas, pois estou na Finlândia, nessa altura. Eu penso que o Linha Geral sai em 1977 e eu fui militante partidário até 1981, data em que abandonei a militância partidária. Continuo a ser empenhadíssimo como cidadão, mas absolutamente independente, sem partido.

Posteriormente eu e o Miguel Portas concebemos e fazemos um outro projecto, que é o *Contraste*.

Já estava na Caminho *nessa altura?*

Ainda não. Não quero mentir, talvez já estivesse na *Caminho*. Mas é ela por ela. Eu estou na *Caminho* entre 85 e 88. E o *Contraste* sai em 84 ou 85.

Aí sim, envolvi-me a sério. O Miguel era o pai do texto e eu o pai da imagem. O Miguel, convidou dezenas de pessoas para escrever, eu convidei dezenas de pessoas para ilustrar e para fotografar. E todos os números eram diferentes, era uma explosão de democracia, de liberdade das pessoas, foi uma coisa que nos deixou uma imensa saudade. Ninguém recebia um tostão, todo o dinheiro que nós ganhávamos com a venda daquilo era para imprimir o número seguinte.

É o seu primeiro marco, em termos de design de informação?

Sim, porque quando volto da Finlândia e da Suécia, em 1980, vou directo para a Guiné-Bissau e é ali que arranco como designer. Estamos a falar de 1980, uma data redonda. Até aí, obviamente, tinha feito muitas coisas no plano associativo, na escola, no liceu, tinha feito muita impressão, muitos cartazes, muitas publicações, com certeza. Mas o processo era muito primitivo, era máquina de escrever e um stencil.

Foi uma extraordinária experiência, sabe, porque me permitiu ver o que estava à volta da impressão. Por exemplo, a ideia de um impressor trabalhar ininterruptamente oito horas sem auscultadores num espaço em que o som não se propagava é terrível, porque cria uma doença profissional a curtíssimo prazo. Um homem ou uma mulher chegam a casa e não conseguem dizer olá ao filho sem ser aos berros, porque estiveram a ouvir o barulho de uma máquina de manhã à noite.

Novamente a preocupação com os aspectos da cidadania, a relação do profissional com o seu trabalho e as condições em que este é exercido.
Absolutamente. O problema das tintas, o problema da poeira dos papéis. Eu fui sempre muito atento a este outro lado, que é o lado não visível da coisa, o lado da pressão, o lado de ter obrigatoriamente uma coisa pronta, que é comum aos profissionais da comunicação social, que são profissionais de ciclo curtíssimo.

Hoje, um profissional de comunicação social que esteja numa plataforma de produção de informação integrada, que possa produzir uma peça para televisão ou um post para a net, ou uma peça para papel, o que for, e que anda, no fundo, equipado para fazer isto tudo, filmar ou fotografar, gravar o som, escrever e editar está sujeito a níveis de stress monumentais, que, na minha opinião, vão encurtar muito a vida das pessoas, porque não há resistência física para isso. Quer dizer, com 20 anos aguenta-se tudo, com 30 já não é evidente, aos 40 as pessoas começam a ficar cansadas.

A par do cansaço que refere, as profissões ligadas aos media sofreram profundas alterações nas últimas décadas.
É verdade: algumas especialidades profissionais morreram entretanto. Eu lembro-me do meu pai – era arquitecto – que tinha no seu atelier desenhadores. Desapareceu como especificidade profissional. Hoje são os arquitectos que desenham tudo, porque têm ferramentas dentro do seu computador.

Nos jornais aconteceu o mesmo. Acabou o linotipista, acabou o fotocompositor offset. Hoje é o jornalista que bate o seu texto, ao qual o editor dá luz verde. Portanto, esta ideia de bater um texto, de um texto vir de uma máquina de escrever ou manuscrito, como eu vi muitas vezes, e ir para o linotipista que o batia e que depois curiosamente reconvertia o próprio material, era uma ideia muito interessante de reciclagem *avant la lettre*.

Havia uma organização muito hierarquizada. Um jornalista ia para a rua, fazia a sua peça, entregava-a ao seu editor e ia-se embora. E a partir daqui, isto entrava dentro de uma lógica de produção em que ia para o linotipista, depois para o revisor, a seguir para o chamado redactor-paginador. Bem, o processo às vezes era tão rudimentar que em alguns sítios os paginadores – não se chamavam designers à época – davam a extensão do texto com um cordel com nós, para dizer "isto são dois A4", na altura eram dois linguados – chamava-se linguado a umas folhas que tinham um dado número de linhas e de batidas.

Tinham 25 linhas.
Exactamente. E havia um lado odioso, com que o *Público* rompe completamente, que é o respeito absoluto pela produção de cada protagonista.

Mais uma vantagem introduzida pelo computador?
Ninguém tinha trabalhado com computadores, ninguém sabia o que era um template, leia-se uma matriz. O que é que o computador nos permitiu fazer e que hoje é banal? Criar para cada página 5,6,7,20,1000 modelos diferentes. E portanto, o editor tinha em cima da mesa um conjunto de dossiês com fotocópias e podia escolher o modelo de construção de informação que lhe interessava e ainda tinha a possibilidade, até à uma da tarde, de pedir alterações a esse modelo fruto da premência informativa. Ou porque tinha uma grande fotografia, ou porque tinha uma notícia muito fragmentada em quatro, cinco páginas, ou em depoimentos, ou porque não fazia sentido fazer uma peça tão comprida, mas se calhar era melhor fazer três diferentes e ter protagonistas pelo meio, etc. E portanto, isto acaba com o lado odioso de amputar fotografias, ou seja, reenquadrá-las, porque o espaço entretanto tinha diminuído. Da mesma maneira que também acaba com a amputação de textos.

Dito assim, parece tudo fácil e pacífico. Não houve problemas de adaptação aos novos modelos de trabalho?
Lembro-me no início que, tal a dificuldade de adaptação de muitos jornalistas ao computador, tivemos de desenhar autocolantes nos teclados para que se fizessem determinado tipo de funções de rotina, que hoje qualquer pessoa instintivamente faz, como o cortar, colar, mudar a fonte.
Havia jornalistas que diziam nas primeiras reuniões plenárias do *Público* que nunca escreveriam em computador. E dizíamos: "Mas se tu fizeres o texto numa máquina de escrever, estás fora do sistema, a tua peça não vai para o saco dos artigos. O editor não pode ir lá buscar o teu texto para ler, não pode partilhar isso contigo, não pode

mandar para a revisão, não pode mandar para a paginação". Resposta deles: " Nem que nós arranjemos secretárias por editoria para bater os textos."

As secretárias e os secretários por editoria tinham outras funções, de pesquisa, de apoio àquela editoria específica, de ir buscar uma bibliografia – ainda não havia net. E portanto, isso foi incrível de ver. Incrível, mas foi extraordinário. E nenhum de nós antes tinha trabalhado com computadores.

Apontou há pouco os nomes do núcleo fundador do jornal. Lembra-se quando começaram a "conspirar", usando a expressão que o próprio Vicente Jorge Silva empregou quando o entrevistámos?

Eu estou no jornal, como disse, desde o momento zero, que é um bocadinho antes do Verão de 1988. Lembro-me que em 88 foi a Bienal de Vila Nova de Cerveira, que foi a única Bienal dedicada ao design, onde eu estive envolvidíssimo, de resto. E quando vou para Cerveira já levava este segredo comigo, porque nós já tínhamos estado numa reunião. Secreta. Conspirativa.

Os quatro que referiu?
Os quatro. E voltámos a reunir, depois, a seguir ao Verão.

Onde reuniram?
No meu antigo atelier, na Pascoal de Melo. Depois, rapidamente entram os outros cinco que fazem o núcleo dos nove fundadores e, aí, já articulados com um representante da Sonae, o Carlos Moreira da Silva, que passou a acompanhar o projecto. Devo dizer que esse período foi um momento exaltantíssimo até pôr o jornal cá fora. Pôr o jornal cá fora no primeiro ano foi uma coisa extraordinária. Fomos sabotados na altura da impressão, fomos sabotados muitas vezes em situações de distribuição...

Sabotados no momento da impressão?
Vou-lhe dar um exemplo: na hora da impressão, éramos preteridos.

Mesmo depois de a Sonae ter comprado a gráfica?
Não, não, isto é muito antes. Aliás, há um dado que é extraordinário: o primeiro número do jornal é impresso em duas gráficas diferentes. Nenhuma delas sabia que a outra estava a imprimir também. Duplicámos os originais.

Com receio que uma delas falhasse, vos enganasse?
Que nos sabotassem.

E quem é que vos queria sabotar?
A concorrência. Não vou dizer nomes. Peço desculpa, eu cultivo muito uma relação ética irrepreensível. Não direi, em momento algum, nem sob tortura.

Repare: as carrinhas de distribuição para entrarem na gráfica à noite, tinham que passar na portaria. As nossas carrinhas eram alvo de verificações burocráticas impensáveis e as outras passavam por nós para ir buscar os jornais. Parava-se a máquina para imprimir outro jornal. É por isso que nós, os fundadores do jornal, vamos todos para uma das gráficas e as fotografias que há dessa noite são tiradas pelos próprios fotógrafos do jornal nessa gráfica alternativa que nós arranjámos, onde abrimos a garrafa de champanhe.

Mas porquê sabotar-vos?
Uma das gráficas apostou connosco. Nós íamos à falência ao fim de três meses. Quem estava a apostar tinha todo o interesse que o jornal vingasse. Isto eu não consigo perceber, devo dizer. É uma coisa que me ultrapassa um bocadinho, porque eu não ando muito nestes mundos de... Não percebia porque é que alguém podia ter este tipo de atitude. Ou havia uma agenda escondida que dizia "nós vamos levar este jornal à falência".

Entretanto, tinha nascido e morrido num curto prazo o *Europeu*. Mas eles perceberam, os players no mercado perceberam, que o *Público* ia ser uma coisa muito séria.

Na altura, ainda estávamos no tempo da imprensa nacionalizada.
Não.

Sim, sim.
O que eu sei, que foi terrível de ver, foi que nós íamos assistindo, íamos noticiando os jornais a fecharem: *Diário Popular, Diário de Lisboa, O Diário*. Quer dizer, o próprio jornal ia dando notícia do fecho dos seus colegas.

Antes do lançamento do jornal, houve um ano de números zeros?
Não. Isso foi *O Independente* que dizia que nós estávamos a trabalhar para o boneco e chegou mesmo a fazer um número que era

"O Boneco". É muito bom. E gozava com os nossos nomes e havia uma data de nomes estrangeiros. O administrador era o editor de cheques...

Houve gente dentro do *Público* que levou aquilo muito a mal, que queria responder, mas eu fartei-me de rir. Considero que o humor é um acto de inteligência.

Não foi um ano, mas ainda foram uns meses de números zeros. É a primeira vez que tal sucede na história da imprensa portuguesa.

De acordo. Estivemos a fazer números zeros durante cinco meses. Começámos em Novembro, depois o jornal não sai, como previsto, em Janeiro (há aí uma semana em que paramos para retemperar energias) e a seguir retomamos e estamos a fazer números zeros até Março, data de lançamento do *Público*.

E quando sai é um dos jornais tecnologicamente mais avançados, na Europa.

Quando nasce, o *Público* é o jornal mais avançado do mundo. Quem o disse foi a própria Mackintosh.

Dá-se, aliás, um episódio muito engraçado, quando uma delegação da Mackintosh Europa veio visitar o jornal. Chegam à minha editoria (eram 20 pessoas, 17 em Lisboa e três no Porto) que foi, de resto, o primeiro departamento de infografia na imprensa portuguesa, e ficam admirados, de boca aberta, quando vêem 15 ou 16 computadores porque, diziam, nunca tinham visto tanto Mac numa redacção.

E eu quando percebo o equívoco, digo-lhes: "Vocês não estão a perceber bem, isto é só a sala de design e equipa gráfica". E os tipos dizem-me: "Como?"; "Com certeza, desçam as escadas comigo". Descemos a escadas, abrimos a porta para a redacção e estão 100 postos de trabalho todos com Mackintosh. E os tipos puseram-se a telefonar a dizer: "Temos de apoiar este jornal, isto é extraordinário".

De 1990 para cá, o design de comunicação, aplicado ao jornalismo, assumiu um protagonismo crescente, ao ponto de sempre que as vendas dos jornais baixavam – isso foi notório ao longo dos anos 90 – recorria-se a uma remodelação gráfica. É exigir muito de um designer?

É um equívoco gravíssimo e é um equívoco decorrente de muitas plataformas de produção de design de informação, muitas delas sediadas no mundo latino-americano e no mundo anglo-saxónico, em que há plataformas com agentes comerciais que trabalham para essas agências de design de informação e que de repente vão desenhar três jornais na Colômbia, cinco no México, ou que vão desenhar para a Austrália, para a Nova Zelândia, Reino Unido e Estados Unidos. Aí o azimute era comercial e por isso o discurso: "O design é muito importante e é incontornável. Vocês estão em crise, chamem o design que o design é o bálsamo".

Trata-se de vender um produto?
Exactamente e porquê? Porque o objectivo era vender esses serviços, esses trabalhos, porque entretanto começava a haver estruturas pesadas, pessoas que reflectiam sobre informação, em observatórios, em que propunham tendências na informação.

Nós fartámo-nos de ouvir aqui algumas dessas pessoas, quando quisemos fazer o *Público*. Lembro-me de uma reunião homérica num hotel em Lisboa, em que estávamos 12 pessoas à volta da mesa, já com editores fotográficos, e vem uma pessoa do estrangeiro que pega no *Expresso* – 80 por cento das pessoas que estavam ali tinham trabalhado no *Expresso* – e começa a mandar folhas do jornal para o chão: "Isto não, isto não, porque isto não, porque a relação da fotografia, do título e do texto". Quando nós lhe dissemos que aquilo tinha sido feito por muitas das pessoas que já não faziam o *Expresso*, que já não estavam lá, mas que no fundo era aquele modelo, fez-se um silêncio muito estranho na sala, não é verdade?

Aquele senhor depois foi-se embora. Nós percebemos que tínhamos de ir lá por nós próprios. Então fomos ao *Libération*, fomos ao *Independent*, fomos ao *Le Monde*. Dividimo-nos. Fomos estudar, fomos falar com essas redacções. Estudámos e aprendemos.

Mas um designer não é indiferente ao sucesso comercial do projecto que ajudou a fazer graficamente.
Não é, mas de facto há aqui uma grande armadilha que é mascarar o problema das tendências de mercado, de um problema de haver ou não leitores, haver ou não capacidade económica para comprar jornais, ou interesse nisso. E portanto, caiu-se nesse equívoco: jornal em crise, refaz-se o design para se tentar vender mais. Não há nada evidente. Essas plataformas de produção de design têm atrás de si, muitas vezes, máquinas de grande promoção. E portanto, há um sistema, às vezes, perverso da entrega de prémios internacionais como argumento de venda, "Jornal mais bem desenhado a sul do paralelo

32 e tal". E isto passa a ser argumento de venda. E muitas vezes é publicidade enganosa. Porque não se percebeu como é que foi constituído o júri.

Um jornal para resultar tem de acertar na *mouche* num conjunto de variáveis. Desde logo, tem de ser bem escrito.

O que é um jornal bem escrito em 2009?

Isso dá origem a colóquios intensos, não é? São notícias longas, são notícias curtas? Textos que remetem para a net? Um bocadinho como o *Courrier* começou a fazer, lançando a ideia do "Para saber mais", e dá alguns sites, revistas e livros sobre o tema? Eu, que sou um leitor compulsivo de jornais e de revistas, há uma altura em que descolo, que não consigo acompanhar, é impossível.

Voltando à questão do Público. *O que é que acabou por correr mal consigo para ter saído do quadro ao fim de dois anos?*

Pessoalmente achei que mais do que um ano no jornal ia fazer-me entrar numa rotina. Se calhar, fui excessivamente radical nisto, mas houve um factor de ordem pessoal determinante, que foi a morte súbita do meu pai, em Setembro. E, de repente, as prioridades da minha cabeça alteraram-se todas.

Depois de ter saído do quadro, mantive-me como colaborador até que sou confrontado com uma mudança do design do primeiro caderno do jornal que se tinha mantido; apesar de algumas alterações sou confrontado com umas maquetes feitas no estrangeiro (não tem problema nenhum, para mim, ser no estrangeiro, acho um bocadinho desnecessário, mas tudo bem) e sou posto perante esse facto consumado, em Maio de 2000. Manifestei o meu desacordo, disse que me ia demitir do jornal, fui de alguma forma impedido de o fazer, com o argumento de que eu era um dos fundadores. Entretanto, essa renovação gráfica é feita completamente à minha revelia e, portanto, foi-me pedido para acompanhar uma reformulação que no fundo matava o meu próprio trabalho e achei aquilo um bocadinho auto-fágico. Daí que, no último dia de 2000, me tenha demitido irreversivelmente. Devo dizer que, do ponto de vista afectivo, não foi um momento nada fácil para mim.

Como é que vê o Público *hoje? Graficamente, é um jornal que o estimula?*

Não, é um jornal que não me estimula e eu hoje falo livremente disso. Por razões éticas, não fiz em nenhum fórum, nem privado nem público, qualquer comentário ao design do jornal que sucedeu ao meu. Não tenho nada a ideia de que a seguir a mim é o dilúvio. Acho que isso é uma atitude de uma arrogância incomensurável. E portanto, no fórum universitário, em colóquios, profissionalmente, no meu atelier, em todo o lado, eu não fiz nenhum comentário ao design que sucedeu ao meu e que ainda esteve muitos anos.

Ao actual faço. Porque este não veio substituir o meu e, portanto, estou completamente à vontade. Acho que o leitor se perde completamente, acho que é um modelo tipicamente britânico, aliás o modelo deste jornal é decalcadíssimo do *Guardian*, é o mesmo designer, não tinha que ter feita a mesma coisa. Há breves que estão na cabeça do jornal, inclusive, de que se perde completamente o contexto. Os próprios jornalistas do *Público*, pela informação que eu tenho, sentiram grande dificuldade de adaptação a este modelo.

Desenhou duas gerações da Ler, *hoje desenha a* Egoísta; *é muito diferente desenvolver o design de um jornal e o design de uma revista?*
Absolutamente. Porque os tempos são completamente diferentes, dos de um jornal diário. A *Egoísta*, por exemplo, é de um ciclo muito longo, uma vez ser uma publicação trimestral.

A *Ler*, por seu lado, apresenta, ainda, a característica de se destinar a uma área muito específica, ou seja, é uma revista de livros e é uma revista para um determinado mundo, que é o meu – o mundo dos livros e das edições. Gostei muito de fazer.

A TVGuia *não é eventualmente o seu mundo das edições. Em que é que um projecto como a* TVGuia *o desafiou como designer?*
Eu passei pela *TVGuia* muito episodicamente, isto é, no momento em que o João Gobern estava na direcção da revista. Obviamente que um designer não pode ser um aristocrata e, nessa medida, não estabeleço diferenças entre o *Público* e *O Jogo*. Ou entre o *Público*, a *TVGuia*, a *Egoísta*, a *Ler*, sob pena de ser arrogante e aristocrata.

A *TVGuia* é uma revista de informação sobre televisão. Pergunta--me: revê-se naquela informação? Não, não revejo. Compra a *TVGuia*? Não, não compro. Mas também não compro jornais desportivos. Também não leio jornais desportivos. Pergunta-me: compra a *Egoísta*? Compro. Compra a *Ler*? Sim. E o *Público*? Também.

O que é que eu quero dizer com isto? Quero dizer que um designer tem de estudar esse território e tem de procurar dar-lhe resposta.

E portanto para mim preocupavam-me na *TVGuia* algumas coisas que foram muito importantes, que era o problema da legibilidade da informação associada à programação de televisão ou de rádio ou o que fosse. É muito complicado pôr muita informação em muito pouco espaço.

Agora, eu não me revejo naquela imprensa que, enfim, tem um carácter sensacionalista. Acho que não vem mal nenhum ao mundo em se desenhar uma revista de televisão, da mesma forma que recusei desenhar uma revista que *O Jogo* fez quando eu estava a desenhar o jornal, que ainda existe e cujo nome, creio, é *J*.

Recusou-se porquê?
Ia contra os meus princípios. Uma revista de televisão não vai contra os meus princípios, sobretudo, como foi o caso, porque me foram dadas garantias que a *TVGuia* não ia por um determinado caminho...

No caso de *O Jogo*, não do jornal, mas da revista, visava uma exaltação do corpo masculino e feminino, no qual eu não me revejo. E eu que me formei em Belas Artes, que desenhei modelo nu, não me rever nisto, quer dizer que estamos numa total banalização de determinados estereótipos. Portanto, essa revista pretendia, no fundo, alavancar a venda do jornal, mostrando raparigas nuas ou semi-despidas. É um discurso no qual eu não me revejo de forma alguma.

A *TVGuia* foi, na minha vida profissional inteira, se calhar, a experiência de fronteira. Mesmo assim, aceitei porque era o João Gobern, se não, não teria aceite. E portanto, eu tenho um conjunto de princípios éticos e deontológicos dos quais não abro mão. Isso teria sido igual se a revista fosse vender corpos masculinos. Eu sou heterossexual, mas quer dizer, a ideia de estar a pôr corpos despidos – o que agora acontece em todo o lado para vender comprimidos ou o que quer que seja – é completamente estúpido, para não usar outra palavra. Quero com isto dizer que se me convidassem para desenhar algumas revistas que estão no mercado ligadas a este tráfico dos corpos, que agora há cada vez mais, eu não o faria.

Do ponto de vista do design, há uma linguagem específica para a imprensa de referência e para a imprensa popular?
Há, mas há aqui uma coisa que é bastante perversa que é a ideia de que o argumento último e definitivo é do marketing ou do mercado. E portanto, sob esse ponto de vista, o mundo está aqui a mudar

numa área que não gosto nada e que, como profissional, independentemente dos anos que tenho ou da importância que possa ter no mercado profissional, não tenho qualquer força para mudar. Posso mudar através do trabalho que vamos fazendo aqui quotidianamente e das minhas tomadas de posição, naturalmente. Mas quando se diz que o mercado não quer capas pretas com letras brancas, o que é que se responde a isto?

Uma vez, junto de um *publisher* de uma revista que teve curta duração, o único argumento que ele usava era o mercado. Eu disse-lhe: "Mas isto é muito simples, vamos almoçar os três: você, eu e o mercado. E depois teremos seguramente oportunidade de debater". Claro que ele não teve resposta para isto. Aliás, foi uma revista de onde eu saí, porque não me estava a sentir bem.

Pior será, ainda, o universo da publicidade...
Era incapaz, por incompetência, de trabalhar em publicidade. Com o conjunto de regras codificadas que a publicidade tem eu não me integraria, eu iria ser infeliz a trabalhar nessa área.

Respeito quem lá trabalha, a publicidade dá trabalho a muitos designers, há profissionais de enorme gabarito, designers topo de gama, em Portugal e no estrangeiro, nessa área. Eu é que não conseguiria.

Há cerca de três anos e meio renovou a imagem do Diário de Notícias. *O que é que lhe foi pedido, na altura?*
Redesenhar tudo. Repensar todo o jornal, intimamente ligado à informação, e aceitei, porque o *Diário de Notícias* era dirigido por quatro jornalistas que merecem no plano humano e no plano profissional o meu respeito. Especialmente, o seu então director, António José Teixeira. E foi uma experiência, do ponto de vista profissional e humano, riquíssima. A grande diferença entre estar a trabalhar num jornal de raiz como o *Público* e pegar num design e numa estrutura com muitos anos foi muito interessante.

Já fora convidado, aliás, anos antes, na altura em que o *Diário de Notícias* pertencia a outros proprietários, para colaborar com ele, mal saí do *Público*, mas recusei. Eu rejo-me por normas e por princípios dos quais não abro mão. E portanto, eu tinha de fazer o meu luto do *Público*. Foram essas mesmas regras que me levaram a demitir-me instantaneamente quando assisti à demissão forçada do António José Teixeira da direcção do *Diário de Notícias*, que é uma coisa que não tem nome. Não só dele, como do resto da direcção editorial: Helena Garrido, Eduardo Dâmaso, João Morgado Fernandes. Eu trabalhava cooptado por eles, éramos os cinco que estávamos a fazer o *Diário de Notícias*, para além de um leque imenso de jornalistas de grande qualidade, de editores, fotógrafos e de designers. Era uma equipa imensa. Era e é. Achei inominável aquele processo.

Foi um sonho que acabou muito curto, foi muito rápido. Fiquei muito magoado com este processo. E também não faço comentários, obviamente, ao design que hoje está a correr no *Diário de Notícias*.

Foi um sonho interrompido?

Sem dúvida nenhuma. Mas foi também um teste incrível à minha capacidade de reacção em tempo real. Aliás, o António José Teixeira, o Eduardo Dâmaso, a Helena Garrido e o João Morgado Fernandes estavam contra a minha demissão. E eu disse: "vocês nem pensem nisso". Claro que reforçámos os laços de amizade entre nós, como é óbvio, e de respeito ético e profissional. E portanto, não só não faço comentários a quem tomou estas decisões, nem a quem para lá foi, nem àquilo que é feito hoje no *Diário de Notícias*, embora tenha direito às minhas ilações.

A capacidade criativa também está intimamente ligada aos meios de que se dispõe?

Absolutamente. Eu tenho escrito alguns textos sobre o caldeirão onde os designers se meteram, por exemplo, no trabalho de manipulação fotográfica, sobretudo na área da informação. O que é que pressupôs a passagem do analógico ao digital? O que é que leva a que nós aqui sentados, em Maio de 2009, possamos dizer que a imagem do Trotsky foi tirada pelo Estaline quando ele está ao lado do Lenine num comício, e por que é que daqui a 100 anos, nós nunca poderemos dizer a mesma coisa sobre se o cão do Obama ou o Secretário de Estado ou político qualquer foi apagado desta ou daquela fotografia? Porque o digital permite limpar sem deixar traço e o analógico deixava sempre o rabo de fora. Era um bocadinho "o rei vai nu". E acho que os designers foram atirados para dentro desse caldeirão, com a entrada em cena de muito software que permite isso, do Photoshop, especialmente. Antigamente, o designer não entrava nessa parte, a da fotografia.

Estava, sobretudo, a pensar no caso da Egoísta, *quando lhe perguntava sobre a influência dos meios no trabalho do designer. A ca-*

pacidade criativa depende do dinheiro que é posto à disposição do designer?

No caso da *Egoísta* sim. Mas a *Egoísta* trabalha para um orçamento fixo, cuidado. O segredo dela é que o plafond de arranque foi alto. Mas é um plafond fixo. Há uma negociação: se há uma capa mais cara na sua fabricação, ou um número mais caro na sua fabricação, tem de haver uma compensação num número seguinte. Agora, claro que os meios disponíveis ajudam, porque não há limites e podemos usar as tecnologias e os materiais e as impressões e os quentes e os revestimentos de uma outra forma. Mas a *Egoísta* é um caso excepcional.

A *Egoísta* nasce porque a Patrícia Reis e eu decidimos fazer uma revista. Não havia Casino, como no *Público* não havia Sonae. Nós fomos ter ao Casino, mas já tínhamos o projecto feito. Funcionou, resultou. Fomos bem acolhidos.

Para fazer bem é preciso gastar muito?

Para fazer bem, é preciso estudar muito. É preciso tentar muito. É preciso transpirar muito. Não é preciso gastar muito. Eu comecei por dar o exemplo da Guiné-Bissau que é o exemplo de gastar zero. São dois extremos.

Eu identifico-me muito com o processo da *Egoísta*, porque eu também não renego que haja nichos de luxo, com certeza. Eles existem. O que eu acho é que, como designer, sou mais útil à sociedade não largando este discurso e esta prática que eu tenho de tentar ao desenhar uma exposição, não pôr de parte as crianças e o acesso das crianças à informação.

Toda a informação está a uma determinada altura, as crianças passam ao lado. Porquê? É um excelente exemplo. Por que é que um cidadão numa cadeira de rodas ou um cego ou um surdo não podem ter acesso à informação, embora veiculada de outra forma? Eu, por exemplo, não tenho site do atelier, precisamente por causa disso. Eu só porei no ar um site – e hoje já há tecnologia para isso – quando esse site puder ser acessível aos cidadãos invisuais.

Por oposição ao projecto da Egoísta, *viveu a experiência no* CNL. *Quer resumidamente falar sobre isso?*

O *CNL* foi para mim muito útil porque fartei-me de aprender.

Quer ser mais concreto?

Aí está outro mundo ao qual tive grande dificuldade de adaptação. Na televisão assisti a um mundo muito competitivo. A competição é uma coisa que dá um bocadinho cabo de mim. Eu percebo que haja competição quando vejo uma corrida de automóveis ou um jogo, não importa de quê, claro que há competição. É imanente. Mas não é por acaso que não sou nem corredor de automóveis nem desportista de outro teor.

Mas o seu gabinete participa em concursos, certamente.

Cada vez menos. Quase nada, agora. Estou farto de perder. Aliás, 90 por cento, perde-se. Mas eu tenho muito *fair play*. Entra-se num concurso, só há duas hipóteses: ganha-se ou perde-se. De qualquer forma, esta ideia da competição é uma ideia que me perturba um bocado.

Foi esse ambiente de competição que encontrou no CNL?

A televisão é um mundo muito, muito, muito competitivo, quase sem regras. Ou seja, a ideia de que alguém vai aparecer numa pantalha e de que isso é um exercício, eu diria narcísico, contamina todo o discurso a partir daí. Há uma espécie de uma plataforma onde as pessoas se movem que é muito, muito complicada, na minha opinião.

Assisti a processos a que gostaria de não ter assistido, assisti a incompetências às quais gostaria de não ter assistido e, portanto, demiti-me do *CNL*, mas num curtíssimo prazo. Ou seja, o canal foi para o ar e eu demiti-me pouco tempo depois.

Eu luto até ao fim. Quando acho que não há condições porque estou em absoluta minoria, saio. E não guardei nenhum rancor. Não falei mal de ninguém. Ninguém me ouviu tecer comentários desagradáveis. Zero. Não me espantou que o *CNL* acabasse, que tivesse vida curta. Depois disseram-me que o *CNL*, no fundo, tinha sido uma espécie de balão de ensaio do canal *SIC Notícias*. Aliás, a *SIC Notícias* ainda lá tem *CNL* minúsculo que aparece no genérico, pequenino, porque acho que isso faz parte do contrato de concessão.

Voltemos à imprensa. Os jornais em papel estão a entrar em crise. Grave crise.

Há uma migração para o online. *Isso vai também colocar novos desafios, uma nova forma de abordagem das coisas?*

Claro que sim. Eu aí prefiro entrar mais na área dos conteúdos e trabalhar com designers que estejam *hands on* na produção do material multimédia.

Nós aqui no atelier temos feito bastante material multimédia, desde CDs a sites. Mas, curiosamente, quando vamos fazer uma apresentação *by the book* de qualquer coisa, raramente pomos coisas multimédia; ou então pomos ícones desse trabalho multimédia. Ainda agora fizemos um CD muito interessante do ponto de vista da navegabilidade e da consulta sobre a exposição do terramoto que esteve no Terreiro do Paço, que nós desenhámos, que vai ser lançado com o livro e que nos deu imenso prazer. Como peça acabada estamos muito contentes com o trabalho, que é um trabalho de uma interacção entre muita gente. Mas para mim, não se compara com o livro, não se compara com fazer um produto em papel.

Mas cada vez mais os conteúdos...
Estão a migrar para esse suporte, claro que sim. No nosso caso, temos desenhado muitas coisas para plasma, temos desenhado muitas coisas para interacção no espaço. No Fluviário de Mora, por exemplo, trabalhámos com a IDreams, em que eles se encarregaram da parte toda de interacção, que é uma interacção gestual, e nós estivemos a trabalhar com uma equipa que esteve a fazer desenhos para essa apresentação sobre a nossa direcção de arte. Quando desenhámos o pavilhão de Portugal na exposição mundial do Japão, onde estiveram livros mágicos, no fundo propúnhamos às pessoas a interacção com tapetes com projecções. E no meu trabalho como designer de cenários de teatro e de ópera, tive um cenário no Teatro Aberto em que havia uma representação gráfica no chão, relacionada com a representação dos actores.

Como designer, qual a principal aprendizagem que fez?
Olhe, foi tudo. Foi a influência de muitos designers nacionais e estrangeiros, mas foi a influência do mundo em geral, à minha volta. De um filme, de uma peça de arquitectura, de um livro, de uma revista, de pessoas. Gosto muito de falar com as pessoas, de aprender com as pessoas e de estar com as pessoas.

Aprendi com erros que se cometeram, aprendi com coisas boas que se fizeram e fui construindo o meu edifício mental, a minha grelha mental, tanto no plano ético, como deontológico, como da própria produção do design. Definitivamente, eu não sou hoje a mesma pessoa que era há 30 anos, quando comecei.

Do ponto de vista do design, como é que caracteriza a imprensa portuguesa, hoje, Maio de 2009?
Há o muito mau e o muito bom. Há o muito mau, muito mau, muito mau e o muito bom. Não vou dizer nomes.

Nem no muito bom?

Nem no muito bom. Não quero ferir susceptibilidades, porque a força de um determinado tipo de discurso... Nunca tive medo de afirmar as minhas opiniões, atenção. Mas, se me convidassem para escrever um texto, eu ponderaria essas minhas opiniões e escreveria.

É por isso que eu imagino que não deve ser fácil a vida de político, estar com a imprensa em cima e ter de responder, de dar *soundbites* todos os dias. Mas vou tentar responder à sua questão. Há um jornal no Porto, que é o *Primeiro de Janeiro*, que eu vejo à noite, quando mostram as primeiras páginas: é difícil fazer pior do ponto de vista do design, na priorização da informação, na articulação do texto com a imagem, na legibilidade, na utilização da cor... É difícil fazer pior.

Do ponto de vista do design, penso que temos no primeiro caderno do *Expresso*, um bom exemplo, uma peça bem desenhada. Não sei se temos muitos mais. Ainda é cedo para fazer uma avaliação sobre o jornal que saiu hoje, o I, e não vou comentar o *Diário de Notícias*, por razões óbvias. Considero a *Visão* bem desenhada, para news magazine, acho-a bastante bem desenhada mesmo, assim como o *Courrier Internacional*. Enfim, se pensar mais cinco minutos, arranjo outros exemplos.

Estes são suficientes. Os jornais online estão a saber aproveitar as potencialidades todas que a tecnologia coloca à sua disposição?

Na minha opinião estão muito no princípio. Creio que os jornais *online* estão a ser vítimas das velocidades de processamento, das bandas-largas, das plataformas que usam, das fontes *embedded*, de todo um conjunto de variáveis que retira algum fascínio ao design desses jornais. É um bocadinho como os blogues; nós olhamos para muitos blogues que têm conteúdos diferentes e autores diferentes e muitos deles têm o mesmo tipo de layout. Porque eles vão a um sítio picar as letras, a organização, a coluna central... Isso para mim é pouco estimulante.

No papel pode-se inventar mais. Há peças lindas do princípio do século XX, do ponto de vista da utilização da tipografia, da fotografia, do texto, que continuam hoje, cem anos passados, extraordinárias. Tivemos peças em Portugal extraordinariamente bem desenhadas em papel, com foles, com aberturas, com imagens a ir ao corte, com a intersecção de imagem com texto, com meias tintas, com vernizes, com relevos. A pantalha não dá isso.

A pantalha dá uma navegabilidade para cima e para baixo, da esquerda para a direita, muito limitada ainda. Quando nós começarmos a fazer aquilo que o MIT já desenvolveu, que é um bocadinho aquilo que já vemos no "Minority Report", aí sim.

O transístor em papel?
Estive recentemente com a senhora que está a dirigir essa equipa, numa conferência, em Lisboa. Ela tem muitas outras coisas que não apresenta publicamente e que vão mudar muito a nossa relação com o suporte papel. Não é só o transístor dentro da máquina, é o papel em cima da mesa. Hoje temos uma infinidade de suportes: tecnologicamente podemos imprimir na água, no céu, na poeira, numa cortina de picos de água, enfim, podemos imprimir em todo lado. Quando digo imprimir, é imprimir informação, em movimento, estática!...

Acredita que ainda vai desenhar mais algum jornal?
Por acaso acho que não.

Porque não o vão convidar?
Acho que não me vão convidar.

Porquê?
Por causa da crise.

Da crise?
E porque ainda há destas receitas, destas fórmulas, de pedir a estas super-empresas internacionais que façam. E depois porque o meu discurso não tem a ver com moda. Claro que posso usar um alfabeto tipográfico que hoje seja um alfabeto contemporâneo e que seja um alfabeto que faça sentido, mas o meu discurso sobre os fundamentos da informação, sobre a sua articulação...não é isso que interessa. Hoje interessa desenhar, estar na moda e andar rápido e despachar. E eu estou no movimento inverso.

À medida que vou envelhecendo, quero mais tempo para pensar as coisas, mais tempo para escrever, mais tempo para desenhar, porque eu acho que as pessoas não só da minha geração – os meus filhos têm 24 e 22 anos – já atingiram a náusea desta comunicação. Claro que usam todos estes processos contemporâneos de comunicação, mas lêem muito e são dois jovens do mundo, vivem os dois em Nova Iorque, estão envolvidíssimos na sociedade contemporânea. Mas souberam temperar. Souberam temperar Chopin com um grupo que saiu ontem. Sabem temperar literatura, um clássico que é o Shakespeare num livro ou num site. E eu acho que está a faltar muito... eu temo que dentro de alguns anos não tenha interlocutores.

A quem vamos pedir responsabilidades? Aos donos e directores dos media, aos cidadãos?
Não gosto de atribuir culpas. Acho que agora há uma lógica economicista. Ponto. Depois parece que temos de viver numa aceleração permanente.

E, bem vistas as coisas, nós hoje não temos tempo e quando temos tempo, temos medo. Porque eu digo aos meus alunos para um dia, por ano lectivo, no fim-de-semana, desligarem todos os aparelhos aceleradores da nossa vida. Tira o relógio, não ligues o telemóvel, não ligues o computador, não vás à net, não ouças rádio, não vejas televisão. Dorme, namora, não faz nada, come, bebe, olha para ontem, lê, ouve música, o que quiser.

Ele ou ela ficam a olhar para mim com uma cara de pânico absoluto.

É disso que temos medo?
Absolutamente. Não é por acaso que as pessoas que têm muito pouco para dizer, falam muito, porque têm medo do seu próprio silêncio. Aliás, os japoneses dizem – foi um dos primeiros textos que eu li sobre a Expo, muito interessante – que nós para termos verdadeiro silêncio, temos que ter algum ruído. E o japonês, por exemplo, numa casa, diz que basta uma bica de água a cair, para nós darmos o verdadeiro valor ao silêncio.

É por isso que quando entramos num estúdio aquele som completamente abafado de silêncio absoluto é opressor. Agora, uma coisa é uma pausa, outra coisa é um silêncio daqueles de 10 minutos, é opressor. Total silêncio lá dentro, não há barulho nenhum. E portanto, eu não sei se gosto muito deste mundo tão acelerado. Não sei, mas isso é uma questão geracional.

A questão que eu ponho é se os jovens da idade dos meus filhos, da idade dos meus alunos, se estão a gostar. Estou a ver muita gente a não gostar e estou a ver que não há maneira de dar a volta.

Se há muita gente a não gostar, quer dizer que vai ser possível desacelerar?

Não sei, porque há aqui uma lógica que é uma lógica trituradora. Vamos ver. Eu não gosto de falar do futuro, eu estou aqui no meu posto, na minha linha de combate quotidiano. Eu não faço nenhum discurso contra a tecnologia nem contra o progresso, longe de mim. O que é isto? O que eu acho é que é cedo demais. Passaram 20 anos, o que é que são 20 anos na História da Humanidade? Zero. Às vezes, 20 anos na vida de uma pessoa é zero. Outras vezes é tudo. Há pessoas que se libertam ao fim de 20 anos de um trabalho completamente cinzento e vão plantar batatas, ou dar aulas, ou estudar e não gostam de falar daqueles 20 anos.

Eu estive 16 meses na tropa, em democracia, já sem Guerra Colonial, e eu tenho uma autêntica branca sobre o que foram esses meus 16 meses. Não gostei, ponto. Portanto, não me lembro, para mim não existiram. E quando saí de lá não me senti particularmente mais velho.

Dezasseis meses num jovem que tem 21 anos é diferente de ter ido à Guerra Colonial e morrer ou ver morrer e matar. Portanto, há aqui uma ideia de tempo, uma ideia de atenção, uma ideia de estudo, uma ideia de partilha da informação, em que há muita confusão. E eu vejo os alunos na Faculdade e vejo que, ano após ano, isto está a degradar-se. As pessoas estão mais preguiçosas a buscar informação, têm menos capacidade de concentração, têm menos atenção, porque estão em muitas plataformas ao mesmo tempo. Muitas, muitas, muitas.

Mas os melhores são melhores.

Absolutamente. Essa é uma bela frase: os melhores são melhores. E eu tenho tido o privilégio de ter alunos extraordinários. No outro dia emocionei-me com a apresentação de uma aluna minha que fez um documento estratégico sobre uma cidade portuguesa. Os melhores são efectivamente muito bons. É por isso que eu digo que tenho uma grande confiança na nova geração de designers portugueses e nos novos ilustradores. Mas os ilustradores vão deixar a muito curto prazo – já estão a deixar de ter – suportes para ilustrar. A imprensa está a deixar de ser um território de afirmação. E os designers por aí não vão longe também. Não vão, não.

Maria Elisa

*Cada televisão devia fabricar
mais o seu próprio pensamento*

Eis a primeira mulher a apresentar telejornais e a fazer entrevista política, em Portugal. Trata os seus interlocutores educadamente e com a atenção que reclama para si própria. Esteve no projecto da *TV1* e foi directora de programas da *RTP* e da *SIC*, nesta última até quase ao arranque da estação. Interrompeu a licença de parto para ir fazer a manifestação do primeiro 1º de Maio e não parou mais.

Aceita e percebe que a tratem por "senhora televisão", com a mesma naturalidade com que admite as suas grandes contradições: milita na esquerda pelos temas sociais e cívicos; alinha à direita quando se trata de assuntos políticos. Fraternal e sincera nas palavras trocadas em quatro horas de entrevista feita nos estúdios da Antena1, Maria Elisa conserva, ainda hoje, os padrões de exigência profissional dos primeiros tempos, quando a educação austera que teve a obrigava a nunca poder falhar.

Natural de Lisboa, onde nasceu em Junho de 1950, frequentou Medicina e o Conservatório, esteve na fundação do Teatro da Comuna, foi deputada independente eleita pelo PSD, assessora da Primeira-ministra Maria de Lourdes Pintasilgo, dirigiu a *Marie Claire*, esteve na campanha presidencial de Freitas do Amaral e deu a cara pela Interrupção Voluntária da Gravidez. Todas as suas escolhas foram sempre ditadas pelos afectos. Sobretudo as mais contraditórias. Mas o olhar e o sentir da jornalista continuam alerta, porque ela sabe e diz que "há gente a sofrer e a viver muito mal" que precisam da sua voz e da consciência social que assume ter enquanto jornalista.

A televisão é a marca dominante no seu percurso profissional. Ainda se reconhece quando lhe chamam "senhora televisão"?

Claro que sim. Acho que me reconhecerei sempre. O meu habitat é a televisão, talvez porque lá comecei muito cedo e porque depois apanhei aquele período fascinante do 25 de Abril e tive realmente oportunidades fantásticas que só a revolução permitiu; no Portugal do regime anterior, uma mulher de 24 anos nunca teria tido as oportunidades que eu tive.

Entrou para a RTP como locutora de continuidade, em 1973, e em 74 estava a fazer um curso no Centre de Formation des Journalistes de Paris. Tinha entrado há tão pouco tempo na empresa, foi fácil deixarem-na sair?

Eu entrei a 1 de Janeiro de 1973, numa altura em que se faziam magazines de artes plásticas, de literatura, de cinema e tive a sorte de poder começar a trabalhar com gente de muitíssima qualidade como o realizador Alfredo Tropa e o director de fotografia Augusto Cabrita. Tive, portanto, a sorte de, desde o princípio, ter podido fazer mais do que só a locução de continuidade.

Fazia locução de continuidade uns dias, mas sempre que era possível conciliar as coisas ou quando estava livre, era convidada para fazer esse tipo de magazines. No fundo, comecei logo a trabalhar, a funcionar como jornalista, uma vez que eu é que preparava as entrevistas e contactava os realizadores, os escritores.

Esses programas eram um pouco fruto da abertura marcelista, eram programas em que era entrevistada imensa gente de esquerda. Pessoas que não tinham nada a ver com o antigo regime, o que era bom, porque assim podíamos fazer ali coisas interessantes (risos) e que não eram tão ouvidas.

Ia falar-me da sua entrada no jornalismo e da sua ida para Paris.

O 25 de Abril apanhou-me em casa, em licença de parto, com um bebé acabado de nascer. E nem sequer pude logo sair nos primeiros dias. Devia ter ficado de licença mais uns dias, mas no dia 28, 29 de Abril, o Artur Ramos, grande realizador da *RTP*, desaparecido há pouco, e que foi um grande intelectual, telefonou-me – ele fazia parte de uma direcção colectiva que havia na *RTP*, na altura funcionava-se assim – a dizer-me "nós queremos que você vá cobrir o 1º de Maio. E portanto, aí vou eu para o 1º de Maio, para o estádio da FNAT, na Avenida Rio de Janeiro, em Lisboa. A minha licença de parto acabou nesse dia porque, evidentemente, uma vez mergulhada no entusiasmo que foi aquele 1º de Maio, com Mário Soares, com Álvaro Cunhal, já não era possível voltar a casa, a uma licença de parto tranquila, não é? De maneira que, coitado, o meu filho é que sofreu com isso, mas eu fiquei desde logo intensamente ligada àquilo que se passava, ao entusiasmo extraordinário que era a televisão nessa altura.

Subitamente estava a fazer jornalismo.
É verdade. Talvez porque eu tivesse contactos já anteriores ao 25 de Abril e uma vez que foram pessoas que depois do 25 de Abril tiveram outras responsabilidades dentro da *RTP*, fui logo convidada para fazer uma série de coisas, como o "Telejornal".

Depois, a certa altura, pensei: "estão a mandar-me fazer trabalho de jornalista, mas eu não estudei para isto". Tinha estudado um pouco de medicina e alguma coisa de teatro. Nada me preparava para ser jornalista, não havia escolas em Portugal, zero. É uma coisa que aos jovens de hoje deve fazer confusão. É difícil imaginar, mas não havia.

Mas o próprio MFA, na altura, sentiu essa falha enorme, porque tinha os jornalistas ligados ao antigo regime, algumas pessoas com certeza mais do que convertíveis, no sentido em que eram democratas que tinham estado em jornais tutelados, censurados, mas outros, enfim... Quer dizer, havia grandes jornalistas, obviamente, mas não chegavam para as necessidades do novo regime, e depois havia muitos jovens a quererem ser jornalistas, mas que não tinham escola. E então o próprio MFA contactou o Centre de Formation et de Perfectionnement des Journalistes, que é uma excelente escola de jornalismo francesa.

O MFA é que tratou do curso?
Eu penso que terá sido o Coronel Manuel Pedroso Marques, que estava ligado ao MFA e que tinha sido lá empregado, enquanto emigrante em França, a indicar aquela escola. E assim foi negociado um protocolo com eles. Fez-se um concurso cá em Portugal, a que concorremos 500 pessoas para 40 lugares. Foi o Governo português que subsidiou esse curso. Um curso intensivo de seis meses, em França, especialmente desenhado para as necessidades que lhes foram comunicadas e em que tínhamos para aí dez horas de aulas por dia.

E como não havia internet, como não havia telemóveis, como não havia CNN, nós estávamos ali fechadas, 40 pessoas que mal se conheciam, das mais diversas ideologias e formações; as notícias chegavam por um telefone normal, um telefone fixo. Foi assim que soubemos do 28 de Setembro e foram uma coisa tremenda as reacções das pessoas lá dentro... A certa altura, tiveram de lá ir três representantes do MFA para resolverem a situação, porque os franceses disseram: "nós não aguentamos esta gente. É impossível, eles matam-se uns aos outros". Havia luta corpo a corpo, quando os ambientes se exaltavam.

Isso, entre jornalistas! Para que serve o jornalismo, Maria Elisa?
Serve de intermediário, sempre, entre o poder, ou os poderes – porque não há só um poder, cada vez há menos só um poder – e o cidadão. Serve para dizer o que se passa, para informar sobre aquilo que se passa, para que as pessoas possam depois fazer os seus próprios juízos e os cidadãos, na posse dos dados que lhes são fornecidos, estejam em condições de avaliar a situação do seu país, saber o que se passa no mundo e poderem lutar pelos seus direitos, pelas suas liberdades. Por tudo.

Num artigo publicado em 2006, José Mário Branco dizia que a profissão dos jornalistas não é uma profissão como as outras. Concorda?
Não é uma profissão como as outras...

Exacto.
Não sei o que é que o José Mário Branco queria dizer nesse...

Ou não é um emprego como os outros, se quisermos pôr a questão noutros termos.
Eu acho que nunca encarei o jornalismo como um emprego. Quem quer um emprego, decerto procura outra coisa ou deverá procurar outra coisa, porque o jornalismo não tem horas, nunca teve. O jornalismo implica com muita frequência opções que não têm nada a ver com a pessoa que tem o emprego com uma certa rotina, uma coisa relativamente certa. Ainda hoje, quando um jornalista que está a trabalhar comigo me diz "ah, mas isso é fim-de-semana, ah mas isso é no domingo ou é no sábado", uma coisa que é para filmar, por exemplo, eu ainda fico a olhar. Porque durante dezenas de anos, tive aquele horário que era o horário do Sindicato dos Jornalistas: um fim-de-semana de seis em seis semanas. Para mim, fim-de-semana ou segunda ou terça ou quarta eram coisas exactamente iguais, quer dizer, era preciso trabalhar, era preciso cobrir os acontecimentos, fazer as notícias e portanto, para mim, ser jornalista é um pouco como ser médico ou como ser bombeiro ou como ser enfer-

meiro ou como ser tantas outras coisas: é preciso estar ao serviço dos outros, fundamentalmente. E tem de se estar com um certo altruísmo. E não vou dizer que antigamente, no nosso tempo, é que era assim, e que na geração de hoje não é. Não acho que seja verdade.

Há hoje pessoas a fazerem jornalismo com enorme altruísmo, até talvez maior, porque têm condições muito, muito precárias de trabalho. Nós, apesar de tudo, não sendo o jornalismo um emprego, tínhamos também um emprego. Enfim, com a certeza do ordenado ao fim do mês.

Agora, não é com certeza, uma profissão em que se pode planear uma vida. Há férias, mas de repente deixa de haver férias, porque um acontecimento se sobrepõe, porque é preciso ir fazer uma reportagem para o estrangeiro, porque aconteceu qualquer coisa que é preciso ir cobrir, ou porque um colega adoeceu e quem não pode ficar sem notícias são os telespectadores ou os ouvintes ou os leitores. Portanto, nesse sentido, não é um emprego.

Há uma frase famosa do Albert Camus, em que ele diz que "vale a pena lutar por esta profissão", a profissão de jornalista. Ainda faz sentido dizer isto hoje?

Eu acho que faz mais do que nunca. Eu dizia há pouco que hoje não há um poder, há vários. E é difícil saber onde está o poder. E é muito difícil penetrar nas fontes, porque elas defendem-se, porque são poderosas. As pessoas pensam que falar de política é falar dos políticos e dos partidos políticos. Para mim, isso faz cada vez menos sentido.

Falar de política, para mim, é muitíssimo mais do que isso e muitas vezes nem é isso. É falar nas razões por que os políticos agem de uma certa maneira. E muitas vezes, o poder económico tem muito mais poder do que propriamente os políticos, ao ponto de determinar as situações e condicionar as decisões; e é difícil penetrar aí, é difícil explicar essa relação entre o poder económico e o poder político, porque hoje em dia há assessores para tudo, há batalhões de pessoas a trabalhar, às vezes não de uma forma muito evidente, para que realmente a informação que passa, passe de uma determinada maneira. E os jornalistas têm muito mais dificuldade em perceber o que está por trás de certas decisões. Portanto, acho que se justifica mais do que nunca o papel do jornalista, sem dúvida.

E quais são os principais combates que os jornalistas hoje devem travar?

Pela transparência das instituições. Pela complexidade das coisas, porque hoje as coisas são globais, no nosso caso, são europeias. Relativa àquilo que se pensa que é uma decisão tomada em Portugal, é preciso sempre saber o que é que está por trás e o que é que a condiciona e a cada momento saber explicar isso. O jornalismo é muito mais complexo.

Os jovens de hoje precisam de estar muitíssimo mais preparados do que nós precisávamos. Porque as instâncias são várias, são em muito maior número, são complexas. E depois há cascas que é preciso ir tirando quase como se fosse uma cebola até chegar ao âmago do problema. E muitas vezes não se consegue, só se vê a superfície. Até porque às vezes não há tempo, há muitas notícias que são dadas e preparadas com muito pouco tempo e, portanto, o jornalista não consegue aprofundar e investigar aquilo que seria necessário investigar. E ainda há a questão do mercado, evidentemente.

Refere-se ao mercado do consumo e leitura de informação?

Pensemos no Watergate. Ele só foi possível porque houve um jornal que deu àqueles dois jornalistas o tempo e o dinheiro necessários para eles investigarem tudo o que era preciso; com a minúcia, a paciência, a capacidade de negociação, os recuos e outra vez os avanços que é necessário ter para se chegar depois àquelas conclusões, para desmascarar aquilo que se passava.

Ora nós, e sem querer dizer que temos um Watergate (risos) – felizmente penso que não temos, mas mesmo nas coisas mais pequenas, seria bom que se soubesse como é que se passam – nós infelizmente temos um mercado muito pequeno: os jornais vendem muito pouco, as rádios têm o número de ouvintes que têm, as televisões lutam numa competição feroz pelo mercado que também é escasso. E como em Portugal o mercado é sempre escasso, ninguém dá, ou muito pouca gente dá, aos jornalistas o tempo suficiente para haver jornalismo de investigação. E o jornalismo de investigação, não podemos ter pejo em dizê-lo, custa dinheiro. As fontes custam dinheiro.

Eu vi uma vez, aqui há uns três, quatro anos, em Inglaterra, um programa ("Panorama", que é dos melhores que há de informação em televisão e de investigação jornalística), sobre as redes de prostituição na Europa. Começava em Londres e acabava na Rússia. Mas a desmontagem de uma rede – apenas uma, sublinho – que era uma coisa escassa, custou um ano de trabalho e muito dinheiro porque o programa teve de garantir segurança a algumas prostitutas que estavam metidas naquela rede, para saírem de lá e a denunciarem. Teve de lhes garantir a educação e alimentação dos filhos, a habitação, teve que as abrigar... Isto custa muito dinheiro e estas coisas só se podem fazer assim: com dinheiro para investir.

Isso já não é só jornalismo é mais do que...
Não, isto é jornalismo.

Quando eu digo que é mais do que jornalismo, é no sentido em que o jornalismo está a entrar em áreas demasiado complexas.
Não, não.

No sentido em que, no fundo, está a determinar a vida e o futuro de uma série de pessoas.
É verdade, é verdade. Mas o jornalismo sempre fez isso. A partir do momento em que mostra as pessoas, as expõe, está sempre a determinar de alguma maneira o futuro delas. O que para mim não é jornalismo é pôr uma notícia no jornal a dizer que a polícia prendeu três prostitutas não sei aonde. Isso é que não é jornalismo. Para quê? Nem sequer devia ser notícia, não é? Que houve uns desacatos à noite entre a polícia e uns marginais... Umas pessoas ligadas à prostituição? Jornalismo para mim realmente é isto: denunciar toda a rede. É ir do princípio até ao fim, no sentido de que vai poder informar e vai ao mesmo tempo poder agir.

Mas é preciso que as outras instâncias também funcionem. Como foi com o Watergate, por exemplo.
As outras instâncias funcionaram. As outras instâncias colaboraram, mas acima de tudo tem de haver da parte do patronato, de quem é responsável pelo órgão de comunicação, uma grande cobertura e a capacidade financeira para entretanto proteger as pessoas ou se houver uma fonte que diz "sim, senhora, eu digo quem era a fonte da CIA no caso do Watergate, mas quero 50 mil dólares ou 100 mil dólares", é preciso pagá-los. Não havia Watergate de outra maneira, quer dizer, não era possível.

Ora, nós estamos a um nível totalmente diferente, em que realmente não há sequer esta prática. Isto não é corromper ninguém, pelo contrário. É para conseguir denunciar aquilo que era uma perversão da democracia, pagar às pessoas que se arriscavam, obviamente arriscavam a vida, podiam ficar sem emprego, etc. É preciso pagar isso para depois conseguir a colaboração delas e fazer a denúncia até ao fim.

Mas tudo isto custa muito dinheiro e, claro, que só é possível quando o resultado final, ou seja, o número de jornais vendidos vai permitir cobrir aquelas despesas. Portanto, quanto mais pequeno é o mercado, mais difícil é a possibilidade de fazer jornalismo de investigação.

Eu tenho para mim, há muito tempo, que há muito, muito pouco jornalismo de investigação em Portugal, por estas razões.

Só por uma questão de mercado?

Fundamentalmente por uma questão de mercado. Não quero acreditar que é por outras razões. Aliás, temos tido casos de pessoas com coragem, que têm denunciado situações que era preciso denunciar, mas depois as coisas não chegam ao fim, por esta razão que é muito, muito simples: o mercado é demasiado escasso.

Já nos falou aqui da sua chegada ao jornalismo e à RTP. Foi a primeira mulher em Portugal a apresentar o "Telejornal". Como é que surgiu essa oportunidade?

Logo a seguir ao 25 de Abril havia a necessidade de renovar as caras do "Telejornal" e houve pessoas que foram afastadas – algumas com uma certa precipitação, como sempre acontece nestas alturas, porque as revoluções não são propriamente momentos em que toda a gente está de cabeça fria e toma sempre as decisões mais correctas.

Eram precisas caras novas e eu, além do Conservatório, estava ligada à Fundação da Comuna, grupo de teatro, ou seja, era uma pessoa cujas convicções ideológicas eram conhecidas. De modo que confiaram em mim para fazer o "Telejornal" logo a partir do 25 de Abril.

É um período fortemente marcado do ponto de vista político e ideológico.

Muito.

De que forma é que isso se reflectiu no seu trabalho e no próprio alinhamento do "Telejornal"?

Bom, repare numa coisa, ao alinhamento do "Telejornal" eu não tinha acesso.

Apresentava, apenas?

Exacto. Ninguém mo mostrava antes. Isso já é um condicionamento importantíssimo. Estamos a falar numa época de forte...

Os pivôs não eram seus? Não escrevia os textos de lançamento das peças?

Os textos passaram a ser de uma forma que eu já contarei. Mas realmente ao princípio eram-me apresentados os textos com o alinhamento que era decidido pela chefia da redacção.

Nessa altura havia um forte domínio, uma forte corrente comunista dentro da redacção da *RTP*. Havia pessoas que tinham estado ligadas e tinham tido funções de chefia no antigo regime e que passaram a ter funções de chefia de novo, dizendo-se conotadas ou tendo posições muito próximas do Partido Comunista. E havia pessoas que estavam lá, claramente porque estavam ligadas ao Partido Comunista, como havia pessoas também ligadas ao Partido Socialista. Mas houve ali uma altura em que o domínio era comunista e, por isso, aconteceu no país aquilo que aconteceu.

E eu realmente não gostava daquilo. Não gostava que me dessem uns papéis para eu ler, meia hora antes do telejornal e sobre os quais eu não tinha o menor conhecimento, quer dizer, às vezes estava a lê-los pela primeira vez.

Então, um dia, convidei o Fernando Balsinha – que tinha sido também meu colega na Faculdade de Medicina – para almoçar num restaurante que já não existe ali na Praça de Londres e disse-lhe: "Oh Fernando, isto assim não pode ser, a gente não pode estar a ler aquilo que nos querem impingir e com uma linguagem que é completamente enviesada do ponto de vista político". (Nem eu nem ele éramos radicais, éramos pessoas com certeza democratas, mas moderadas, e sentíamos realmente isso). E insisti com ele: "Olha lá, antes do 25 de Abril, isto estava mal, mas agora o que nós estamos a ser é papagaios dos textos que nos põem na mão. Estamos a ser completamente usados para ler, mais nada, é só a nossa cara que é usada. Portanto, isto não pode ser".

Decidimos escrever um documento a denunciar a situação e a dizer que o jornalismo não se podia fazer em liberdade se os apresentadores, que eram jornalistas responsáveis, não tivessem um papel activo, se não pudessem intervir um pouco, quer no próprio alinhamento dos telejornais, quer, sobretudo, na escrita, porque esta tinha de ser adaptada à sua maneira de dizer, de falar.

Essa carta foi enviada à chefia da redacção e à administração?
Não. Foi uma carta que nós achámos que não valia muito a pena enviar à chefia da redacção, que ia dizer "ah que coisa tão engraçada, sim senhor, a gente vai ler e pensar nisso". Então pensámos onde é que a poderíamos dar a conhecer, qual seria a forma mais eficaz...

Subscrita apenas pelos dois?
Sim. Falámos com a direcção do *Expresso*, na altura, e explicámos o que se passava – embora as pessoas soubessem o que se passava dentro da redacção – e perguntámos se eles não a quereriam publicar. Publicaram na primeira página. Chamava-se "O documento dos papagaios" e denunciava essa situação. Era assinado por nós os dois e, de facto, teve algum efeito.

Que reacções teve a carta na RTP*?*
Felizmente, não teve reacções muito negativas. Houve uma conversa connosco, disseram-nos que as coisas não eram bem assim, que era um mal entendido, que íamos passar a colaborar. Não colaborámos de imediato no alinhamento, mas passámos a fazê-lo na redacção das notícias, o que já era bastante bom, já era um envolvimento diferente.

Mais tarde, passado um ano e tal, quando esse pico de influência comunista acabou e as coisas ficaram mais moderadas, passámos a ter influência no próprio alinhamento, até porque passámos os dois a fazer parte da chefia da redacção e, portanto, tudo era decidido de uma forma colectiva. Éramos vários chefes de redacção, era o Balsinha, eu, o Afonso Rato, o Adriano Cerqueira e enfim, aí as coisas passaram a ser realmente muitíssimo mais democráticas, eram discutidas entre todos e aquilo que aparecia era resultado final de reuniões de redacção, como deve ser.

Junto do grupo que chefiava a redacção havia algum tipo de interferência por parte da administração, havia algum tipo de pressões?
Não. Repare, enquanto essas pressões provavelmente existiram, eu não era chefe de nada, ninguém comunicava comigo e essas pressões, em geral, passam-se entre a administração e as chefias, não é? A partir do momento em que esta redacção passou a existir assim – já era presidente o João Soares Louro ou o Manuel Pedroso Marques – o diálogo era facílimo e era muito próximo, porquanto éramos pessoas que pensavam da mesma maneira e não me lembro de directamente receber pressões de nenhum tipo. Foi um tempo de grande liberdade, dentro da nossa capacidade de gerir as coisas na informação.

Estamos em finais de 75, 76?
Estamos a falar já de 76. Quer dizer, a outra situação é de 75, claramente, e depois finais de 75 e 76. Embora depois a meio de 76 seja a segunda vez que eu vou para Paris.

E da parte do poder político havia algum tipo de tentativa de interferência, de ingerência, de tentar pressionar?
Sim, aí mais. Quer dizer, sobretudo para quem apresentava telejornais ou fazia entrevistas... Os telefonemas eram directos e as coisas eram feitas de uma forma muito pouco sofisticada, não havia assessores de imprensa, não havia assessores de coisa nenhuma.

Eram os próprios a ligar?
Directamente. Era normal receber-se uma chamada do Primeiro-Ministro ou de um ministro qualquer a dizer "oiça lá, você agora podia entrevistar-me" ou "eu gostava de dar uma entrevista". Isso era normalíssimo, mas era feito com uma certa...

Alguns ainda hoje se sentem tentados a fazê-lo.
Talvez, mas ou têm um grande grau de confiança com a pessoa ou as coisas são feitas de forma mais sofisticada. Naquele tempo não, eram feitas com uma certa naïveté, era uma coisa... saudável, quase. E também a pessoa podia dizer que não, que ninguém levava a mal. Eu disse muitas vezes que não, eu era uma miúda, tinha 25 anos, nessa altura, ou 26, e disse que não muitas vezes: "olhe não, desculpe, já temos o alinhamento feito, não vem a propósito de nada". Ou então também o contrário: "sim senhora, até faz sentido por isto

e por isto", e ia falar com os meus colegas, "olha, o que é que acham?" e fazíamos, mas as coisas eram feitas de forma muito transparente, sem haver intermediários.

O "Telejornal" era uma marca tão forte na RTP como é hoje?
Era, mas não tem nada a ver com o "Telejornal" de hoje. Aquilo era o 25 de Abril, o que é que as pessoas queriam ver? O "Telejornal".

Quais são as grandes diferenças que encontra entre o "Telejornal" de há 30 anos e o "Telejornal" que é feito hoje?
Ai credo, todas, todas! Estamos a falar da pré-história em termos de televisão. Não é que em termos do que se devia fazer, quais eram os critérios de investigação, responder àquelas perguntas, aos quatro Ws, essas preocupações existiam todas. Agora, às vezes ouço dizer que hoje não há tempo para saber como foi.

Uma vez, lembro-me de ter sido objecto de uma notícia na primeira página de um jornal de referência e de ter, indignada, perguntado ao director: "mas como é que nem sequer ninguém me telefonou a perguntar se era verdade?". E a resposta que tive foi: "mas você pensa que ainda há tempo para isso no jornalismo de hoje?". E eu fiquei atónita e lembro-me que respondi: "nunca ninguém me avisou que as regras tinham mudado". Eu não me apercebi de quando é que as regras mudaram.

Pelos vistos, tem a ver com o tempo que há agora para preparar as coisas. No sentido de tentarmos ser rigorosos e irmos mais longe do que podíamos, claro que fazíamos o mesmo, agora, por amor de Deus, as possibilidades que se põem hoje...

As diferenças estão na tecnologia?
Desde logo na internet, que é uma coisa que mudou completamente o mundo e mudou ainda mais o mundo do jornalismo. As comunicações por satélite. Tudo, tudo. O que são as telecomunicações hoje? É sobretudo a nível do que evoluíram as telecomunicações, do que evoluiu a capacidade técnica, a rapidez das coisas.

Antes, fazíamos tudo em filme. Está a ver o que é vir com o filme, ir para o laboratório, estar a roer as unhas e a pedir à chefe do laboratório, à sô dona Lisete, "por amor de Deus, faça-me isso depressa, porque eu ainda tenho de ir montar e depois montar fotograma a fotograma". As pessoas não têm ideia, mas era assim que se fazia o "Telejornal". E fazia-se o melhor que se podia, quer dizer, isto tinha um tempo, o laboratório tinha um tempo, por mais que a sô dona Lisete, coitada, não sei, soprasse lá aquelas coisas ou pusesse mais quente ou mais frio, aquilo demorava o tempo que demorava.

Agora é tudo quase instantâneo. Portanto, eu não estou nada nostálgica em relação àquilo que se passou; o que hoje se pode fazer é infinitamente melhor. Os livros que há para ler, as escolas, o que se evoluiu, o que as pessoas aprendem, realmente, em boas universidades de jornalismo e de comunicação social que existem no pais. É infinitamente melhor hoje, não tem comparação nenhuma, nenhuma, nenhuma. O que ali havia realmente era, isso sim, uma entrega, uma novidade, um entusiasmo, que só tem a ver com aquela extraordinária explosão que foi o despertar da democracia. E isso são momentos únicos na História que depois deixam as pessoas num estado...

De euforia, entusiasmo...
Nós vivíamos em estado de quase sobrenatural o tempo inteiro, trabalhávamos não sei quantas horas. Eu lembro-me que nas primeiras eleições, para a Constituinte, como não havia computadores, eu é que fazia as contas à mão num quadro imenso de giz, à medida que os dados chegavam por telefones fixos de cada distrito. Você imagina o que isto é?

Mas eu lembro-me que estive ali 30 e tal horas seguidas e não me lembro de ter o mais pequeno cansaço. Ao fim de 20 e tal disse aos meus colegas que ia a casa tomar um duche (eu morava muito perto, a *RTP* era no Lumiar e eu morava em Alvalade) e uma hora depois estava lá outra vez, fresca como uma alface. Lembrava-me agora cá que já estava a trabalhar há 20 e tal e que ainda ia trabalhar mais outras tantas. O entusiasmo era tanto..., cobrir as primeiras eleições! Quer dizer, são coisas que ficam para a vida de uma pessoa, para sempre, eram as primeiras eleições livres, queríamos lá saber se demorava 48 horas ou não a saber-se os resultados. Agora, imagine o que foi isso e o que é hoje: as urnas fecham às sete e às oito já se sabe quem ganhou.

Tem menos piada.
Não sei se tem menos piada, eu acho que...

O suspense é menor.
Cada coisa tem o seu lugar e o seu tempo e as razões para ser atraente e para ser fascinante na mesma. Eu sou uma entusiasta das novas tecnologias, acho que elas nos ajudaram imenso.

Ainda há dias entrevistei o José Carlos de Vasconcelos e ele dizia que se lembrava de mim durante dias e dias no arquivo de *O Jornal* – que era na altura o melhor arquivo de Lisboa – onde eu ia investigar para fazer as minhas entrevistas na *RTP*; deixavam-me ir para lá, e ali estava eu, tardes e tardes, com fichas em papel, tudo em papel, e recortes de jornal, a fazer fotocópias para levar para casa. Quer dizer, isto é pré-história, em relação àquilo que são hoje as possibilidades de informação.

Claro que hoje se podem cruzar muito mais informações. Mas há uma coisa que os jornalistas de hoje esquecem muito, mas que eu, com aqueles que trabalho, estou sempre a dizer: "não há internet que substitua falarmos directamente com as pessoas", até porque na Internet, como sabe, há muita coisa que não está certa e que permanece como verdade e, não sendo corrigida, vai-se perpetuando. Isso é uma coisa que os jovens jornalistas esquecem e que eu estou sempre a dizer: o jornalismo não pode ser só feito sentado à secretária e agarrado ao computador.

É fundamental não esquecer as pessoas.

É indispensável continuar a falar com as pessoas, cruzar informações, saber se as coisas são assim ou não são assim, indispensável. Eu continuo a aprender imenso assim, imenso.

Entretanto, o João Soares Louro convidou-a para o primeiro programa de entrevistas políticas. Foi também a primeira mulher em Portugal a fazer um programa dessa natureza.

É verdade, devo-lhe isso entre muitas outras coisas, porque para mim foi um grande amigo.

Hesitou quando recebeu o convite, ficou surpreendida, qual foi a sua reacção na altura?

Olhe, para já, com o João Soares Louro, eu não hesitava em nada, porque ele não me perguntava.

Dizia.

Assim mesmo. E eu tinha um enorme respeito por ele. O papel do João Soares Louro em 1975 na *RTP* – eu acho que ainda ninguém escreveu ou disse ou sequer fez a justiça que lhe é devida – foi absolutamente extraordinário para que o clima social e as tensões sociais não derrapassem para situações mais graves; conseguiu harmonizar as pessoas, pois era um conciliador nato, era uma pessoa absolutamente extraordinária, capaz de conseguir consensos, era um grande negociador.

Quer recordar uma dessas situações?
Eu vi-o actuar de uma maneira incrível naquelas RGTs que duravam até às seis, sete da manhã, e que eram no Maria Matos; na altura, eu vi-o actuar de uma maneira tal que tinha um infinito respeito por ele. E admiração. Depois, era das pessoas que sabia mais de televisão, porque estava cá dentro desde o princípio. Portanto, fiquei muito contente quando ele foi para presidente e jamais me ocorreria dizer-lhe não; quando muito dizia: "mas olhe que eu se calhar não sou capaz" e ele dizia-me "ah" (dava-me uma pancada nas costas) e "claro que você é capaz". Deu-me sempre imensa força, imensa, imensa, imensa.

Nessa altura, ele era presidente e durante um certo tempo foi director de informação o Francisco Sarsfield Cabral. O meu programa era às nove da noite, a seguir ao "Telejornal". Era eu que escolhia absolutamente sozinha os convidados. E lembro-me que o Sarsfield Cabral, às vezes, encontrava-me no pátio lá de cima do Lumiar, nas nossas antigas instalações, meia hora ou uma hora antes da entrevista, quando estava para se ir embora, e dizia-me assim: "Olha lá, hoje vale a pena ver a entrevista ou vou ao cinema? O que é que é?". E eu dizia: "Olha, não, hoje vale a pena, fica em casa, porque é isto assim e assim", ou então "não, isto hoje é fraco, não correu bem, fulano acabou por não aceitar". Isto é uma liberdade. E lá está, volto a dizer, aí já tinha voltado de Paris, mas tinha quê? 28, 29 anos. Isto é uma liberdade absolutamente extraordinária. Quer dizer, aí não havia governo a fazer a nossa agenda política. É claro que havia regras, no sentido em que cada novo Primeiro-Ministro ia ao programa. E mudávamos bastante de Primeiro-Ministro, como sabe, portanto... (risos).

Os programas eram variados (risos).
As entrevistas com os Primeiros-Ministros eram variadas, sim (risos).

Os entrevistados eram uma escolha exclusivamente sua?
Mas de uma forma totalmente independente. Era um privilégio extraordinário, extraordinário.

E negociava os assuntos a abordar? Eles impunham algum tipo de negociação sobre os temas, as perguntas que deveriam ser evitadas?
Evitadas não, mas havia um bocado da parte de alguns – não vou aqui revelar nomes – aquela tendência "olhe lá, está bem, pergunte-me lá essas coisas que quiser, mas não se esqueça de me perguntar também isto e aquilo e aqueloutro", antes, antes da coisa começar.

Mas era tudo feito de uma forma muito directa, ainda sem a intermediação dos assessores...
Claro. Sem intermediação nenhuma. Olhe, entrevistei várias vezes o Dr. Álvaro Cunhal, que era um excelente entrevistado, porque se preparava e ele achava isso um grande respeito para com a jornalista. Eu gostava sempre de falar com as pessoas antes, não para combinar nada, mas para trocar impressões. E fui várias vezes ter com ele à sede do PC, mas nunca na vida ele me disse "o que é que me vai perguntar?", ou eu lhe disse "olhe, venho aqui para combinar os temas". Nada disso. Era mais para nos ficarmos a conhecer melhor e conversarmos sobre a situação actual.

E preocupações de ordem visual, como os enquadramentos e grandes planos?
Apanhei isso, mas mais tarde.

Naquela fase inicial, não?
Nada, nada, nada. Mas quem é que pensava nisso?! Nem eles nem nós. A esse nível era tudo muito, muito ingénuo. Ou, se calhar, para alguns realizadores ou até para alguns políticos, eu sei lá se havia negociações por trás (risos) e se eles já davam essa importância. Eu creio que não. Creio que era tudo realmente muito ingénuo. Da minha parte era. Procurava fazer o melhor possível, isto é, estar o mais informada possível, para fazer as perguntas para as quais o público queria respostas.
Aconteceu-me até, uma vez, uma coisa extraordinária, quer dizer, algo de que ninguém está à espera e que eu acho que é quase única no mundo. Fiquei sem fala e os jornais no dia seguinte davam conta da surpresa total que tinha sido para o país. Era Ministro das Finanças o professor Jacinto Nunes. A meio da entrevista ele anunciou a desvalorização da moeda para o dia a seguir. E eu, que sabia que aquilo não se fazia assim normalmente, fiquei quase..., quer dizer,

"e agora o que é que eu faço?". É uma coisa inédita, podia acontecer tudo, as coisas eram muitíssimo mais espontâneas.

Há pouco estava a dizer que preparava as entrevistas no arquivo de O Jornal.
Ia lá buscar..., ia lá ler as fontes.

Quer falar-nos um pouco sobre isso, como é que preparava as entrevistas?
Como as preparo ainda hoje.

E como é? Partilhe connosco a sua metodologia.
Procurava a documentação possível. Nessa fase não havia na *RTP* – só mais tarde passou a haver – um muito bom arquivo. Portanto, eu ia..., cheguei a ir ao arquivo do *Expresso*, mas ia sobretudo ao arquivo de *O Jornal*. Alguns documentos eles pediam para ler só ali, eu não podia fotocopiar tudo, era um abuso enorme. Depois, procurava também ler tudo aquilo que fosse útil e, claro, falava com pessoas que fossem do quadrante político do entrevistado (menos) e também dos outros quadrantes políticos, que me pudessem dar outras informações, outros *inputs* para o meu trabalho.

No dia da entrevista ficava em casa com resmas de papel com que ainda hoje fico à volta, porque a Internet não nos libertou do papel. Em síntese, lia tudo, tudo o que pudesse, depois preparava o meu guião, que, na maior parte dos casos, como se sabe, é depois alterado completamente, porque o jornalista não pode seguir um guião e depois não ouvir a resposta da pessoa entrevistada. E assim, de repente, aquela que era a última pergunta passa para segunda, porque na primeira pergunta o entrevistado segue um caminho muito diferente daquele que nós tínhamos pensado. Mas eu era muito meticulosa nessa altura, sobretudo com essas pessoas mais hábeis.

Refere-se aos líderes mais emblemáticos?
Estou a falar do Dr. Álvaro Cunhal e do Dr. Mário Soares. Preparava sempre a entrevista assim: eu pergunto-lhe isto, ele pode responder A, B ou C. Se ele me responder A, eu pergunto isto, se ele responder B, eu pergunto aquilo. Tinha esse grau de minúcia. Era assim, ainda é assim que tento fazer, embora, de facto, hoje com acesso a fontes completamente diferentes.

O "30 Minutos" e o "Em Questão" são dois programas que fez. Quer falar-nos um pouco sobre eles, sobretudo para as gerações que não os conheceram?

O "Em Questão" era maior, tinha uma hora e o outro tinha 30 minutos, como o próprio nome indica. Mais tarde, fiz o "Entrevista de Maria Elisa", mais ou menos com as mesmas características. Tanto podia haver, sobretudo no "Em Questão", um entrevistado apenas, como podiam ser vários entrevistados, até podia ser um debate. Fundamentalmente, eram programas que eu acho do mesmo tipo do que se faz hoje, só que...

Só que na altura não se faziam ou fazia-se pouco.
Na altura só se fazia ali.

Sente-se uma espécie de pioneira?
Não, o que é engraçado é isso, eu na altura não sentia nada.

Era muito nova, não tinha tempo para pensar nisso?
Nada. Nada.

Limitava-se a fazer...
Fazia, fazia, queria fazer bem. Tinha uma preocupação tão grande. Tinha noção de que era mulher e de que era muito nova e de que era olhada com uma certa exigência. Sabia que não podia falhar.

Por ser mulher?
Também por ser mulher, mas também por ser muito nova. Sobretudo, não queria desiludir as pessoas que me davam aquele grau de confiança. Essa noção de que me estava a ser dado um enorme grau de liberdade.

Como eu tinha estudado em França, sabia que as coisas não eram exactamente assim sempre, sabia como é que as coisas se passavam noutros sítios. Sabia que eram mais filtradas e, aqui, dentro da *RTP*, mais tarde vim a saber também isso, como é evidente. Embora o meu grande luxo, o meu único luxo dentro da *RTP*, de uma forma permanente e enquanto jornalista, tenha sido sempre desfrutar de um grande grau de liberdade.

Mas o medo de falhar estava presente.

Como dizia há pouco, eu não tinha tempo para perceber que estava a ser a primeira, que era a única. Não tinha. É claro que depois os jornais – lembra-se da crítica de televisão que se fazia nessa altura?

Se lembro: o Mário Castrim e o seu "Canal da Crítica", no Diário de Lisboa...

A crítica de televisão, e você sabe-o por uma questão de geração, era uma coisa séria, era uma coisa muito fundamentada e fazia opinião. Discutia-se. Discutiam-se os artigos do Mário Castrim e do Correia da Fonseca. Quer dizer, aquilo era como uma peça de teatro que estreava e no dia a seguir tinha uma crítica. A gente no dia a seguir ia ler e não eram aquelas coisinhas curtinhas que agora alguns jornais escrevem. E eu tenho pena que não se escrevam hoje coisas mais extensas sobre televisão.

Por que será?

Certamente porque não interessa ao público, deve ser por isso, mas na altura interessava. E esses eram os críticos mais sérios e portanto uma pessoa preocupava-se muito com isso. O meu medo era que dissessem que eu não tinha estudado bem a lição. Eu tive sempre muito isso. Tem a ver com a minha educação, muito austera. Em minha casa só se podia ser muito bom aluno, não havia outra hipótese, tinha de se estudar, era o nosso dever. Era o único instrumento, a única ferramenta que os nossos pais nos podiam dar, portanto tínhamos de ser bons alunos. Éramos dois filhos. E eu sempre tive muito o complexo da boa aluna. Portanto, o meu maior medo era que me dissessem...

Não estava preparada.

"Ela não estava preparada, não estudou bem o dossiê, fez uma pergunta completamente a despropósito". E tanto quanto eu me lembro, felizmente, isso não aconteceu. Não me lembro disso ter acontecido, embora às vezes o Mário Castrim, sobretudo mais tarde, quando passei a directora de programas, tenha sido muito contundente comigo. Mas antes de ser directora, nunca lhe vi uma linha desagradável a meu respeito.

Só quando chegou a directora é que passou a ser alvo de críticas mais severas?

Extremamente severas e completamente desproporcionadas, do meu ponto de vista. Quer dizer, foi quase de oito para 80. Era como se eu passasse a ser outra pessoa de um dia para o outro.

Voltando à questão das entrevistas. Uma das suas características é dar espaço ao entrevistado, ou seja, não procura atropelá-lo, quer que ele explane o seu pensamento. Isso é uma forma de estar na vida, de interpretar o jornalismo, uma forma quase intimista...

É as duas coisas.

Mas é sobretudo uma forma educada de tratar as pessoas?

Não é só educada. Eu diria que é também afectiva. Repare numa coisa – e agora no programa de saúde que estou a fazer, acontece-me o mesmo –, com os ministros ou com as pessoas que têm poder isso não me preocupa tanto. Desde muito cedo comecei a trazer à televisão pessoas que ninguém entrevistava. Trouxe à televisão as primeiras pessoas com sida, cumprimentei-as. Na altura, quase ninguém queria pôr copos em cima da mesa e no fim foram logo para o lixo; coisas que para mim são preconceitos.

Tive essa preocupação de trazer pessoas diferentes, achei que era interessante. Também porque via muito isso em França, fui muito influenciada pela televisão francesa (hoje sou muito mais pela televisão inglesa). Mas não inventei nada, eram modelos que eu via e que via que resultavam bem.

Recentemente tive no "Serviço de Saúde" uma médica que se revelou uma óptima comunicadora – eu tinha percebido isso antes porque falei com ela –, mas que estava completamente aterrada por estar num estúdio de televisão. Eu não tenho o direito de agredir aquela pessoa, interrompendo-a a meio, pressionando-a. O meu dever é fazê-la sentir-se bem, porque ela vai dar o melhor de si, vai dar o melhor contributo ao programa.

Se estiver confortável.

Se estiver confortável, evidentemente. Se não estiver, deixa de pensar. O cérebro pára. A pessoa fica paralisada. Eu vejo isso, às vezes, na cara das pessoas. Eu procuro sempre evitar que tal aconteça. E acho que se ganha mais com isso no diálogo. Ao princípio, nessas entrevistas políticas, eu era muito mais contundente. Ainda hoje encontro pessoas da minha geração que se lembram bem dessas entrevistas e que me dizem isso: "Ah, a senhora chegava para eles".

As entrevistas políticas eram mais bem feitas do que as que se fazem hoje?
Não, não diria isso. Eram diferentes. Cada pessoa tem o seu estilo. Não faço julgamentos desse tipo, de maneira nenhuma. Agora, eram contundentes, tinham de ser, porque estava diante de pessoas experimentadas e pessoas com responsabilidades.

Era uma forma de se defender, sendo contundente?
Não. Repare, eu era contundente quando as pessoas não respondiam uma vez, não respondiam duas, como os políticos têm tendência a fazer. Ou quando fazem aquela coisa que é "está bem, eu já respondo à sua pergunta, mas primeiro deixe-me dizer..." e vêm lá com o recado todo. E eles faziam muito isso, ainda faziam mais do que fazem agora.

É das tais coisas que eles, antes do microfone abrir, diziam: "Bem, você faz as perguntas que quiser, mas não se esqueça que eu quero falar disto e daquilo e daqueloutro". E se eu não perguntasse, porque achava que o assunto não interessava, eles tentavam antes de qualquer pergunta, o mais a despropósito possível, vir com aquele assunto, e eu tinha de recentrar a questão e é aí que a pessoa é contundente, porque tem de dizer: "Desculpe, não estamos a falar de nada disso, o que eu lhe perguntei foi isto assim e assim".

Às vezes era preciso fazer isso com frequência. Aí é completamente diferente. Uma pessoa que tem esse grau de responsabilidade e que já tem à vontade com os media pode ser abordada de uma determinada maneira. Pessoas que não têm essa intimidade com os media ou a quem cuja alma nós queremos captar de uma certa maneira não podem ser tratadas de forma semelhante.

Há que acertar o registo em função do interlocutor e da situação?
Eu lembro-me de entrevistar há uma meia dúzia de anos o Dr. Eduardo Lourenço às 10 da noite na *RTP1*, ou seja, ainda em primetime. A linguagem dele não é fácil, mas eu não podia sacudi-lo. Ele tem um ritmo de pensar que é lento. É tudo muito bem pensado, muito bem articulado, é tudo muito bem urdido, as coisas são muito justificadas, como aquilo que ele escreve. É muito denso. Não posso estar a interromper uma pessoa destas. Mesmo que em termos de

audiência me possam dizer no dia a seguir: "Eh pá, aquilo foi chato, o senhor fala devagar".

Bem, mas eu, felizmente, estava a trabalhar numa televisão pública e acho que uma televisão pública, quando se trata de revelar e de trazer de uma forma mais íntima os grandes vultos da nossa cultura (e quem diz da Cultura, diz da Ciência ou de qualquer outro ramo das actividades profissionais, como uma pessoa anónima que vem cá para se expor), tem de respeitar o ritmo do pensamento dessa pessoa.

Há pessoas que vão mais vezes à televisão do que outras...
Exactamente. Assim como há pessoas que não gostam de vir à televisão.

O fast thinking é hoje o que é mais apetecível para televisão?
É, mas também há muita gente que se presta ao *fast thinking* e que vive dele. Quer dizer, poucas televisões no mundo devem ter o número de comentadores políticos que têm as televisões portuguesas. Que é uma coisa que eu critico. Acho mal, muito mal, porque entendo que cada canal, cada televisão, devia fabricar mais o seu próprio pensamento, se assim se pode dizer. Acho que às vezes um comentador faz falta numa certa situação mas, do meu ponto de vista, não faz falta sistematicamente.

Houve alguma pergunta que lhe tenha custado, particularmente, fazer?
Pergunta, isolada... não me lembro. Sinceramente.

O entrevistado mais difícil?
Entrevista mais difícil? Algumas, realmente, com o Dr. Álvaro Cunhal. Difícil, mas não insatisfatória. Sempre tirei um enorme prazer intelectual das entrevistas com ele. Ai, mas a mais difícil não. Não foi de todo essa. A mais difícil foi a entrevista ao engenheiro Nobre da Costa, quando ele foi Primeiro-Ministro.

Porquê?
Ele tinha acabado de ser nomeado e eu levava, como sempre, o meu guiãozinho, com um número excessivo de perguntas em relação ao tempo previsto, porque era uma pessoa que eu não conhecia

bem e que não sabia muito bem como pensava. E ele levava aquilo pasta a pasta, ministério a ministério.

"Então como vai ser a sua política para a Agricultura? Para a Saúde? Para a Educação?". Coisas que na boca de qualquer outro ex-Primeiro-Ministro demoravam bastante e depois pressupunham várias sub-questões. E ele respondia assim: "Não sei ainda". E eu ficava à espera que ele dissesse mais alguma coisa, mas ele não dizia, eu passava para a pasta seguinte. "Isso é o ministro da Agricultura que vai dizer". E eu passava para a pasta seguinte. "Não faço ideia, ainda não tive tempo para pensar nisso".

Bem, ao fim de 10 minutos, um quarto de hora, tínhamos acabado a entrevista. Felizmente, e isso foi das poucas vezes que aconteceu, essa entrevista por razões do calendário dele, era gravada, e eu no fim, mas completamente a suar, tive de lhe dizer: "Oh senhor Primeiro-Ministro, isto não dá. Eu não posso fazer-lhe uma entrevista assim. Como o senhor compreende, as pessoas querem saber alguma coisa. Quer dizer, mesmo que ainda não tenha as ideias completamente feitas e mesmo que queira...". "Ah mas não sou eu que tenho de falar disso, quem vai ter de falar disso é o ministro que eu vou nomear". "Oh senhor Primeiro-Ministro, está bem, mas esse ministro não está cá, ainda nem se sabe quem são, alguns sabe-se, outros não se sabe. O senhor vai ter de explicar um bocadinho melhor cada pasta".

Lá repetimos a gravação e ele falou um pouco mais demoradamente, mas era muito seco e muito sintético, era engenheiro. Era um homem excessivamente prático. E muito inábil em relação aos media. Não queria saber disso. Ele estava a fazer uma entrevista, porque era a obrigação dele, porque era Primeiro-Ministro e os chefes de governo vinham sempre cá dar-me uma entrevista – como eu disse tinha havido vários.

Mas essa foi sem dúvida nenhuma a entrevista, pelo inesperado, porque a tendência dos entrevistados é o contrário, é falarem, falarem, falarem...E a gente a dizer: "temos de abreviar, porque ainda tenho muitas questões a pôr-lhe, ainda não falámos disto e daquilo...". Não, aquilo ali, ao fim de 10/12 minutos, eu tinha esgotado o país inteiro, os temas todos, o mundo inteiro (risos). Foi uma coisa extraordinária!

Como é que foi entrevistar Jorge Luís Borges?
Ah... essa – já disse muitas vezes –, essa é a entrevista da minha vida. Porque ele é um dos escritores da minha vida, da minha cabe-

ceira, e porque era um ser dulcíssimo. E porque passei uma semana com ele em Buenos Aires, tive essa sorte. Uma semana a gravar a entrevista aos bocadinhos porque, entretanto, ele fazia questão de ir mostrar tudo aquilo de que gostava em Buenos Aires. Um homem cego!...

Recebeu-me em sua casa – uma casa muito simples, mas bem no centro da cidade. Extraordinário: um homem daquela dimensão, não é? Era humaníssimo a falar. Lembro-me como ele me disse, embora triste, mas a acomodação com que ele afirmou: "jamais terei o Nobel. Jamais. Por uma questão de política; eles estão convencidos que eu sou de direita, não sou coisíssima nenhuma, mas eles acham que eu sou de direita".

Retenho, ainda, o ser humano excepcional que me levou a conhecer o jardim japonês de Buenos Aires, as tardes a tomar chá... Foram experiências verdadeiramente extraordinárias, recordações que ficam como das mais gratas da minha vida.

Quando se fala de entrevista há dois nomes, entre muitos possíveis, que surgem de imediato: Marília Gabriela – que, de resto, já entrevistou a Maria Elisa – e Oriana Fallaci. A entrevista é um género feminino?

Quer dizer, eu não posso, não penso isso, quando vejo que quer na televisão inglesa, quer na televisão americana, há também grandes, grandes entrevistadores homens. Talvez no mundo latino haja mais essa característica, porque nós, mulheres, temos menos vergonha de expressar as emoções e as entrevistas da Marília Gabriela passam muito por aí, por dizer aquilo que ela própria sente. E os homens são mais contidos, embora haja – e também aqui em Portugal – grandes entrevistadores.

Mas talvez essa procura, a tentativa última de uma entrevista, não da entrevista política, mas da entrevista com uma personalidade de outra área, é tentar penetrar o mais possível, é chegar à alma do outro, é apanhar aquilo que há de mais essencial na pessoa e isso talvez as características femininas predisponham mais a que a pessoa se abra. Nesse sentido, penso que sim.

Só nesse aspecto?

A propósito da Oriana Fallaci – por quem eu tinha uma grande admiração porque acho que ela foi uma jornalista notável e escreveu coisas muito interessantes – lembro-me que ela fez uma entrevista muito, muito dura, ao Dr. Álvaro Cunhal que foi publicada, primeiro em Itália, e depois, julgo, também, em Portugal. E então lembro-me de numa entrevista que fiz ao Dr. Álvaro Cunhal começar por o confrontar com o que ela tinha dito sobre ele nessa entrevista e que era duríssimo. Ele olhou para mim, imperturbavelmente, e disse assim: "A senhora leu a entrevista toda?". E eu disse: "Li". "Então, de que cor são os meus olhos?"; percebi logo. E eu disse: "São castanhos, sôtor". "Então, se leu a entrevista, reparou que ela disse que eu tenho uns olhos azuis da cor do céu ou da cor não sei de quê". E era verdade, era como começava a entrevista.

Isto, que pode ser muito pouco, pode ter sido um erro, um lapso, ele com isto acabou a conversa sobre a entrevista da Oriana Fallaci. Era um homem realmente muito, muito inteligente. E ele, a mim própria me induziu uma dúvida. Fiquei a pensar: "Será que ela é tão boa jornalista como eu pensava? Será que aquilo foi só mesmo um lapso?". Porque ele tinha realmente os olhos castanhos.

Ou, por outro lado, escreve tão bem, mas será credível?
Exactamente, será totalmente credível? Como uma pequena coisa, às vezes, pode induzir a dúvida!

E depois de instalada a dúvida...
E ela escreveu coisas muito corajosas sobre muitas outras coisas. Mas cada vez que pego numa coisa dela ou que lembro a Oriana Fallaci, vem-me a frase do Dr. Álvaro Cunhal: "de que cor são os meus olhos?". É incrível como a dúvida se instalou a partir daí.

Escrita à parte, ela tinha um estilo de relacionamento e um tom nas entrevistas muito diferente do seu.
Muito.

Muito mais. Ela pautava o seu registo por uma certa confrontação, por uma grande agressividade.
Eu acho que ela era uma mulher muito endurecida pela vida. Quem leu aquele livro dela que se chama "Carta ao Menino que Nunca Nasceu", percebe que ela é uma mulher que ficou extremamente endurecida pela vida. E a partir daí, e depois mais tarde – são anos e anos de luta contra o cancro –, revelou-se sempre uma mulher dura. Eu não a conheci, mas sei que era uma mulher dura. Tudo aquilo que, por exemplo, a outra pessoa que citou, a Marília

Gabriela, não é. É uma mulher completamente de bem com a vida. Percebe-se isso. E estabelece uma relação muito coloquial com as pessoas. E nessa coloquialidade acaba por tirar imenso das pessoas também, e por fazer entrevistas muito interessantes, muito reveladoras. São estilos diferentes.

De qual delas se sente mais próxima?
A meio. Quer dizer, não tenho aquela familiaridade que a Marília Gabriela tem, de mostrar que conhece as pessoas de casa delas, e de falar do almoço que tiveram na véspera em casa do outro, ou na festa em que estiveram juntos. É uma maneira também de ser e estar que no Brasil se aceita melhor do que cá, não é? Como nos Estados Unidos se aceita igualmente bem. É muito o que a Oprah Winfrey faz constantemente. Falar com as pessoas e falar "ah quando eu estive em tua casa não sei onde, há um mês, quando estive contigo e com a tua mulher".

Em Portugal, aceita-se isso mal, muito mal, somos um país ainda bastante formal. Eu, uma vez ou duas, num programa ou outro aqui há uns anos, tratei pessoas que conheci toda a vida, que eram da minha idade, tinham andado comigo ou na faculdade ou no conservatório, já não me lembro, por "tu" e a reacção nos jornais foi muito má. Eu nunca trato, hoje em dia, uma pessoa por "tu". A não ser crianças. Parece assim uma coisa queque, do você, que não faz de todo o meu género. Mas quando há um ecrã de televisão a separar-me de quem está em casa não trato ninguém por "tu" mesmo que as conheça bem. Acho que as pessoas, pelos vistos, não querem saber o nosso grau de intimidade e, porventura, têm razão e eu respeito isso.

A Maria Elisa foi também directora da Marie Claire. *Como é que se troca a* RTP *e a imagem de entrevistadora política e até o cargo de Conselheira de Imprensa na Embaixada de Portugal em Madrid, pelo lugar de directora de uma revista feminina?*
Há episódios pelo meio que justificam isso. De 1980 a 1983 fui directora de programas da *RTP*, coisa que aconteceu com uma total surpresa para mim, porque eu tinha acabado de ser Conselheira de Imprensa da engenheira Maria de Lourdes Pintasilgo, Primeira-Ministra. A seguir veio o governo do professor Mota Pinto de que o Dr. Daniel Proença de Carvalho é Ministro da Comunicação. Não tínhamos a mais pequena..., isto é, não nos conhecíamos de sítio nenhum. O único Primeiro-Ministro que eu não entrevistei na vida

foi o professor Mota Pinto, que desmarcou a entrevista várias vezes, que mais tarde conheci e de quem fui muito amiga, muito amiga mesmo. Mas eu não tinha a menor dúvida que se ele desmarcava as entrevistas era porque o Ministro da Comunicação dele lhe dizia "não vá". Portanto, não podia ter nenhuma simpatia especial pelo Dr. Proença de Carvalho.

Mais tarde, é ele que vai para a presidência da *RTP*. Três semanas, um mês depois de lá estar, convocou-me e eu fiquei aterrada sem fazer a menor ideia para quê, porque, neste contexto, a última coisa que passava pela cabeça era que ele me convidasse para directora de programas. Convidou-me e deu-me 24 horas para pensar.

O Carlos Cruz, que tinha sido director de programas com o dr. Cunha Rego, demitira-se por incompatibilidade, não com o Dr. Proença de Carvalho, mas com outro membro da administração dele e entretanto já desaparecido; e como nas televisões não há hiatos, o Dr. Proença de Carvalho explicou-me: "Olhe, a situação é esta, não tenho absolutamente nada contra o Carlos Cruz, mas há aqui uma situação de incompatibilidade e ele já se demitiu, de maneira que eu quero convidá-la para directora de programas".

A uma jornalista?

Eu fiquei, enfim, não sei se fiquei gaga, mas acho que devo ter gaguejado e disse: "Programas? Mas eu sou jornalista, o que eu fiz sempre foi jornalismo". E ele disse-me: "Mas eu acho que você podia fazer isto muito bem, sempre segui mais ou menos a sua carreira, sempre entrevistou pessoas de todos os quadrantes, tanto entrevistou políticos como pessoas da cultura, estudou teatro, fez teatro.

Sabia bastante bem a minha vida, ter-se-á informado. "Portanto, penso que é uma pessoa que pode... tudo se aprende, eu também nunca fui presidente da televisão, sou advogado, as coisas aprendem-se e muitas vezes aprendem-se fazendo e eu acho que pode ser uma boa directora. Agora, preciso é de uma resposta urgente". E eu disse-lhe: "Bem, mas então eu preciso de falar um pouco mais com o senhor. O senhor agora tem tempo?". E ele pediu-me para ir a casa dele à noite.

Estivemos para aí duas horas à conversa; eu levava um questionário muito grande: "como é que vai ser isto, e o senhor o que é que me deixa fazer, eu gostava de fazer assim, eu tenho ideias". Enfim, pensei muito, muito bem. Aqueles momentos em que a gente tem de pensar tudo, de repente pôr muitas coisas na cabeça e no papel. "E dá-me liberdade para isto? E dá-me liberdade para aquilo? E quem é que eu tenho de consultar? E como é que é o orçamento? E de quem dependo?...

Tantas perguntas para uma só resposta.
Fui para casa, eram as 24 horas, a resposta teria de ser dada no dia a seguir de manhã. E aquilo que eu pensei foi: "eu sempre fui uma feminista, sempre lutei e continuo a lutar pela igualdade de oportunidades das mulheres". Ora, ser feminista é isso, não é outra coisa, não é não gostar de homens (risos), ou não é aqueles disparates que a certa altura se fizeram, mas que foram uma necessidade de provocar para mostrar que há muita coisa que está mal. Aquelas manifestações que houve cá em Lisboa, também, a seguir ao 25 de Abril. Era uma feminista e o que eu pensei foi: "Vamos lá a ver, eu tenho 30 anos, sou mulher, estão-me a convidar para um cargo de uma imensa responsabilidade – era para os dois canais: Eu volto a ter uma oportunidade destas? Eu adoro ficção, eu adoro documentários, eu gosto de teatro (nessa altura fazia-se muito teatro na televisão), se calhar se eu me esforçar muito, lá está, eu sou capaz de fazer isto. Eu volto a ter uma oportunidade destas?". E no dia a seguir disse-lhe: "Olhe, sim senhora, eu aceito e vamos lá ver de que é que sou capaz". Foram os três anos em que trabalhei mais na minha vida, mas foram dos três anos mais exaltantes da minha vida, também.

Foi consigo que veio, depois, a primeira telenovela brasileira...
Não, foi com o João Soares Louro.

"Gabriela Cravo e Canela"?
Justamente. A "Gabriela Cravo e Canela" vem quando eu estou em Paris, ainda a fazer o segundo curso. Eu não vi a "Gabriela" da primeira vez, mas ouvia dizer por lá, nos tais telefonemas ocasionais – não havia telemóveis –, que o país parava, o Conselho de Ministros parava...
Mais tarde, quando cheguei a S. Bento, as secretárias contavam-me – porque estive em S. Bento em 79 – como o Conselho de Ministros parava e como inventavam ali uns intervalos para jantar, para comer umas sanduíches, para ver aquele espectáculo extraordinário que era essa grande novela e a Sónia Braga. Mas não. Comigo, foi a primeira telenovela portuguesa.

Exactamente: "Vila Faia".

A "Vila Faia" deve muito ao espírito extraordinariamente empreendedor e entusiasta do Dr. Proença de Carvalho que foi aqui dentro, como o João Soares Louro, um visionário. Nós duplicámos o número de horas de emissão nos primeiros meses. Começámos a fazer o "Bom Dia Portugal", em 81, praticamente ao mesmo tempo que em Inglaterra. Com um enorme escândalo nacional, com artigos e artigos nos jornais – mas não dos críticos de televisão – a dizer mal, porque havia um helicóptero no ar para falar do trânsito e era um escândalo gastar-se o dinheiro público dessa maneira. Para que é que se dava notícias às oito da manhã, quem é que via notícias às oito da manhã?

É inimaginável e valia a pena investigar o que se disse nessa altura. Bem, eu tenciono fazê-lo. O que se disse nessa altura disso... um formato que acabou por tornar-se uma banalidade. Que já era lá fora, começava a ser lá fora e que ele teve a visão de trazer.

Porque, por exemplo, no caso do "Bom Dia, Portugal", eu disse: "Sôtor, não é possível. Não é possível!". Nessa altura, já tínhamos reinventado mais não sei quantas horas e já estávamos exaustos. Eu achava que não era possível. E ele pedia sempre mais. O que ele tinha era um jeito, uma maneira... Como o João Soares Louro. Há pessoas que sabem pedir.

Como lhe disse há bocado, há pessoas a quem a gente não é capaz de dizer que não. Porque depende da maneira como eles pedem e também depois do grau de confiança que depositam em nós. E da maneira como depois, se houver problemas, são os primeiros a estar lá para dizer "a responsabilidade é minha". E eu vi sempre o Dr. Proença de Carvalho fazer isso. E isso é uma coisa extraordinária para quem trabalha. É que quando há um problema, a pessoa sabe que tem alguém para lhe dizer "não, o responsável sou eu". E só quando se resolve a questão com os terceiros é que se fecha a porta e se diz: "Afinal, o que é que aconteceu?".

A essas pessoas a gente não consegue dizer que não. E, portanto, era um esforço extraordinário, mas o que é certo é que a televisão, em termos pelo menos de horário, ficou quase formatada para... directos, quer dizer, o que hoje se faz, com o "Portugal no Coração", estes directos, nós fizemo-los em 1980. Porquê? Porque como havia poucos estúdios, a melhor maneira e a mais barata era fazer em directo, que demora sempre menos do que o gravado. E foi para isso, para rentabilizar e poder aumentar o número de horas da emissão, que começámos a fazer imensas coisas em directo.

O clima geral de trabalho e de objectivos entre si e a administração da RTP foi de um grande entendimento. Em que é que estiveram em desacordo?

Às vezes também tínhamos as nossas lutas. Eu trouxe do Brasil uma série muito feminista, com a Regina Duarte, chamada "Malu Mulher", que mesmo no Brasil provocou bastante celeuma. Era uma série extraordinária. Pois bem: tive uma grande luta com o Dr. Proença de Carvalho, porque ele não concordou que eu a pusesse no primeiro canal. E ela foi pela primeira vez exibida no segundo canal. Teve um êxito fantástico e depois repetimo-la no primeiro.

Mas não estávamos sempre de acordo, tínhamos as nossas discussões. Tínhamos muitas discussões sobre orçamento, como sempre, é normal, é o papel de uma administração dizer "não gaste tanto" e a direcção quer é fazer mais e para isso precisa de gastar mais. Mas foi um tempo muito, muito produtivo, foi um curso intensíssimo de televisão.

E o seu relacionamento com as outras pessoas? A Maria Elisa era ainda muito jovem a comandar as operações numa casa onde a idade contava.

É verdade, eu tinha aos 30 anos cerca de 600 pessoas à minha responsabilidade: todos os realizadores e todos os produtores, que na altura eram imensos, porque não se recorria praticamente à produção externa, era uma coisa muito pontual. Muitas dessas pessoas tinham o dobro da minha idade. Ou quase. Eu hoje penso assim: "o que muita daquela gente me deve ter odiado...". Quer dizer, ver uma miúda entrar por ali dentro com 30 anos e agora é ela que manda?

Como atenuou o embate?

Enfim, penso que fiz uma coisa sensata. Escolhi para director-adjunto um homem, um grande produtor desta casa, que se chamava Fialho Rico e que era muitíssimo mais velho do que eu e que fazia, portanto, a ponte para a outra geração. Acho que fizemos um bom trabalho e coisas muito inovadoras na altura.

Mais tarde, com a mudança de administração e consequente saída do Dr. Proença de Carvalho, a Maria Elisa é também substituída no cargo.

Isso aconteceu com a administração dirigida pelo Dr. João Palma Ferreira, embora deva lembrar que quem sucedeu no cargo ao

Dr. Proença de Carvalho foi o Dr. Macedo e Cunha, que me chegou, aliás, a propor o lugar de directora-geral (o que teria sido o primeiro caso em Portugal se eu tivesse aceitado). Portanto, foi com o Dr. João Palma Ferreira que eu deixei a direcção de programas.

Quando eu soube que ele tinha sido indigitado (eu conhecia-o bem, tinha-o entrevistado muitas vezes como intelectual) fui ter com ele à Biblioteca Nacional, onde ele era director, e disse-lhe: "Sôtor, como sabe eu sou a directora, venho dar-lhe os parabéns e colocar o meu lugar à disposição". Resposta dele: "Nem pense nisso, que disparate, tenho tanta admiração por si, gosto tanto de si, conhecemo-nos há tantos anos...". Isto foi de manhã. À tarde, soube, por uma ordem de serviço escrita que me mostraram, que tinha sido demitida. Enfim, foi triste, porque eu acho que as coisas não se fazem assim. E o próprio Dr. Palma Ferreira, que veio a ser outro grande amigo, mais tarde, disse muitas vezes que se arrependeu. Ficámos grandes, grandes amigos.

O que foi fazer a seguir?
Ainda com ele presidente, fui para aquela coisa que se vai sempre quando se é metido nestas circunstâncias que é assessor, mas realmente era mesmo assessora dele. E ele depois é que inventou para mim esse programa que se chamou "Testemunhos" e que me permitiu fazer algumas das entrevistas de que mais me orgulho e que mais prazer me deram: Jorge Luís Borges, William Golding, Yves Montand, assim como os programas sobre os dissidentes soviéticos que fui fazer a Viena de Áustria, trazendo documentos secretos que passámos ao mesmo tempo, por exemplo, que a *BBC*, e que ainda ninguém tinha passado.

É claro que na altura, e dada a situação ainda do jornalismo em Portugal, essas coisas não eram muito comentadas, não tinham...

O impacto que têm hoje?
O impacto que teriam tido hoje. Porque a situação política ainda era de uma grande... Havia o Muro, o bloco soviético ainda era uma coisa muito forte e muito presente nas redacções.

Ainda sobre a sua demissão: quem foi o inspirador da ordem de serviço?
Tenho a certeza que não foi o Dr. João Palma Ferreira. Conhecia-o suficientemente bem – infelizmente também já morreu –, para afir-

mar isto. Como deve estar lembrado a administração em causa era uma administração de Bloco Central, de PS com PSD. Assim sendo, foram os dois partidos os responsáveis pela minha demissão, certamente. Mais tarde, um dos administradores que me despediu (não sei se se lembra, de um projecto de televisão que se dizia ligado ao PS e ao Maxwell), pois bem, um desses administradores foi com outro dirigente do PS a Madrid, onde eu vivia, convidar-me para directora desse projecto novo que ia surgir. Isto, poucos anos depois de me ter demitido.

Que projecto era?
Um projecto de televisão de que se falou, ligado ao PS, e que seria co-financiado pelo Robert Maxwell, aquele homem que morreu em circunstâncias ainda hoje mal conhecidas. E esse projecto chegou a estar bastante estruturado e adiantado. Eu sou demitida em 1983, estive em Madrid em 87 e 88, portanto, cinco anos depois, em minha casa, fui convidada por um desses mesmos administradores para ir ter funções directivas nesse futuro canal. A vida dá imensas voltas.

E não aceitou. Porquê?
Disse que na altura falaríamos. Mas recebi-os muito bem e, sinceramente, foi uma página que se virou. Eu tinha uma grande amargura por aquilo ter sido feito da forma que lhe contei, porque entendia que tinha sido muito injusto; falámos sobre isso e, ao vê-los ali em minha casa, percebi que eles tinham reconhecido que tinham errado, que não tinham razão. Podiam ter falado comigo em vez de porem um papel cá fora. E depois ninguém me disse, quando falaram comigo, "a senhora é incompetente". Ninguém, ninguém. E isso eu aceitava perfeitamente.

Repare, eu tinha ido pôr o lugar à disposição. Eu acho que quando muda uma administração, essa é a primeira coisa que todos os directores têm de fazer. Fiz sempre isso quando voltei a ser directora mais tarde. A primeira coisa é dizer: "Está aqui a minha carta de demissão. Fui eleita, escolhida, nomeada pela administração anterior, evidentemente que o sôtor tem toda a liberdade de escolher agora quem quiser para colaborar consigo". Portanto, eu tinha procedido de uma forma correcta. E achei estranho que de manhã para a tarde as coisas mudassem daquela maneira.

Estava, então, em Madrid como conselheira de Imprensa da Embaixada de Portugal. Como foi essa experiência?

Do ponto de vista material nunca tive uma vida tão agradável. Agora, aquele trabalho de ler e cortar os jornais espanhóis todos os dias e escrever em não sei quantas folhas o que é que eles diziam de nós, que em geral era pouco, porque falavam muito pouco de Portugal... E depois durante o dia ter de estar a ouvir perguntar aos jornalistas espanhóis – na altura havia muitos problemas com as pescas – "então o que é que o teu governo tem a dizer sobre isto?" e a dizerem-me "bem, a gente já sabe que não vais dizer nada, mas pronto, é a nossa obrigação telefonar". E a maior parte das vezes, de facto, o *deadline* deles acabava sem que eu tivesse uma resposta, porque não tinha a liberdade de ligar e pôr o problema directamente ao ministério. Colocava as questões ao embaixador e depois era ele que fazia os contactos que entendia. Era raríssimo uma resposta chegar em tempo útil. A pessoa sentia-se muito infeliz, muito frustrada do ponto de vista profissional.

É então que surge a oportunidade Marie Claire?

Enquanto estive em Madrid tive vários convites para voltar. Já lhe falei de um, há pouco. Também me foram lá convidar para dirigir uma revista de informação que surgiu entretanto, a qual gostaria de não referir, pois nunca falei disso e preferia não divulgar agora, visto que não é público.

Só depois é que me aparece o Carlos Barbosa: "a *Marie Claire* vai abrir em Portugal, mas nós precisamos de apresentar um número zero, porque há outro grupo a concorrer, e eu só faço a revista consigo; portanto, venho cá convidá-la". Eu disse "não, isto é uma loucura, mas eu ajudo-o a fazer o número zero". E estava convencida daquilo, até porque achei que o outro grupo – que era o *Semanário*, com o José Miguel Júdice à frente – tinha francas hipóteses. Na realidade, eu sentia-me bem em Madrid, foi a altura em que fui mais bem paga e o meu filho também estava felicíssimo lá. Bem, mas lá fiz o número zero com ele.

Que número zero foi esse?

Eles queriam que eu agarrasse em bocados das revistas francesas e adaptasse o modelo ao público português. E pronto, lá ajudei o Carlos a fazer o número zero, com base em recortes. Depois, como eu falava bem francês, tinha estudado lá, etc., tirei uns dias para ir a

Paris explicar o projecto. As outras pessoas também foram explicar o projecto delas, mas no final fomos nós o grupo escolhido. E eu fiquei sem saber o que havia de fazer à minha vida. Porque realmente eu gostava de estar em Madrid. Entre nós, na Embaixada, havia uma excelente relação. E o meu filho estava muito feliz. Mas também sabia que eu adorava revistas. E com 14 anos disse-me: "oh mãe, tu sempre gostaste tanto de revistas, sempre te vi ler revistas, então tens a oportunidade de fazer uma e vais deixá-la fugir? Vai, vai-te embora". Porque ele teve de lá ficar um tempo ainda para acabar o ano escolar.

E pronto, aí venho eu para Portugal, ganhar um terço do que ganhava, com a ideia de que a vida cá era mais barata. Não era coisa nenhuma. Foi um péssimo negócio, do ponto de vista material. Agora, o que eu me diverti! Escolhi a redacção de raiz, portanto, conhecia muito bem as pessoas. E todas elas se revelaram excelentes jornalistas.

Atendendo ao seu percurso, regressar ao jornalismo através de uma revista e, sobretudo, de moda...

Toda a vida fui consumidora quase compulsiva de revistas. Acho que só não compro de automóveis, de futebol e de barcos, porque de resto é praticamente tudo. Adoro revistas e acho que se aprende imenso nas revistas, sejam de informação geral, seja nalgumas revistas especializadas. Por outro lado, sempre tive um lado meio, enfim, gosto de moda, acho que a moda é muito mais do que a futilidade que algumas pessoas pensam, é uma indústria extraordinária que move milhões e que dá emprego a biliões de pessoas. É claro que é uma indústria muito, muito séria, e se já o pensava, ainda mais ciente disso fiquei com a excelente experiência que foi a *Marie Claire*. Foi um tempo muito feliz da minha vida.

Que critérios utilizou para a constituição da redacção?

Eu conhecia o modelo muito bem. Lia a *Marie Claire* francesa desde os meus 12, 13 anos. Conhecia perfeitamente o modelo, sabia aquilo que se queria. Pretendiam-se jornalistas interessadas, atentas ao mundo da moda, mas ao mesmo tempo muito preocupadas do ponto de vista social. A *Marie Claire* foi sempre das revistas femininas a mais *engagée* do ponto de vista social.

Foi a revista que fez a campanha pró-aborto em França, para ajudar a Simone Veil, que publicou uma extensíssima lista com nomes de personalidades que disseram "sim, eu abortei".

Sempre foi uma revista que denunciou de forma muito corajosa as desigualdades, as arbitrariedades, as atrocidades cometidas sobre as mulheres, violência doméstica, tudo isso. Portanto, procurei jornalistas que tivessem este perfil, que conjugassem estes dois interesses: preocupações sociais em relação à situação das mulheres e também que gostassem do universo da moda, porque se odiassem moda não era para lá que tinham de ir, mas para o *Jornal de Letras*, provavelmente, que é um excelente jornal, mas que não se interessa por esse mundo. E portanto, a minha redacção foi a Helena Torres, a Catarina Portas (que começou lá a carreira) a Isabel Stilwell (que saiu do *DN* para ir para lá e mais tarde foi fazer a *Pais e Filhos*), a Paula Moura Pinheiro (que era *copy* no *Expresso*) que começou a sua carreira ali também. Tive uma excelente redacção. Ainda a Manuela Gonzaga, que hoje é uma escritora com vários livros publicados. E, um pouco mais tarde, consegui que a minha grande amiga e grande escritora, Maria Isabel Barreno, fosse chefe de redacção, o que foi para mim um extraordinário privilégio. Portanto, era um elenco de luxo e era um prazer trabalhar ali.

E depois aprendi imenso sobre uma coisa que à época ninguém sabia em Portugal, que era fotografia de moda. Tudo o que se fazia cá era muito incipiente. Daí, que todos os meses levássemos na cabeça dos franceses, porque não prestávamos, porque os nossos fotógrafos não prestavam, porque não sabiam nada. É claro que eles às vezes eram um bocado agressivos demais, mas aprendemos muito.

A fotografia foi a principal aprendizagem que fez como jornalista, na Marie Claire?

A principal aprendizagem foi, para já, coordenar um órgão de comunicação escrita. Eu não tinha essa experiência. Fechar uma publicação. Depois, sim, foi a fotografia. Eu acho que a experiência na televisão me ajudou, mas não chega. É uma coisa completamente diferente. Estudar enquadramentos, fundos, tantas coisas. Como é que uma capa funciona ou não funciona.

Os franceses continuam a ter pregados na parede todos os os últimos 30, 40 números, pontuados por um painel de leitoras que classifica a capa da revista, todos os meses. E eles todos os meses vão ver porque é que aquela capa funcionou melhor do que a outra, que aparentemente não teria razão para ser assim. E daí tiram ilações. E isso tudo eu aprendi. Aprendi imenso.

Os franceses vinham cá um mês e eu ia lá no mês seguinte. Portanto, discutia imenso com eles sobre o que era preciso afinar. Eles também tinham uma pessoa que começou a ler português e percebia o que se escrevia e dizia "não, olha que isto não é bem assim", ou "está extenso demais" ou "não é o tipo de coisa que nós queremos aqui".

E eu explicava: "não, não, mas em Portugal é diferente, e tem de ser assim", e vencia eu. E embora fosse uma *franchise*, eu tinha um grande orgulho – e infelizmente a minha concorrência utilizou isso contra mim, de uma maneira injusta – de produzir tudo em Portugal. Eu podia agarrar na moda francesa e publicá-la cá, mas entendia que não. Entendia que devia, para já, só colocar nas minhas fotografias aquilo que as leitoras portuguesas podiam comprar cá, até porque as pessoas não se deslocavam a Paris há 20 anos com a facilidade de hoje.

Portanto, era o que houvesse cá para vender e, por outro lado, queria dar trabalho aos fotógrafos portugueses, aos manequins portugueses e isso para mim era extremamente importante. E consegui fazer isso. E nunca publicava nada da revista estrangeira, da revista-mãe. Melhor, publicava, mas só uma coisa excepcional.

Fotógrafos e modelos portugueses?
Totalmente. Houve uma escola, a Inês Gonçalves, por exemplo, uma escola de fotógrafos de moda que se formou e começou ali, em que muitos deles transitaram mais tarde para a *Kapa* e para outros sítios; ilustradores, procurava ilustradores nacionais: Fernanda Fragateiro e a Patrícia Garrido, entre tantos nomes que ilustravam os nossos artigos. Dávamos trabalho a muitos artistas também.

Esteve ligada a dois projectos televisivos que por razões diferentes acabaram por nunca ser concretizados: programação e informação da TV1 *(1991) e...*
Responsável pelo projecto.

Sim, pelo projecto, de acordo. E foi ainda directora de programas da SIC *no primeiro semestre de 1992, projecto que também abandonou. Quer falar-nos desse seu envolvimento?*
O meu envolvimento com a *TV1* foi um envolvimento natural. Eu há muito tempo que desejava o aparecimento da televisão privada,

considerava que era positivo e normal em democracia que a televisão não fosse um monopólio, por maior que fosse a minha ligação à *RTP*.

E portanto quando o governo tomou a decisão de abrir duas licenças, a mesma equipa que tinha trabalhado à volta do Dr. Proença de Carvalho – foi ele que decidiu avançar com um projecto – envolveu-se também. Trabalhámos nisso durante quase um ano.

A mim foi-me pedido que desenhasse a estrutura da direcção de programas e da direcção de informação e das programações respectivas e foi nisso que eu colaborei com imenso empenho, como imagina. E como o projecto envolvia a captação de fundos, fizemos também sessões de apresentação em vários sítios no país e junto de vários grupos para podermos reunir o capital necessário. O resto é sabido: o Dr. Balsemão era também candidato, fortíssimo e natural, por ter um grupo de media e por ser uma pessoa com um passado absolutamente marcante na história da comunicação social em Portugal. E depois surgiu a Igreja, a quem, sinceramente, nunca acreditei que o Governo fosse dar uma televisão.

Porquê?
Porque acho que não era função da Igreja e acho que a Igreja não sabe fazer televisão, como se viu. Para mim era uma coisa óbvia. Daí que, na minha cabeça, aquilo era para o Dr. Balsemão e para nós. Mais: tínhamos um Papa que tanto fazia por uma Igreja ecuménica que não me parecia que fosse, ao correr do tempo, um Governo entregar um canal de TV à Igreja Católica. Infelizmente não foi assim.

Chorei desesperadamente quando soube do concurso, acho que em público, lavada em lágrimas, porque não acreditei até ao fim que fosse possível. Porque o nosso era um bom projecto, era um projecto sólido, era um projecto muito bem trabalhado, mas sobretudo nunca se me pôs como uma possibilidade ficar de fora.

Foi por questões políticas que o projecto da TV1 *foi preterido?*
Acho que a Igreja é que teve um canal por questões políticas, como é evidente. Não, não fazia muito sentido que o projecto fosse chumbado por razões políticas. Terão sido, porventura, lutas dentro do próprio PSD, porque o Dr. Proença de Carvalho era uma pessoa moderada que não foi nunca do PSD, mas que se movia e sempre se moveu nessa área política em termos de simpatia; portanto, à partida não havia nada contra ele e o seu projecto.

Que, segundo palavras do próprio Emídio Rangel – que também faz parte deste conjunto de entrevistas – era realmente o único projecto de TV.

Saberá mais do que eu. Mas acho que realmente o nosso projecto era melhor. Agora, por aquilo que me diz respeito, é um grande elogio, uma vez que sou responsável pela parte toda da planificação da informação e da programação, portanto, não sou responsável pela parte técnica, que era excelente, era muitíssimo bem montada, realmente. Acho que o projecto do Dr. Balsemão era inferior ao nosso, sem dúvida. O da Igreja não faço a mais pequena ideia porque nunca o vi. Como a seguir fui para a *SIC* tive acesso a algumas coisas, a alguns documentos.

E depois o que é que aconteceu para sair da SIC, *poucos meses antes do arranque?*

Olhe, o que aconteceu na *SIC* é uma história que eu não vou contar aqui. Convém dizer que eu tinha sido já convidada antes do próprio concurso, ou seja, talvez o Dr. Balsemão soubesse mais do que nós e de facto eu fui convidada antes, para o caso do projecto da *TV1* ser chumbado. Convidaram-me para directora de programas da *SIC*. Fiquei muito honrada mas, como disse, para mim nunca foi uma possibilidade. E eu não sou uma optimista, de todo. Mas é que para mim a Igreja Católica não era um concorrente. Ponto. Nunca me entrou na cabeça.

E portanto agradeci muito e disse bom, mas nós vamos ganhar com certeza. Se calhar já sabiam mais do que nós e de facto quando nós perdemos voltaram a contactar-me. E foi assim, fui para a *SIC*. Nessa altura, já lá estava um director-geral.

Que era?

Dr. Melo Heitor. Era uma pessoa que eu penso que vinha de outras empresas, tinha estado na Coca-Cola. Era um gestor. Ainda não havia director de informação quando eu cheguei. Havia também o director técnico que era um ex-colega meu excelente, e eu cedo comecei a aperceber-me que esse director-geral era uma pessoa que não tinha qualquer ideia do que era uma televisão; por outro lado, ao revelar um perfil muito interveniente depressa concluí que aquela pessoa estava ali a mais.

Com ele não conseguia fazer nada?
Sobretudo não havia razão para uma estrutura que era ainda muito pequena e em que o Dr. Balsemão estava muitíssimo presente, ter entre os directores e a administração uma pessoa com aquelas características. Começou a haver conflitos e começou a haver mudanças nos projectos. E eu disse ao Dr. Balsemão várias vezes "olhe que isto não vai dar bom resultado, eu acho que o senhor não precisa de um director-geral, sobretudo com estas características", porque era uma pessoa muito interventiva, até por entusiasmo, mas que realmente de TV não sabia. O que numa fase em que é preciso pensar em tudo e muito rapidamente é embaraçoso, só causa ruído e era preciso explicar as coisas.

Enfim, encurtando razões, o que é certo é que como ele não saiu, saí eu. E tanto que eu tinha alguma razão que o senhor desapareceu pouco tempo depois.

No entanto, nesses sete ou oito meses contratei a maior parte das pessoas que durante muito tempo e ainda hoje algumas delas ficaram a ser as figuras da antena ou passaram para outras televisões com estatuto de estrelas e que antes nunca tinham feito TV. Daí, ainda hoje considerar que cada minuto que estive na *SIC* foi de muito trabalho e valeu a pena.

Arrependeu-se de ter saído?
Por aquilo que lhe disse era-me impossível fazer mais. Agora, repare: levei a Catarina Furtado daqui, da *RTP*, onde ela era muito pouco conhecida, para fazer dela uma vedeta da estação; levei a Júlia Pinheiro que nunca tinha feito televisão na vida, estava na *Rádio Renascença* salvo erro, convenci-a que ela ia ter imenso jeito para fazer televisão; levei a Alexandra Lencastre, a Paula Moura Pinheiro e o Manuel da Fonseca, que era crítico de cinema e trabalhava na Cinemateca.

E que depois tratou de toda a parte de ficção da SIC.
Exacto, e mais tarde substituiu o Emídio Rangel, foi director, e é uma das pessoas que mais sabem de televisão em Portugal. Eu lembro-me do Dr. Balsemão dizer que ele tinha aquele espírito da Cinemateca, era um crítico de cinema muito exigente..., e eu disse-lhe que ele era um homem muito inteligente e que rapidamente fazia a agulha. Como fez. E isto para uma TV que está a arrancar

é uma grande mais-valia; enfim, eu acho que o Dr. Balsemão ficou sempre zangado comigo, tenho pena, mas...

Nunca mais se falaram?
Falamos cordialmente, quando nos encontramos, mas quer dizer, nunca mais falámos sobre isto. Paciência. Mas ainda fui eu que fiz o contrato do "Contra-Informação", embora um dos meus grandes objectivos, na ficção, fosse o de adaptar os autores clássicos a televisão.

Em 2002 é eleita deputada independente nas listas do PSD, depois de ter estado em 85 envolvida na candidatura de Freitas do Amaral à Presidência da República. A Maria Elisa deu também a cara na campanha pelo sim, na interrupção voluntária da gravidez. A questão é esta:...
Parece haver aí umas contradições, não é?

Exactamente. No plano cívico está ligada sempre a posições da esquerda ou do centro-esquerda, enquanto que na política aparece ligada a posições de direita ou centro-direita.
Se calhar é verdade isso que você está a dizer. Bem, eu no plano cívico e das questões mais de intervenção social, jamais me poderei rever na direita ou no centro-direita. Nem sei se me revejo nalgum aspecto. A única coisa que eu considero que é uma contradição na minha vida é a minha participação na campanha do professor Freitas do Amaral. É outra coisa que ficará por explicar.

A minha participação só tem a ver com o facto do Dr. Proença de Carvalho me ter pedido para trabalhar com ele e de antes de ser o professor Freitas do Amaral o candidato, haver outro projecto ao qual estávamos ligados. Que não foi por diante também e, portanto, a equipa ficou, o protagonista ficou...

Era a criação de um novo partido?
Não, não tinha partido nenhum. Era um outro candidato. Também são coisas cuja explicação é longa, envolve muitas pessoas, envolve muito detalhes e perdoar-me-á que não explique hoje aqui. Esse é realmente um erro de casting.

Na altura, o professor Freitas do Amaral era um professor, uma pessoa ligada ao Direito, havia uma AD, eu tinha uma grande admiração pelo Dr. Francisco Sá Carneiro. Agora, a minha área vai buscar coisas ao PS e outras ao PSD, embora possa até às vezes não estar de acordo com um ou com outro, mas é nesta área da social-democracia que eu me movo e o Partido Socialista também é um partido social-democrata, como todos sabemos, não é?

Numa entrevista dada em 2006 à Única, *a Maria Elisa disse que muitas das suas escolhas foram sempre "muito mais ditadas pelos afectos, sobretudo aquelas que foram mais contraditórias". Isso aplica-se às opções de que falava agora?*
Todas, todas. Não se pode aplicar mais. A ida para a campanha do professor Freitas do Amaral foi porque o Dr. Proença de Carvalho me pediu e porque estavam lá outras pessoas de quem eu gostava e porque estávamos a pensar num outro projecto. Mas há muitas coisas na minha vida que as pessoas pensam que são manobras políticas, coisas de medir muito as consequências.

Eu não sou nada calculista, não tenho jeito nenhum para fazer previsões a médio nem a longo prazo. E mesmo que quisesse, engano-me sempre. Pelo contrário, sou uma impulsiva que faz um grande esforço para ser racional. Tendo a ser depois racional no meu trabalho diário. Mas há sem dúvida – se calhar é por ser Gémeos – dentro de mim, muitas vezes, essas contradições e quem ganha, quase sempre, são os afectos.

Enquanto foi deputada, numa determinada fase, pensou continuar a ser jornalista. Olhando hoje para trás, acha compatível?
Totalmente compatível. Eu fui para o Parlamento com esse compromisso. O que o Dr. Durão Barroso dizia era que queria pessoas da sociedade civil que trouxessem uma visão das suas várias profissões cá de fora lá para dentro. Eu entrei com muito mais pessoas de outras áreas, da área da gestão, da área do marketing, da área da farmácia, com o compromisso e com um estudo feito por constitucionalistas do PSD que diziam que não havia nenhuma incompatibilidade em que eu continuasse o exercício da minha profissão – obviamente haveria da minha própria parte o compromisso de não fazer política. Portanto, continuaria a fazer jornalismo na área cultural, era isso que eu tinha pensado.

Por outro lado, fazendo jornalismo de televisão tinha o escrutínio do público que é o mais exigente. Isto é, toda a gente podia ver se eu estava a ser minimamente tendenciosa ou não. Bom, passado um tempo de eu estar no Parlamento, a comissão de ética começou a embirrar, digamos assim, comigo e fixou-se em mim e decidiu que o único caso de incompatibilidade era o meu.

E acha que não, que não havia incompatibilidade?
Morrerei a dizer que não. Se havia situação que fosse transparente era a minha. Onde é que está a incompatibilidade se eu não ia fazer jornalismo político?

Falando de Londres. Deixou de ser conselheira cultural na embaixada de Portugal em Londres porque o contrato chegou ao fim?
Não, não, não! Fui despedida pelo Ministro Freitas do Amaral.

Ainda antes do final do contrato?
Antes do final do contrato.

Foram-lhe apresentadas as razões?
Nenhumas. Nem ao embaixador Fernando Andersen Guimarães, de quem tive o maior apoio. É um homem absolutamente excepcional. Deu-me um apoio excepcional.

Numa entrevista dada a Artur Portela, Eduardo Lourenço diz: "Em Portugal, os jornalistas ainda são importantes, mas mais importantes que os jornalistas são os homens da televisão a quem eu nem chamaria jornalistas". Quer comentar?
O Eduardo Lourenço é das pessoas que mais estimo no mundo. Mas ele é de uma geração para quem a palavra escrita tem mais valor do que a televisão, os homens da televisão...

Há um poder consoante as diversas formas de exposição mediática?
Isso já é uma apreciação. Eu lembro-me de ler isso e lembro-me de ficar a pensar nas palavras dele. Ele gosta muito de televisão, ele vê muita televisão, sobretudo em França. E ele sabe que os homens da televisão têm poder, têm influência também. Ele diz que nem sequer serão jornalistas, mas há bons jornalistas de televisão e ele sabe que há. Eu acho que isso é uma generalização e que ele se referirá mais talvez àqueles comentadores que estão muito presentes e que realmente sim, não são jornalistas, mas são quem faz a opinião ou são pessoas que os outros seguem. Mas acho, sinceramente, que aí há uma atitude geracional.

Falou na diferença que havia entre o jornalismo quando começou e o jornalismo actual, marcado, como nunca, pela pressão do tempo. Isso prejudica a informação, prejudica o jornalismo?

Pode prejudicar nalguns aspectos, mas tem tantas vantagens. Não há comparação possível entre o jornalismo de hoje e o jornalismo do meu tempo. Antigamente, havia grandes jornalistas isoladamente que escreviam peças admiráveis. Hoje há um jornalismo que é muito melhor porque é muito mais completo, porque é livre, porque vivemos em liberdade. Eu não me ficava nem num modelo nem noutro, ficava no meu modelo que é o da *BBC*, que é o melhor jornalismo que se faz no mundo.

O jornalismo de há 30, 40 anos tinha grandes nomes, pessoas a escrever admiravelmente. Olhe, um homem que morreu há pouco tempo, o Vítor Direito, escrevia fantasticamente, como houve tantos outros nessa geração. Agora, são coisas que não se podem comparar.

Hoje em dia, o mundo a que eu tenho acesso durante um telejornal é uma coisa fantástica e que antigamente me levaria a comprar não sei quantas dezenas de jornais, de não sei quantas partes do mundo e demorava não sei quanto tempo a juntá-los para conseguir recolher, e nunca recolheria, a mesma informação. Portanto, sou muito grata a este tempo e ainda espero ver muitas mudanças. Ainda não vimos nada e é isso que é fantástico.

Dentro desse processo de transformações, nos últimos tempos também se têm avolumado as opiniões que apontam para o final dos jornais em papel. Já está preparada para começar a ler os jornais apenas em registo digital?

Não, custa-me muito. Mas é verdade, ainda há poucos dias li um analista americano...

Paul Starr.
Que mesmo nos EUA pensam que quando muito sobreviverão o *New York Times* e o *Washington Post*.

E o Wall Street Journal. *Os três.*
Exactamente. Ora, eu acho que isso é terrível. Até porque, olhe, para já os próprios oftalmologistas dizem que não sabem bem o que é que vai acontecer a todos nós.

Continuamos a imprimir, certo?
Para já, continuamos a imprimir, porque quando gostamos mesmo e o assunto nos interessa é isso que fazemos.

O jornalismo concorre actualmente com outras formas de comunicação que veiculam informação, como os blogues. Como analisa o fenómeno: como um desafio para o jornalismo ou como uma perda do seu papel e da sua influência?
Ah... é sem dúvida uma perda do seu papel, do seu poder de influência. E é uma coisa a que os jornalistas têm de estar atentos. Porque as pessoas vêem e informam-se muito através dos blogues. É preciso estar-se muito atento e é por aí que pode vir o fim dos jornais, realmente. Porque o mercado vai-se reduzindo, reduzindo, reduzindo para os jornais, não é?

A não ser que o jornalismo também esteja presente nessas novas plataformas: nos blogues e nas redes sociais...
É absolutamente indispensável, não há outra maneira de nós sobrevivermos. Até porque com a importância que os blogues adquiriram cada cidadão é potencialmente um jornalista ou pode sê-lo. Mas eu continuo a acreditar que ainda iremos ter durante bastantes anos aquela necessidade de liturgia de ver um telejornal, ler um jornal, escutar um noticiário na rádio.

Ainda precisamos do jornalismo para estarmos bem informados?
Eu considero que as pessoas ainda sentem essa necessidade. E quanto mais angustiantes são os tempos – e nós estamos a viver um tempo angustiante como poucos – mais as pessoas precisam de se informar e procuram informação.

E faz sentido continuar a lutar e a defender um conceito de serviço público de televisão?
Para mim, faz todo.

Em que moldes?
Naqueles em que está. Há coisas com que concordo, há outras com que não concordo tanto. Mas é importante tentar satisfazer este compromisso que é ter qualidade sem ter uma audiência residual, isto é, procurar que haja uma audiência relativamente significativa. Repare que as televisões que têm mais prestígio, como é o caso da

BBC, são televisões que justamente se batem em termos de audiência, suplantando, muitas vezes, as televisões privadas.

Têm de ter representatividade na sociedade.
Exactamente, mas sem tudo aquilo que são os encargos e as características próprias do serviço público. Genericamente penso que isso sucede, em Portugal. Claro que, pontualmente, haverá situações que não seriam as minhas opções. Mas uma coisa que aprendi foi que há um director de programas em cada português.

É como os treinadores de bancada. A quantidade de pessoas que estão completamente convencidas que têm a receita certa para fazer televisão é impressionante. E, curiosamente, a gente não se lembra de chegar ali a uma empresa de recauchutagem de pneus ou de qualquer outra coisa e dizer lá ao dono daquilo: "olhe, eu sei gerir muito melhor esta coisa, tenho a certeza que se o senhor fizesse assim e assim aos pneus ganhava mais dinheiro e os pneus ficavam mais bem recauchutados". Mas toda a gente acha que sabe fazer televisão. É como se isto fosse só conversa. Como se por trás das opções que se tomam não houvesse técnica, pessoas que pensam os conteúdos... Isto é um produto tão complexo e no entanto toda a gente acha que sabe fazer isto, que é facílimo (risos).

Quais são os erros mais graves que um jornalista pode cometer, Maria Elisa?
Mentir. Deixar-se influenciar, deixar que naquilo que escreve ou que diz venha a influência de um grupo pelo qual tem uma particular simpatia. Pode não se mentir, mas pode dizer-se uma parte da verdade e omitir a outra. Isso faz-se com muita frequência. Lá está, às vezes até por falta de tempo. Mas se por falta de tempo não se ouve uma parte da história, a história não é aquela. E isso é grave.

Qual foi a principal aprendizagem que fez como jornalista?
Ouvir as pessoas e saber que há gente a sofrer muito, a viver muito mal. Ser jornalista tornou-me para sempre receptiva ao mundo à minha volta. Eu acho que nunca passo numa rua sem olhar de uma maneira interessada, no sentido de perceber como é que as pessoas vivem, quais são as dificuldades que estão a sentir. Não passo por passar.

Ser jornalista modificou a sua forma de ver o mundo?
Totalmente. Relativizou completamente a minha forma de ver os meus próprios problemas. Nunca sou capaz de deixar de ter em perspectiva aquilo que sei também da vida dos outros e que foi o jornalismo que me ensinou e que me obrigou a olhar para isso. O que a profissão de jornalista me fez é que não paro de pensar que cada problema que parece ser melhorado vem abrir outro em que ainda não se está a pensar, e em que é preciso pensar e em que é preciso investir, que é preciso denunciar para tentar ajudar a solucionar.
Esse é o aspecto mais fascinante da nossa actividade, torna a nossa actividade um bocado pesada. E isto leva-se para casa.

Nunca se desliga.
Não há aqui uma ficha que se desligue. É muito difícil. Quando se tem um certo grau de consciência social que se calhar também vem mais com a idade, não se desliga. Isto é, está cá sempre, mas estamos mais perto da realidade e como não há nada pior do que viver alienado, nada, nada, nada pior, então eu prefiro o peso dessa consciência social a não ter a noção daquilo que se passa de grave no meu país e no mundo.
Prefiro mil vezes esse peso e por isso agradeço à carreira que escolhi e que acabou por me dar imenso. Eu também lhe dou tudo o que posso, continuo a estudar o mais que posso, mas é muito gratificante desse ponto de vista. Nunca é monótono, há sempre coisas novas para descobrir e para fazer.

Agustina Bessa-Luís afirmou numa entrevista que "quase não há jornalismo, só há comunicação social". Como é que analisa esta frase?
A Agustina teve uma passagem difícil e breve pelo jornalismo e eu acho que ela tem essa percepção de que há muito pouco tempo para a investigação, tempo e meios, porventura. É isso: há cada vez menos tempo para a investigação e há comunicação social para vender. Embora, claro, haja algum exagero nesta frase, é o que eu retiro dela. Penso que a Agustina gostaria que houvesse um jornalismo mais reflectido, mais ponderado, mais investigado, com mais tempo. E o que vê, aquilo contra o que ela está e que revela a frase "só há comunicação social" é jornais feitos para vender, com títulos cada vez maiores, com fotografias muitas vezes chocantes ou voyeurísticas.

Maria Elisa: Salazar e Cunhal foram grandes portugueses?
Nem um nem outro estão entre os meus favoritos.

Quais são os seus grandes portugueses, hoje?
Os meus grandes portugueses vivos? Ou quer dizer recentes?

Vivos.
Mário Soares, sempre. Uma grande, grande referência. Eduardo Lourenço, outra grande referência. São mais referências morais e éticas do que outra coisa qualquer. Estou a esquecer-me com certeza de imensa gente.

Trinta e cinco anos depois de Abril o jornalismo vive em plena liberdade, em Portugal?
Acho que o jornalismo está muito refém do poder económico. Quanto a mim muito mais do poder económico do que do poder político. As pessoas às vezes pensam o contrário, mas não, justamente porque o mercado é pequeno. É uma desvantagem terrível que nós temos. Isso pode ser uma ameaça à liberdade e que é um condicionamento, com certeza.

Mas já que diz que estamos nos 35 anos do 25 de Abril, você há pouco falou-me só nos vivos, mas deixe-me recordar aquele que é o meu grande, grande português: Salgueiro Maia. É o protótipo do herói. É o homem que vem para a rua, faz uma revolução e a seguir não quer nada para ele. E desaparece. E se recolhe à sua própria profissão. O herói que não tem também a dimensão que devia ter, em Portugal. Cada criança devia saber quem foi Salgueiro Maia.

É um óptimo final. Muito obrigado.